参加型評価

――改善と変革のための評価の実践――

源 由理子 編著

晃 洋 書 房

はじめに

「評価とは，社会の改善活動である」（Scriven）

　評価学（evaluation science）は理論と実践の融合である．「実践」の意味するところは，社会において何らかの役に立つ手段として評価を活用するということである．つまり評価結果を何に活用するのかといった用途目的がまずあり，その目的にかなうような評価のアプローチを選んで，評価することが大切である．評価のアプローチはアメリカを中心とした評価論の発展とともに多岐にわたっており，その分類の仕方もさまざまである．たとえば，厳密な科学的手法により政策や事業のインパクトを把握しようとする方法，目標の達成度を測定し目標値と比較する方法，評価結果の実用的な活用に重きをおいた方法，生産性やコストを重視して評価する方法など多様である．

　その方法の違いは，ときに，「科学的評価 vs. 実用的評価」とか，「定量的評価 vs. 定性的評価」といった二項対立の議論を生んできた．しかし，「何のための評価か」を意識すると，固定化した方法論の論争ではなく，目的にかなったより適切な評価アプローチや調査手法の選択が，今，求められているように思う．評価活動に長年携わってきた者としては，作成した評価報告書が活用されることなく，事務室の片隅で山積みになっていることほど残念なことはない．

　本書で取り上げる評価のアプローチは，政策や事業に関わる関係者が評価活動に参加する「参加型評価（Participatory Evaluation）」に分類されるものである．参加型評価は，アメリカ及びカナダの評価研究・実践において，1970年代以降注目されるようになったもので，評価を専門とする者もしくは組織の評価担当者が主体となって行う評価ではなく，関係者が全員評価主体となり，協働で評価を行うものである．参加型評価は，多様な関係者を巻き込むことにより，関係者間の「納得性」を引出し，それら関係者の合意形成のプロセスをとおして，彼ら自身がより積極的に評価結果を活用していくことを狙いとしている．その大きな特徴は，評価の過程（プロセス）を活用し，多様な関係者間の「対話」とコミュニケーション的行為がもたらす新たな関係性の生成，ならびに関係者・組織の行動変容やエンパワーメントをもたらす点にあり，そのプロセス

をとおした政策や事業の改善と社会の変革にある．

　参加型評価では，評価専門家が独立して行う評価と同様に，政策や事業のメリット，価値や意義の判断をうながすための体系的な調査，すなわち他の評価でも使われるさまざまな技法――定量，定性データの収集・分析の方法――を使う．評価には普遍的な手法が存在するわけではない．評価の実践においては，評価の目的と評価対象となる政策や事業が実施されている社会や組織の環境に合わせ，適切な評価の手法を選択していかなければならないのである．では参加型評価ではどのような方法論が可能なのだろうか．本書の狙いの１つは，その問いに応答すべく，日本もしくは海外における参加型評価の実践事例を広く読者の方々に提供し，実践と理論の間をつなぐことにある．

　構成を第Ⅰ部と第Ⅱ部に分け，第Ⅰ部では参加型評価の理論とその実践の特徴について解説している．参加型評価の特性を理解するためには，アメリカにおける評価論の発展と，政策や事業の評価の中心的な理論である「プログラム評価論」についても触れる必要があり，結果として第Ⅰ部は評価学の入門編のような内容も一部含んでいる．評価論について既に一定の知見をもっておられる読者は，第３章の第４節にまとめた第Ⅱ部への橋渡しの箇所から読み始めていただければと思う．第Ⅱ部では実際に参加型評価を適用した事例を掲載している．事例の執筆者は全員，事例そのものの評価に携わっており，その経験を踏まえた考察に加え，抱えている課題についても率直にまとめている．もとより評価学の射程は既存の研究領域を横断的にまたがっており，本書に含まれる事例も，国際協力，福祉，教育，行政・公共経営分野と多岐にわたる．そして，参加型評価の取り入れ方も多様である．これらは，日本における参加型評価の実践事例が限られている中で，貴重な報告となっている．

　評価は，評価専門家（評価の知識と技術を身につけた人材）のみによる行為ではない．評価は評価対象に対する価値判断が内包されるという意味において，他の体系的な社会科学の調査とは一線を画す．「価値づけされる側」にいる政策や事業の関係者が，評価を意味がある活動と思わない限り評価は社会に定着しないのである．日々，現場で事業に携わっている実践者や，事業による便益を受ける人々自身による振り返りや価値判断がその後の事業改善の原動力となるのではないか．参加型評価は，そこに重きをおいた評価の方法である．

　現代は，政府・行政（ガバメント）のみならず，民間企業，NPO，地域住民などの異なる主体がともに社会運営に携わる「ガバナンス」の時代とされる．

また多様な価値観が渦巻く現代社会であるからこそ，共存するための公共性が問い直されている時代でもある．このような時代背景においては，政策や事業に携わる各主体が自らの取り組みを省察し（reflection），互いに学習し合い，社会課題への取り組みについて新たな知見を構築していく手段の1つとして，参加型評価を活用することができるのではないかと私は考えている．

　評価の理論は，実践経験からのフィードバックを受けて発展を続けてきた．本書で提示する参加型評価の理論も常に進化の途上にある．今後さらなる発展をとげていくために，本書が参加型評価の理論と実践を結合する中間の役割を果たし，日本においてより多くの実践が積まれるようになることを願っている．

　2016年8月

源　由理子

目　　次

はじめに

第Ⅰ部　参加型評価とは
──その理論と方法論──

第1章　評価論の系譜と参加型評価の登場 …………………………… 3
源　由理子

はじめに　*(3)*
1　評価とは　*(4)*
2　プログラム評価とは　*(5)*
　　──社会的課題の解決をめざす取り組みの評価──
3　プログラム評価理論の変遷　*(8)*
4　参加型評価台頭の背景　*(17)*

第2章　参加型評価の特徴とアプローチ ……………………………… 21
源　由理子

はじめに　*(21)*
1　参加型評価の基礎概念　*(21)*
2　参加型評価がもたらす影響　*(26)*
3　参加型評価の諸アプローチ　*(29)*

第3章　参加型評価実践の基礎 ………………………………………… 35
源　由理子

はじめに　*(35)*
1　プログラム評価の2つの概念　*(35)*

2　参加型評価実践の基礎　（43）
　　3　参加型評価における評価専門家の役割　（56）
　　4　実践事例にみる評価方法の特徴　（59）
　　　　——第Ⅱ部へのプロローグ——

●●●●●●●●●●●●●●●●●●●●●●●●●●●●●●●●●●●●●●
　　　　　　　　第Ⅱ部　参加型評価の実践
　　　　　　　　　　——事例分析——
●●●●●●●●●●●●●●●●●●●●●●●●●●●●●●●●●●●●●●

第4章　自分達で事業を改善できるようになった！ …………… 67
　　　——フィリピンNGO教育事業参加型評価「内在化」事例
　　　　の考察から——
　　　　　　　　　　　　　　　　　　　　　　　　田　中　　　博

　はじめに　（67）
　　1　参加型評価とその内在化　（69）
　　2　教育NGO事業の参加型評価内在化事例　（73）
　　3　考察と結論　（84）
　　　　——内在化とファシリテーターの関与——

第5章　福祉サービスを利用する当事者の
　　　　主体性促進と事業改善 ………………………………………… 97
　　　——精神に障害を有する人々が利用する地域活動支援
　　　　センターにおける参加型評価——
　　　　　　　　　　　　　　　　　　　　　　　　藤　島　　　薫

　はじめに　（97）
　　　　——ソーシャルワークの評価に当事者が参加することの意義——
　　1　利用型福祉サービスへの参加型評価適用の枠組み　（100）
　　2　参加型評価の実施プロセス　（105）
　　3　参加者による参加型評価の評価　（114）
　　4　福祉サービスへの参加型評価に対する期待と課題　（117）
　おわりに　（119）

第6章　行動変容につながる学びと評価を考える……………120
　　　　――ESDプログラムの一事例から――
　　　　　　　　　　　　　　　　　　　　　　　　　　　　上原 有紀子

　　は じ め に　（120）
　　1　ESD評価の特徴と参加型手法への期待　（121）
　　2　事例：ESDプログラムにおける学習成果の評価　（124）
　　3　考察：参加型評価と参加型学習　（136）
　　お わ り に　（140）
　　　　――ESD評価における，本事例の応用，発展可能性――

第7章　学校全体のエンパワーメントを促す学校評価…………142
　　　　　　　　　　　　　　　　　　　　　　　　　　　　池 田 琴 恵

　　は じ め に　（142）
　　1　エンパワーメント評価と学校評価　（144）
　　2　GTOを用いた学校評価の事例　（147）
　　　　――丸海小学校（仮名）――
　　3　考　　察　（156）
　　　　――「私の学校」の改善をもたらし，活力ある学校となるために必要な
　　　　　参加型の学校評価の要素――
　　お わ り に　（161）

第8章　行政の健康づくり事業における参加型評価の活用………163
　　　　　　　　　　　　　　　　　　　　　　　　　　　　﨑 村 詩 織

　　は じ め に　（163）
　　1　健康政策の特性と参加型評価に期待される効果　（165）
　　2　「健康大学しながわ」における参加型評価の実際　（170）
　　3　参加型評価の効果検証　（175）
　　4　健康づくり事業における参加型評価の有効性　（179）
　　お わ り に　（181）
　　　　――行政における参加型評価の実践への示唆――

第9章　知識創造プロセスを活用した公共セクターの
　　　　イノベーション ……………………………………………… *184*
　　　　　　──豊岡市の「協働型プログラム評価」の実践事例を
　　　　　　　通じて──

　　　　　　　　　　　　　　　　　　　　　　　　　真野　　毅

　　は じ め に　(*184*)
　　1　公共セクターにおけるイノベーション　(*186*)
　　　　── NPG 型イノベーションへの道──
　　2　豊岡市の事例　(*193*)
　　　　──参加型評価を活用した協働型プログラム評価の試み──
　　3　知識創造経営モデル　(*200*)
　　4　協働型プログラム評価のイノベーションプロセスの分析　(*203*)
　　お わ り に　(*207*)

終　章　改善と変革のための評価 ……………………………………… *209*
　　　　　──参加型評価の実践から学ぶ──

　　　　　　　　　　　　　　　　　　　　　　　　　源　由理子

　　は じ め に　(*209*)
　　1　実践から学ぶ参加型評価の利点と活用　(*210*)
　　2　実践上の留意点　(*214*)
　　　　──評価の「対話」を可能にするために──
　　お わ り に　(*216*)
　　　　──あらためて参加型評価に期待すること──

文 献 一 覧　(*219*)
人 名 索 引　(*231*)
事 項 索 引　(*232*)

第Ⅰ部　参加型評価とは

その理論と方法論

第 1 章

評価論の系譜と参加型評価の登場

源　由理子

はじめに

　アメリカ及びカナダにおける評価研究と評価の実践においては，1970年代以降，政策や事業の主要な利害関係者（stakeholders）が評価へ参加する評価の理論と方法が注目されるようになった．このような利害関係者を巻き込んだ評価は「参加型評価（participatory evaluation）」というネーミングで広く知られるようになった．参加型評価は，評価を専門とする者もしくは組織の評価担当者（以下，「評価専門家」という）が主体となって行う評価ではなく，評価専門家以外の関係者も評価活動に「参加」し，協働で評価を行う方式である．関係者とは政策や事業が提供する活動やサービスのもたらす便益を受け取る側だけではなく，活動そのものに関するなんらかの関わりを持つ人々を意味する（以下，「利害関係者」という）．たとえば，自治体の子育て支援施策の評価では，子育て支援のサービスを提供する側である行政組織やNPO，そのサービスを受ける側の子どもの親，ボランティア，地域住民などが一緒に評価を行う．あるいはNPOの事業評価では，事業に従事する職員，サービス利用者，資金提供者（会員もしくは寄付者，社会的投資家など）などが評価活動に従事する．

　客観性が重視されるゆえに評価専門家の第三者性や独立性，手法の科学性が重視されてきた評価活動に，なぜ受益者を含めた多様な利害関係者を巻き込む必要があるのか．なぜ参加型評価の方式が登場したのだろうか．参加型評価方式といってもそのアプローチは多様である（第 2 章にて詳述）．また参加型評価を行うための画一的な手法はない（第 3 章にて詳述）．参加型評価の実践の場においては，従来型評価と同様のさまざまな手法による調査が実施されるが，手法の選択は評価の活用目的や関係者の評価に対するニーズ・関心によって異なる．つまり，どのような手順で，どのような調査を実施するのかといった方法

は，おのおのの評価目的に合わせて選択するべきものである．そうなると，従来型評価と参加型評価の大きな違いは評価への利害関係者の「参加」であり，その参加によりもたらされる「何らかの影響」にある．近年参加型評価が用いられるようになった理由の1つは，その「何らかの影響」が現代社会の要請に合致しているからではないかと思う．それは，多様な社会的ニーズに対応できる「活用される評価」への要請である．そしてそれは，社会的課題の解決がもはや特定の専門家のみの手によるものではなく，異なる社会のアクターが，それぞれの立場と役割を活かしながらともに社会運営に参加する必要があることを示唆しているのではないか．

　本章では，そのような問いかけを念頭におきつつ，まず「評価とはいったいなんだろう」という極めて素朴な問いかけから始め，アメリカを中心に発展してきた評価論の系譜を概観し，あらためて「参加型評価」が登場した背景を整理してみたい．

1　評 価 と は

　わたしたちはいつも評価をしている．「あそこのレストランは近いけど味が今一つなので，お客さんを連れて行くのはやめよう」とか，「あのクリニックはいつも混んでいるけど，医者がゆっくりと話を聞いてくれるので，病気の原因に不安があるときにあそこに行こう」とか，各人がそれぞれの判断基準に従いレストランやクリニックに行く値打ちを定め，次の行動を決めている．つまり評価とその結果の活用を無意識のうちに繰り返しているのである．

　評価の英語表記である'evaluation'は，ラテン語の接頭句である ex-（引き出すこと）と value（価値）を組み合わせた単語で，評価対象となるモノの価値やメリットを引き出していくことを意味する．そこで問われるのはどの「価値基準」を使って評価を行うのかという点であろう．どのレストランに行くのかは「私」の「味の好み」や「お財布の中身」などの基準で選択すればよい．しかし，複数の人々が関わる社会活動の良し悪しは，誰の，何の基準と比較するのがよいのだろうか．あらかじめ決められた基準にそって客観的な評価情報を提供することが評価の役割であるとする考え方がある一方で，活用されるためには評価対象や評価方法そのものの妥当性（活動内容や目的，価値基準の適切性など）を問うことも評価の一部であるとする考えもある．また，評価の対象と方

式は多様であるので，実は，「評価」の定義づけはかなり大変な作業である．

評価学（evaluation science）の代表的な論者であり，評価学の確立に多大な貢献をしてきたスクリヴェンは，評価を以下のように定義づけしている．

> 「評価は，物事の本質，値打ち，意義を体系的に明らかにすることである」
> "Evaluation is the systematic determination of merit, worth and significance of things"［Scriven 1991: 139］

この定義はほぼすべての評価活動——製品評価，組織評価，政策評価，事業評価，人事評価など——にあてはまる．評価対象の値打ちや意義を探るためには事実の特定だけでは不十分で，「十分／不十分」，「良い／悪い」，「意義がある／意義がない」といった基準にそった判断が必要になる．たとえば，禁煙プログラムで70％の人が禁煙に成功したとしよう．この測定された「事実」自体には価値づけはされていない．評価では，70％で十分なのか，不十分なのかの価値づけが必要になるのである．

2 プログラム評価とは
――社会的課題の解決をめざす取り組みの評価――

(1) プログラム評価の歴史的背景

本書であつかう参加型評価の評価対象は，社会的課題を解決する何らかの社会的介入（social intervention）――政策や事業――である．北米を中心に発展してきた評価論では，それらの評価は「プログラム評価（Program Evaluation）」と呼ばれてきた．それは，実務の現場では，社会的介入の単位を 'program' と称しているためである．すなわち，プログラムとはある社会課題を解決するための一連の活動群をさし，それらの活動を実施に導くルールや人材を含む組織体制などの取り組み全体をさすものである．課題解決に貢献するために，何らかの活動や制度設計が組み立てられたもの（＝プログラミングされたもの）がプログラムである．したがって，ここでいう「プログラム評価」の対象は，政策，施策，事業，プロジェクト，活動，イベントなどと呼ばれるさまざまな取り組みとなる．参加型評価はプログラム評価の1つとして登場したものであり，プログラム評価の理論を把握することが参加型評価を理解する上で役立つと考えられる．そこでまず，アメリカの評価論の歴史を振り返ることにより，プログ

ラム評価の変遷を把握しておこう．

　日本において政策評価論の確立に大きな役割を果たしてきた同志社大学の山谷清志教授によると，日本で評価の定着を阻んでいるのは概念の混乱に原因があるという［山谷 1997: 35］．学問領域の理論研究，たとえば保健，福祉，教育分野における実証研究を中心としたアカデミズムと，それらの領域を背景に持つ応用としての実務における評価が，それぞれ異なる知的背景と異なったアイディアで論じられているためという指摘である．評価の歴史をたどると，その始まりは17世紀に遡るが，体系的な評価研究の発展は20世紀に入ってからとされる［Weiss 1997; Rossi, Lipsey and Freeman 2004］．第一次世界大戦前後のアメリカにおいて，教育や保健・公衆衛生分野を中心とした実証研究による「評価研究」が盛んに行われるようになった．たとえば，感染症の死亡率を下げるためのプログラムの効果や，職業訓練プログラムの効果などである．1940年代には慈善プログラムによる社会サービスの提供を行ってきた多くの財団が，それらプログラムの効果検証を行うにあたり，評価を実施するようになった．これら「評価研究」の特徴は，社会調査や統計手法を用いた厳格な社会科学の手法を適用している点である．第二次世界大戦後は，復員軍人のための職業訓練や住宅供給，保健・福祉プログラムなどが多く行われ，それらの効果検証のための評価が各政策分野の専門家の手によって行われた．

　そのような評価研究の流れに対し，実務評価の側面が前面に出てくるようになったのは1960年代になってからである．1960年代は，ケネディー，ジョンソン政権による「貧困との戦い（the War on Poverty）」や「偉大なる社会（the Great Society）」といったスローガンのもと，雇用，犯罪，都市化，保健医療等の課題に対応した社会政策が展開された時期である．連邦議会は，財政支出された莫大な社会サービス予算の効果を検証し，政府のアカウンタビリティ（説明責任）を追求する手段として評価を活用するようになった．この時期から「プログラム評価」という言葉が登場したとされる［山谷 1997: 39］．

　さらに1970年代後半からは，プログラムのマネジメントを強化する手段としてプログラム評価を活用する動きがみられるようになった．またこの時期は，プログラム評価が地方政府にも普及し，地方のプログラムの文脈に応答した（responsive）評価が求められたときでもある．つまり，プログラムにより提供されるサービスの利用者側の反応に対応しつつ，プログラムを改善していくという評価の方法が取り入れられたときでもあった．この応答型評価は，プログ

ラムの関係者が評価に関わるという意味において，評価の活用をより意識した理論であり，後の参加型評価の発展にもつながっていく．

(2) プログラム評価の定義と目的

それでは，プログラム評価とは具体的に何を指すのか．アメリカの大学における代表的な評価テキストの著者であるロッシらによる定義は以下のとおりである．

> 「プログラム評価とは，社会調査の方法を活用し，社会的介入プログラムの有効性を体系的に調査し，評価を行うもの．その評価は，プログラムを取り巻く政策的・組織的な文脈を考慮して行われるもので，社会状況を改善するための活動の情報源となるものである」〔Rossi, Lipsey and Freeman 2004: 16〕

この定義に示されているようにプログラム評価の主な要素は4つある．まず，社会調査の活用，すなわち体系的にデータを収集する点である．評価の客観性とはこのデータ収集・分析方法に左右される．2点目に，介入プログラムの有効性（effectiveness）を調査するものである．この「有効性」には，社会課題のニーズの適切性から，プログラムの妥当性，効果，効率性など包括的な視点が含まれる．

3点目に，プログラムが実施される政治的・組織的な文脈に合わせて行われる．社会課題を解決するためのプログラム実施には多岐にわたる利害関係者（利害関係者）がいる．評価に対して，彼らがどのような関心を持っているのか，あるいは評価をとおして何を知りたいと考えているのかは多様である．それらを調整しながら評価設計を立てないと評価結果が現場で活用されない可能性が高い．4点目は，社会状況の改善に資する情報提供である．いくら「科学的に正しい」とされる評価結果を出したとしても，適切にフィードバックされなければ評価はムダになる．

このように，プログラム評価は，社会的課題の解決のための介入，すなわち，政策，事業，プロジェクトなどの言葉で表すことができる一連の活動群を対象とするものであり，社会的課題を解決し，人々のより良い福祉（well-being）をもたらすプログラムの評価活動をさす．そのようなプログラム評価の目的は，スクリヴェンが「評価は社会の改善活動である」〔Donaldson 2013: x〕と述べて

いるように，何らかの改善の手段である．プログラム評価の直接的な目的には，以下のようなものがあるも，それらは最終的に何らかの改善につながるものなのである．

[評価の目的：活用用途]
- 政策，事業等評価対象の改善（マネジメント支援）
- アカウンタビリティ（説明責任）の確保
- 知識創造
- 組織学習
- 社会正義，社会変革の実現

プログラム評価がプログラムの改善のための体系的調査を含むものであり，また事実の特定のみならず何らかの価値判断が伴うとしたら，おのずと評価と測定（measurement）とは異なることがわかるであろう．事実特定のために測定は必要であるが，プログラム評価はその価値判断をもとにプログラムの何が悪くて，何が良かったのか，どのような問題があるのかといった情報を意思決定者側に提供し，どのように改善したら目指しているアウトカムを達成できるのだろうかという議論を促すものである．

3　プログラム評価理論の変遷

第1節でまとめたように，評価発展の歴史は，アメリカの政治・社会的背景に呼応しながら変遷してきた．評価する側は，評価の目的と評価対象のプログラムの特性に応じて，最適な方法を選択していくことになるが，そのためにはそれぞれの方法論の背景にある評価理論への理解が必要となる．サディッシュらは，1960年代以降のさまざまな評価理論を，社会的プログラムの理論（theory of social programing），価値の理論（theory of valuing），活用の理論（theory of use），評価知識の構築方法（theory of knowledge construction），評価実践の理論（theory of practice）の5つの視点を使い分析している．そして，1960年前後から1990年代までの主な評価理論の展開と傾向を3つのステージに分類している［Shadish, Cook and Leviton 1991］．

ステージⅠ（1960年前後）
　評価知識の構築（knowledge construction）に重点をおいた理論
ステージⅡ（1960年後半-1970年代）
　評価知識の活用（use）に重点をおいた理論
ステージⅢ（1980年代）
　ステージⅠとステージⅡの理論を統合し，プログラムの性質や進捗に合わせ評価の方法論を選択する理論

　以下，サディッシュらの文献をベースに，各ステージに関連する代表的論者の評価理論と手法を紹介する．なお，ステージの分類は時間的経緯を含むものであるが，今日においても，これらの理論や手法は，プログラムの特性や評価の目的に合わせて使われている．

(1) **ステージⅠ：評価知識の構築に重きをおいた理論**
　1960年代前後は，評価研究の流れを受けて，社会調査や統計手法を用いた厳格な社会科学の調査方法が適用されていた時代である．「社会的課題の解決とは，社会的介入の結果として引き起こされる」という命題のもと，評価知識の活用に関しては，科学的検証を経て得た評価情報を意思決定者に提供すれば，おそらく活用されるだろうとされた［Shadish, Cook and Leviton 1991］．したがって評価専門家がその活用まで気を配る必要はなく，最も科学的に高水準な方法を使い，できるだけ調査者の偏り（バイアス）を除去したデータを提供することが重要で，評価結果の統合は活用する側が行うべきとする．つまり評価専門家とプログラムの利害関係者間の間には一定の距離が保たれることになる．代表的な評価理論家としては，「評価の哲学者」とも呼ばれるマイケル・スクリヴェンと実験デザイン手法で有名なドナルド・T. キャンベルがいる．

　スクリヴェンは，評価は価値の科学である（evaluation as the science of valuing）として，評価が事実の特定だけではなく価値がともなうとした．一般的な評価では，まずニーズ評価に基づき価値付けの基準を決め（criteria of merit），比較基準となる価値付けの水準を立て（criteria of standard），次に介入による達成状況を測定し（performance），そして測定値と価値基準を照らし合わせ評価対象である介入の価値づけを行う［Scriven 1980: 18］．このことは，評価が価値から自由な科学ではなく，評価専門家が行う専門的判断や推論に基づく価値

判断が求められるということを意味する．

またスクリヴェンは，評価の方法によって活用目的が異なることを指摘した最初の評価研究者であるといわれている［Shadish, Cook and Leviton 1991: 109］．スクリヴェンが提唱し，現在も広く使われている評価概念に「形成評価（formative evaluation）」と「総括評価（summative evaluation）の２つがある．形成評価とは，プログラムの開発，設計段階や実施途中に行うもので，プログラムの形成に役立てるものである．一方，総括評価はプログラムの終了後のアウトカムを見ることが中心となり，評価情報はアカウンタビリティの確保や次のプログラム改善に使うことができる．

キャンベルは，心理学領域における実験デザインや準実験デザインの手法を評価に適用し，評価における科学的な測定方法を確立した．評価の実験デザインとは，プログラムに帰属する効果を測定するために，内部妥当性（internal validity）を確保した無作為抽出による統制群との比較を行い，確かにプログラムにより生み出した効果であるという科学的根拠（エビデンス）を示す手法である．この手法は，現在のプログラム評価で，介入の効果としてのインパクト（純効果）を測定するアプローチとして広く使われている（インパクト評価）．キャンベルの特徴は，「真実（truth）」を生み出す方法論の標準化（統計手法）に重きをおいている点である．科学的・客観的に測定された事実（fact）と人間の価値の重なったところに，評価知識（evaluation knowledge）が生み出される．ステージⅠの理論は，プログラム効果の測定方法の標準化と，価値づけした評価知識の構築に重きをおいたアプローチであるといえる．

(2) **ステージⅡ：評価知識の活用に重きをおいた理論**

1960年代が標準化された統計手法による評価知識の構築に重きがおかれたのに対し，1970年代から80年代にかけて，構築された評価知識の活用につながる評価のアプローチがいくつか提唱された．代表的論者はキャロル・H. ワイス，ジョセフ・S. ホーリー，ロバート・E. ステイクである．またこの頃から「プログラム評価」という言葉が使われ始めた．

ワイスは1960年代からアメリカ連邦政府の保健・教育・福祉省や住居・都市開発局等の政策評価に関わり，評価知識の活用の前に立ちはだかる「政治的壁」を経験し，活用されるための評価理論と方法の研究に従事してきた．彼女が1972年に著した，*Evaluation Research* の改訂版である *Evaluation: Meth-*

ods for Studying Programs and Policies [1998] は，政策評価と評価学を結びつけた体系的な評価論の図書として有名である[1]．キャンベルらの実験デザイン手法による標準的な方法論を踏まえながらも，科学的データの提供だけでは活用にいたらず，その活用のためには政策の現場における政治的かつ社会的現実に目を向けるべきだとした．スクリヴェンやキャンベルがプログラムによる効果（インパクト）に焦点を当てたのに対し，ワイスの評価理論は，プログラムの活動を含むプロセスや，その前提となるニーズ，解決戦略・方法の特定も含んだ．サディッシュらはこのワイスの評価方法を評価の"enlightenment"（啓蒙）アプローチと呼んでいる [Shadish, Cook and Leviton 1991: 172]．ワイスは政策のインパクトのみならず，政策目標を達成するための活動内容やその戦略性，社会的ニーズの確認などの評価知識を提供することにより，政策の選択・立案・実施といった一連の過程（policy process）全体に影響を与えることをめざしたのである．これらの評価には，実験デザイン手法では対応できないプログラムの実施プロセスの評価や，定性評価が必要となる．社会学者であるワイスは，体系的な社会調査の手法を適用し，定量・定性双方のデータを駆使しながら活用される評価の理論化を図った．

ホーリーは，政府機関の実務家マネージャーへのフィードバックを念頭においた．シャディッシュらによると，ワイスを啓蒙アプローチとするならば，ホーリーは「社会エンジニアリング」のアプローチと呼ぶことができるという [Shadish, Cook and Leviton 1991: 224]．ホーリーは1970年代から80年代にかけて成果重視マネジメント（results-based management）やパフォーマンス・モニタリング（performance monitoring）という考え方を提唱し，評価手法の標準化を図った．彼の評価の定義は，「あらかじめ設定された目標値とパフォーマンスを比較することでプログラムの効果や価値について結論を導き出すこと」[Wholey 1986: 6] であり，実験デザインと比較するとより簡便な方法で，プログラムと効果の帰属性にはあまりこだわらない．またワイスの啓蒙アプローチと比べるとより実用的である．彼は，評価知識が必要なときにタイミングよく使われることにより，時機を得た行動と変化が起こることを最も重視した．

ホーリーのアプローチは，ハリー・P. ハトリーが後に著した *Performance Measurement* [1999]（日本語訳：業績測定）につながっている．ちなみに，この業績測定の手法は，現在の日本においても広く使われているが，本来の結果重視マネジメントの活用目的である，時機を得た行動と活動の変容が組織内で実

際に起きているのかどうかはやや疑問がある．計画段階で定めた指標の目標値との比較で評価を行うという方法論が，一方で，「評価＝（指標の）測定」という誤解を生んでしまっていることが一因にあるのではないだろうか．

　3人目の論者のステイクは，連邦政府における評価知識の活用に主眼をおいたワイスやホーリーと異なり，地域社会における評価の活用をめざした．応答型評価（Responsive Evaluation）と呼ばれるステイクのアプローチは，プログラムの目的やアウトカムよりもむしろ活動に焦点をあて，プログラムに関心のある関係者の多様な価値に応答して評価を行うものである．教育評価に従事してきたステイクは，あらかじめ（誰かによって）設定されたゴールや指標を評価するのではなく，そのプログラムの影響を受ける関係者（たとえば校長や教員，保護者など）の多様な価値にそってプログラムの価値を判断しようとした．もともと心理統計学が専門だったステイクであるが，統計手法を使った定量データだけでは教育カリキュラム改革の質を十分に評価できないことにショックを受けたという［Shadish, Cook and Leviton 1991: 272］．評価専門家はプログラムの活動中に何が起きているのかにもっと注意を向けるべきで，その上で関係者の関心や懸念に沿った適切な評価設問や基準を選ぶべきであるとした［Stake 1975: 15］．測定の正確さは多少犠牲にしてもケース・スタディーによる定性的手法を中心とした評価を行い，関係者にとって有益な評価知識の提供をめざしたのである．

　関係者の関心や懸念を評価の設計に組み込んでいく方法は，価値の多様性に反応し，あらかじめ決められた座標軸にそった（pre-ordinate）評価ではないという点で参加型評価のアプローチと共通点がある．しかし，ステイク自身が述べているように，「応答型評価」の価値判断は評価専門家が行うというスタンスを取っており，参加者とともに評価を行う参加型評価のアプローチとは異なる［Abma and Stake 2001: 11］．プログラム評価では，評価技術を持つ評価専門家と利害関係者の関係性は常に議論の的となる．評価がある「価値判断」をする行為であるため，多様な利害関係者の価値への対応が議論になることは当然であろう．ステイクはそれら利害関係者の懸念に対応することの重要性を唱えたが，ステージⅠの理論と同様に，プログラム実施に関わる利害関係者と評価専門家の間には一線が引かれていた．

　以上みてきたように，1970年代から「評価知識の活用」に重きをおいた評価方法が台頭してきた．ステージⅠの標準化された方法論を経験した上で，より

活用される評価のあり方をめざした結果である．その背景には，60年代後半から70年代にかけて実務の現場での評価経験が蓄積されてきたこと，また評価が連邦政府から，より住民に近い政策を実施する地方政府へ広がったことなどがあると考えられる．

(3) ステージⅢ：統合された理論

1980年代に入り，ステージⅠとⅡの理論を統合したアプローチが提唱された．その代表的な論者であるリー・J. クロンバックとピーター・H. ロッシによる理論の特徴を見てみよう．

クロンバックは，1950年代に統計データの信頼性を追求するクロンバックα（信頼係数）を確立した社会科学方法論の大家である．測定理論，学習と処遇の影響に関する理論（ATI）など教育と測定の分野で有名であるが，プログラム評価についてもいくつかの著書がある．クロンバックは，評価の意義は，特定の評価設問にどれだけ正確に回答できるかということではなく，プログラムが扱う社会的課題に対する関係者の理解をどれだけ促進できるのかという点にあるとする．なぜならば，プログラムへの理解が深まれば深まるほど政策や事業が改善され，課題の解決に貢献できるからだ［Cronbach 1980: 2-3］．評価専門家は「教育者」でもあるとするクロンバックの考え方は，ワイスの啓蒙アプローチと基軸を同じくする．またクロンバックは，プログラムの意思決定に影響を与えるということは，意思決定者個人を相手にするのではなく，多様な利害関係者を含む「政策形成集団」（policy-shaping community）を相手にすることであり，多様な関心事・価値観をもつ利害関係者を結合する過程に関わることであるとした［Cronbach, Ambron and Dornbusch et al. 1980］．多様な価値がうずまく環境で評価知識が有効に活用されるためには，予め評価する側が選択した単一の規範的価値基準との比較による評価では対応できないとし，1回の大規模調査で結論を出すよりも，小規模の研究を積み重ねることを提唱した．この背景には統計データの内部妥当性を確保したキャンベルの実験デザインに対し，社会の多様性に対応した多少不明確な回答の方が政策形成集団にとって価値ある評価知識になるという考え方がある．おのずと規範的なアプローチよりも記述的なアプローチに重点がおかれ，なぜプログラムの効果が上がっていないのか，どのようにすれば効果を上げることができるのかといった検討に活用できる情報の提供が求められた．このように，クロンバックの評価理論は，これま

での「指揮統制（command）」から，「交渉と調整（accommodation）」によるガバナンスの文脈に内包されるものである［Shaw 1999: 25］．

ロッシは，現在，評価教育分野や評価に携わる実務家の間で広く活用されている *Evaluation: A Systematic Approach* の著者として有名である[2]．1970年代から評価理論とアプローチに関する多くの著書を輩出し，またキャンベルの同僚や，ステイク，ホーリーといった各評価理論の提唱者との交流も深かった．ロッシの評価理論の特徴は，「総合的評価（comprehensive evaluation）」，「あつらえた評価（tailored evaluation）」ならびに「セオリー（もしくは理論）重視の評価（theory-driven evaluation）」の3つの概念で捉えることができる．

前節でみたように，キャンベルはインパクト評価による介入と効果の方法論に重点を置き，ホーリーは活動結果やアウトカムの測定に重点をおいた評価アプローチを提唱した．またステイクは事例分析の手法を評価に適用し実施プロセスに注目した．これらに対しロッシは，それらを含むすべての評価設問（evaluation questions）は重要で，評価調査で取り上げられなければならないとし，「総合的評価」を提唱したのである．クロンバックの，評価する側が選択した1つの規範的基準のみを用いることへの批判に通じるものでもある．総合的評価には，以下のような視点が含まれる［Rossi, Lipsey and Freeman 2004］．（なお，これらについては第3章で詳述）．

- プログラムのニーズに対応したもの
- プログラムの概念化，デザインに対応したもの
- プログラムの実施過程に対応したもの
- プログラムの効果に対応したもの
- プログラムの効率性に対応したもの

ロッシの評価理論の2つ目の概念である「あつらえた評価」とは，評価対象を取り巻く環境に合わせて評価のアプローチを選択し，それぞれのプログラムに合った評価設計を行うことである．すべての評価設問が重要であるとしても，通常，評価に使える資源（資金，人材，時間）は限られており，その中で十分に実用的な情報を生み出さなければならない．そのためには以下の事柄についての検討が必要であるとした［Rossi, Lipsey and Freeman 2004: 61］．

- どの評価設問（evaluation questions）を取り上げるのが適切か

- それらの評価設問に回答するためにどのデータ収集・分析方法を使うのが適切か
- 評価専門家と利害関係者の間の距離感をどのようにとるべきか

　評価専門家と利害関係者との距離のとり方についてロッシは，評価目的や評価対象の特性を踏まえて決めるべきで，距離のおき方によって，独立型評価（independent evaluation），参加型もしくは協働型評価（participatory or collaborative evaluation），エンパワーメント型評価（empowerment evaluation）の3つのアプローチが考えられるとした．この分類からわかるように参加型評価はプログラム評価の1つの形態であり，1970年代以降は，それまで評価学のメジャーであった独立型評価（評価専門家が評価の権限を持つ）中心の評価論に，新たに参加型評価のアプローチが加わったと見ることができる．なお，本書では，ロッシのいう参加型，協働型，エンパワーメント型の評価すべてを，利害関係者が評価過程に何らかの形で参加するものとして，広義の「参加型評価」として取り扱っている．

　3つ目の概念である「セオリー重視の評価」は「手法重視の評価（method-driven evaluation）」に対するアンチテーゼである．ロッシは，テクニカルなデータ分析の方法論だけではなく，実質的な知識（substantial knowledge），つまり対象分野の専門知識による論理的枠組みが評価に欠けていることを問題視した．ロッシは，同じくセオリー重視の評価を提唱したフェイ・T. チェンとの共著書で，評価が手法の厳格さのみに脚光があびてしまい，評価対象である社会プログラムの内容に対する理解，つまり社会介入の論理的枠組みを作り出すことがなおざりにされてきたと述べ，そのことが時としてプログラムに対する歪んだ理解と狭い解釈を生み出すことにもなっていると指摘したのである[Chen and Rossi 1983: 284]．たとえば，カリキュラム評価であれば教育分野，職業訓練プログラムの評価であれば労働政策分野といったように，各分野の知識が不十分であると論理的なプログラム設計ができない．セオリー重視の評価とは，社会的介入のプログラミングのあり方そのものに焦点をあてたものであり，プログラムの投入（資源），介入のプロセスやその結果の論理的構築をとおして，総合的評価の検討を促すものである．

　このようにステージⅢの論者は，1960年代以降の評価理論とその実践を踏まえ，より統合的なアプローチを提唱した．すなわち，スクリヴェンやキャンベ

表1-1 プログラム評価の理論の変遷と関連する手法

ステージ	理論的特徴	主な評価論者	関連する概念	関連する手法
I	科学的に証明できる「真実」と、それらの評価知識の構築方法の確立に重きをおく	スクリヴェン キャンベル	総括評価,形成評価 メタ評価 ゴールフリー評価 実験社会	実験デザイン手法 準実験デザイン手法 定量手法
II	評価知識の活用と実用性に重きをおく	ワイス ホーリー ステイク	利害関係者,政策分析 成果重視の評価 評価可能性調査（evaluability assessment） 応答型評価（responsive evaluation）	パフォーマンス・モニタリング 業績測定 事例研究手法 定性手法
III	プログラムを取り巻く環境に合わせて評価のアプローチを選択する	クロンバック ロッシ チェン	総合型評価（comprehensive evaluation） あつらえた評価（tailored evaluation） セオリー重視の評価（theory-driven evaluation）	ステージI,IIのすべての手法

出所：Shadish, Cook and Leviton [1991] を参照し筆者作成.

ルが関心を払った手法の厳格性とデータの妥当性に加え，ワイスやステイクらの記述的な情報を活用したプログラムの組立（改善）の2つの側面を統合することが重要であるとした．評価対象の文脈に合わせて，評価アプローチをあつらえることにより，方法論や概念の正統性を確保できる．これまでのいずれの方法論も完全に否定することなく，また画一的な方法論を示すのでもなく，定量分析・定性分析の混合手法を前提とした柔軟な理論になっている．

1990年代以降は，パットンの評価結果の潜在的活用者を念頭においた実用重視型評価（Utilization-focused Evaluation）[Patton 1997]，人々のエンパワーメントや相互学習に重きをおいたフェッターマンのエンパワーメント評価（Empowerment Evaluation）[Fetterman 2001] など，関係者を評価に巻き込む参加型評価が広く提唱・実践されるようになった．それらの方法もステージIIIにあるようにプログラムの性質と評価目的に照らし合わせた評価方法が選択されている．したがって，第3章で説明する参加型評価の実践方法は，このステージIIIの流れを汲むものであることをここでは押さえておきたい．

表1-1に評価理論の変遷に関する3つのステージの特徴をまとめた．ここで取り上げた評価研究者は，サディッシュらの研究に基づき考察を加えたもの

であるが，各ステージに関連した理論や方法論を提示した研究者は他にも大勢いる．「評価は手法の応用であり，学際的であり，理論に欠けている」［Wortman 1983: 224］と一部研究者から批判されてきた評価理論の構築を，各分野の多くの研究者が評価実践を踏まえ試みてきたのである．

4　参加型評価台頭の背景

　前節でみてきたように，参加型評価は総合的評価の流れをくんでいるが，参加型評価が他の評価と特に異なる点は価値の捉え方（valuing）にある．利害関係者が評価プロセスに参加することを前提とした参加型評価は，関係者間の協働関係から創出される価値に重きをおく．評価プロセスに参加するということは，評価設計の策定から収集したデータの解釈までの一連の流れを利害関係者が一緒に行うことを意味する．つまり，ロッシがいうところの「評価のあつらえ」を共に行い，利害関係者の認識と懸念に応答した評価を行うことになる．最初の評価設計段階では評価対象の目的や活動内容の確認，評価のための比較の基準や価値基準の検討が行われるが，その過程では関係者自身の興味，関心に反応した議論が展開される．そこには，科学的に実証される客観性よりも，関係者間の「納得性」を重視することが評価知識の活用（knowledge of use）につながるという期待がある［Patton 1997; 源 2011］．

　本節ではこのような評価が登場してきた背景を概観しよう．

(1)　応用社会科学としての評価に対する社会的ニーズの反映

　まず，評価に対する社会的ニーズの反映がある．カズンズらは参加型評価のアプローチを，① 実用性に重点をおいたもの（Practical Participatory Evaluation: P-PE），② 社会変革に重点をおいたもの（Transformative Participatory Evaluation: T-PE）の 2 つに分類した［Cousin and Whitmore 1998; Cousins and Chouinard 2012］．

　P-PE の起源は主にアメリカやカナダなどの北米にあり，目的は評価対象であるプログラムや組織の改善，問題解決である．利害関係者が評価過程に関わることによって評価対象に対する帰属意識が高まり，その結果として評価の活用度が高まることが期待されている．このような実用型の参加型評価が登場した背景には，多額の費用をかけた専門家による大規模な調査結果が必ずしも有

効に活用されていないのではないかという懸念や，客観的かつ科学的とされる定量手法による評価が，評価対象の固有の状況や背景にある社会・経済・政治的文脈の多様性を反映していないのではないか，という疑念があった．また，社会政策の実務評価が行われるにつれ，評価の活用目的の多くが，政策やプログラムの改善方法を探るという実用的なものであったため，「第三者がプログラム関係者の知らないところで行った評価」ではなく，直接的に評価対象に関わっている人（例：プログラム・スタッフ）やサービスの受益者を巻き込み「自分たちの評価」という認識の高まりの中で評価結果を出すことの方が，改善目的の達成につながるという考え方も支持されてきた．実用型の参加型評価は，評価対象の固有な状況や多様性を反映することにより評価そのものの信頼性を高め，かつ評価の潜在的利用者者が評価プロセスを共有することを通して役に立つ評価を行うことをめざしているのである．

　一方，社会変革の側面に重点をおいたT-PEは，主に開発途上国におけるコミュニティ開発や成人教育の分野から発展してきたもので，参加型研究やアクションリサーチの流れを組んでおり，評価を社会変革やコミュニティのあり方を変える1つの手段として位置づけている．変革型の参加型評価は，評価専門家としての関わりと，その状況に対するシンパシーを持つ人間としての関わりの間のジレンマに悩む研究者（主に社会学，人類学研究者）が，評価を手段として抑圧された人々の声を代弁し，人々が抱える課題を解決する方策を探るものとして登場した．その意味において，目指すところはエンパワーメント，精神の開放，変革，社会正義，多様な価値の受容といった政治・社会的な課題である．

　このように参加型評価が登場した背景には，応用科学としての評価に対する社会的ニーズの反映がある．評価のプロセスを手段として活用し，改善や変革をめざすという応用的関心が参加型評価を登場させたといえよう．

(2) 評価対象の文脈に合った対話重視の評価

　評価する側とされる側，評価基準を持つ側と持たない側といった元々不平等な関係を見直すことが必要という評価の現場からの声も，参加型評価を登場させた1つの背景と言えるであろう．あらかじめ決められた評価の枠組みの中で，評価する側が必要だと考える情報のみを評価される側が提供するという関係性は，プログラムの改善に向けての建設的なプロセスになるのであろうかといっ

た疑問があった．情報提供者の経験と知恵に基づいて評価ができることへの敬意の念があってこそ共に改善に向けて進むことができるのではないか，といった評価専門家の信念のようなものもある［Weiss 1998］．

　たとえば開発援助プログラムの評価に従事する場合は，評価する側とされる側という関係に加え，援助する側，される側という権力構造の中で多くの場合は援助する側から送られた評価専門家が評価を行うという二重，三重の不平等がある．開発途上国側は援助の延長として評価をとらえがちで，評価に対し一種の恐れを抱くことが多い．その中で援助する側，される側双方にとって役に立つ評価を行うためには，評価活動に援助される側の人々を巻き込み，対話を通じて評価プロセスを共有することが有効だ．彼等の関心，問題意識に反応し，それをきちんと認めて評価活動に盛り込むことがひいては有用な評価につながるという現場での経験が，参加型評価を登場させた．

　このような「対話」を重視した参加型評価は，「真実（truth）」は社会の文脈の中で構成されるという「構成主義（Constructivism）」の立場を取る．真実はある価値体系の中で解釈されて意味を持つようになるのであり，客観的な1つの真実が最初から存在するわけではない．したがって参加型評価の評価設計では，評価専門家と利害関係者の対話をとおして多様な関心やものの見方が反映され，関係者が「納得」する価値基準との比較により評価されることになる．

　この考え方は「第四世代評価（Fourth Generation Evaluation）[3]」としても知られている．提唱者であるグーバとリンカーンは，現実は変数（variables）のような細切れの概念でわかるものではなく，個々の文脈にそって全体的に理解されるべきものであるとし，対話をとおした利害関係者間の交渉プロセスを重視した．対話重視のプロセスでは人々の間の関係性を対等なものとして扱う．「対等」とは，異なる知見と経験を持つという多様性のもとにおいて平等であることを意味し，評価の参加者が調査や実験の「対象」となることはない［Guba and Lincoln 1989: 11］．ハーディナが指摘するように，従来型評価における専門家の知識は持てる者と持たざる者の間にある伝統的な権力構造をより強固なものにする恐れがあり，社会の変革に結びつかないかもしれない［Hardina 2002］．参加型評価をとおして民主的な市民参加の場を提供することが，社会の改善や変革に貢献するのではないか——そのような社会の要請が参加型評価登場の背景にあると考えることができる．

注

1) ワイスの日本語版は,『入門評価学——政策・プログラム研究の方法——』(佐々木亮監修,日本評論社,2014年)
2) 初版は1979年でハワード・E. フリーマン,ソニア・R. ライトの共著.その後,ライトに代わりマーク・W. リプセィーが加わり2004年までに7版刊行.
3) 第四世代評価は,評価理論の変遷の中で,第一世代の測定中心の評価,第二世代の記述中心の評価,第三世代の価値判断を重視する評価に続く,第四の評価のパラダイムとして位置づけられる［Guba and Lincoln 1989: 8］.

第 2 章

参加型評価の特徴とアプローチ

源　由理子

はじめに

　ひとことで参加型評価といっても，論者によりさまざまな理論やアプローチが提唱されている．評価はその目的や評価対象のプログラムの特性と環境によって適切なアプローチを選択するもので，参加型評価においても同様である．本章では，それらアプローチに共通する参加型評価の基礎的概念と特徴について概観する．その上でアメリカを中心に発展してきた参加型評価の代表的なアプローチを紹介したい．

1　参加型評価の基礎概念

(1)　参加型評価の定義と特徴

　世界中の評価研究者100名以上によって編纂された評価用語の代表的な辞典である *Encyclopedia of Evaluation*［2005］では，参加型評価（Participatory Evaluation）を次のように説明している．

> 「参加型評価とは，評価調査の計画・実施に関する意思決定やその他の活動に，プログラムのスタッフや関係者を巻き込む評価アプローチ全般を意味する言葉である」［Mathison ed. 2005: 291］

また，参加型評価の代表的研究者であるカズンズらの定義は以下のとおりである．

> 「参加型評価とは，訓練を受けた評価専門家が，評価対象のプログラムの利害関係者とパートナーを組んで，評価情報を生み出す評価形態である」

[Cousins 2003, Cousins and Whitmore 1998]

つまり，評価の主体として，評価の知識・技術を持つ専門家集団のみならず，評価対象のプログラムに関わりのある人々を巻き込み，共に評価を行う形を「参加型評価」と定義することができる．カズンズらによると，もともと'participatory evaluation'という言葉は，1970年代から国際開発の分野で実践されてきた開発途上国の人々の参加による調査手法——たとえば参加型学習活動（PLA），参加型農村調査（PRA[1]）——の流れをくむものであるとされる．また，被抑圧者の教育を推進してきたパウロ・フレイレがいうところの「聴き，対話し，行動を起こす」という学習プロセスが特徴としてあるという［Cousins and Chouinard 2005: 9］．評価の専門家と評価の知識を持ち合わせていない利害関係者たちが手を組んで行う評価とは，具体的にはどのような特性を伴うものなのだろうか．以下4点にまとめてみた．

まず，利害関係者本位の評価である点だ．評価の権限と責任は，評価の専門家集団だけではなく，プログラムの実施者や関係者にも委ねられる．参加型評価は，プログラムの関係者を巻き込むことにより，プログラムの現場で起きていることを当事者の声をとおして吸い上げるという民主的なプロセスなのである．2点目は，評価の過程（プロセス）への参加をとおして，関係者の当事者意識（オーナーシップ）の向上が期待できる点だ．評価プロセスには，評価調査をどのように行うのかといった評価の設計や収集したデータの解釈などを評価に参加した利害関係者間で熟考する「対話」の過程が含まれる．定期的な対話をとおして，プログラムは自分たちのものであるという当事者意識とプログラムへのコミットメントが高まることが期待されている．

評価プロセスへの参加は，参加する個人や所属する組織・コミュニティの能力強化にもつながる．これが特徴の3点目である．評価への参加は，プログラムの運営方法，計画方法，組織のマネジメントなどについて学習し，彼ら自身の能力向上につながる．4点目に評価技術を持つ専門家の役割に注目したい．参加型評価では多様な経験と異なる立場の人々の討議や対話，合意形成を促進するファシリテーター，コーチといった役割が必要となる［Cousin and Whitmore 1998；三好・田中 2001；源 2008 ほか］．参加型評価を行う評価専門家は，社会調査法などの調査技術に加え，コミュニケーション能力やファシリテーション技術が求められるのである．

(2) いつ評価するのか：評価のタイミングと継続性

　評価結果がフィードバックされ，活用されるためには，どのような評価をどのタイミングで行うのかの検討が必要だ．プログラムの評価のタイミングは，一般的に，プログラムの実施前，実施途中，実施後の3つの時期に分かれる（表2-1）．

　参加型評価のアプローチを取り入れた場合も同様に表2-1に示すようなタイミングで評価を行うことができる．ただし，従来型評価との違いは，従来型評価では評価の時期が来たときに内部の評価担当者もしくは外部の評価専門家が評価を行い，評価の活用者に評価情報を提供するのに対し，参加型評価では，各評価調査によって得られるデータや情報を関係者間で「継続的に」共有し，討議する点であろう．参加型評価では，各段階の評価で得た情報を次の改善に結びつけるための議論の「場」が含まれるのである．

　その「場」は，「評価ワークショップ」とか「グループワーク」とか呼ばれるが，討議する際には，評価調査で得た定量・定性データを共有し，それに各参加者の経験に基づく知見を加味し評価を行う．その「場」をどのタイミングで実施するのかは，評価対象プログラムの性質とプログラムを取り巻く環境による．たとえば，ある自治体で，前年度に実施した地域の防災力向上をめざしたプログラム（この場合は自治体の施策）を，参加型評価を用いて評価したとしよう．地域の防災力が強化されることがプログラムのめざす効果（アウトカム）であるとして，そのための手段には自主防災組織の設立，学校や地域での防災講座の実施，地域の防災リーダーの育成，避難所の整備などがあるとする．参加型評価では，その前年に行われてきた同施策のアウトカム・データや実施プ

表2-1　評価の時期と目的

評価の時期	評価の目的	評価の焦点
プログラムの計画段階	・プログラムの必要性の確認 ・複数の戦略案からの選択 ・プログラムの実施計画の修正	・プログラムの目的と社会的ニーズの整合性 ・戦略の妥当性 ・実施計画の妥当性
プログラムの実施段階	・プログラムの実施内容の軌道修正／改善	・プログラムの進捗状況の妥当性 ・実施プロセスの妥当性
プログラムの終了段階	・プログラムの効果の把握 ・プログラムの継続性の判断 ・次期プログラムの改善	・効果の評価 ・効果発現に影響をもたらした要因分析

ロセスの情報を使い，評価ワークショップで施策の見直しなどを議論することができる．国内の多くの政策は継続しているので，次年度の予算を検討する前の時期に評価ワークショップを開き，次年度の計画を検討することが効果的であろう．また開発援助プロジェクトのように，協力期間があらかじめ3年，5年と決められている場合は，協力開始前，協力期間中（中間時点），協力終了間際・事後に評価ワークショップの場を設定することが考えられる．あるいは，住民に密着した社会サービスのプログラムのように，計画の青写真があらかじめ描きにくい場合は，活動を一定期間実施してから，計画の妥当性をあらためて評価するワークショップを行い，プログラムの軌道修正／改善を行うことも効果的であろう．

　ある意味で参加型評価は，スクリヴェンが提唱した形成評価（formative evaluation）と総括評価（summative evaluation）の間を連携づけて，関係者とともに評価する方式だと捉えることができる．形成評価とは，プログラムの開発，設計段階や実施途中に行うもので，プログラムの形成に役立てるものであり，総括評価はプログラムの終了後のアウトカムを見ることが中心である．応答型評価（responsive evaluation）の提唱者のステイクが両者の違いを述べたたとえに，「コックが調理中にスープを味見するのが形成評価，お客さんが出来上がったスープを味見するのが総括評価」というものがある［Mathison ed. 2005: 61］．そのたとえを使うなら，参加型評価は「（家庭で）スープをつくるお母さんの塩加減の調理プロセスと，子どもたちのスープに対する満足度合をみて，次はどのようなスープがいいのかを家族みんなで話し合う場」を含む評価の形態であるといえるかもしれない．

(3)　誰が評価するのか：評価専門家と利害関係者の関係

　評価主体の分類としてよく使われるのは，「内部評価―外部評価」という切り口である．これは，評価の実施主体がプログラムの実施組織の内部か外部かに注目した分類であるが，内部，外部を含めた利害関係者が評価に携わる参加型評価ではこの分類はなじまない．では，「自己評価―他者評価」という分類はどうか．田中［2014: 106］は，「自己評価」とは評価対象の当事者である主体が自己の責任において実施する評価であり，「他者評価」は評価対象の当事者以外の主体が他者としての関心において実施する評価であるという．つまり評価主体の発意がどこにあるかで分類したものである．当事者として広くプロ

グラムのサービス利用者や利害関係者を含む場合は，参加型評価は自己評価として分類することが可能である．関係者の当事者意識の高まりは参加型評価の大きな特徴の1つであるし，実際に参加型評価をとおして参加者の当事者意識が高まることも報告されている［源 2011］．社会的課題の解決は，それに取り組む関係組織や受益者（サービス利用者等）の総意であり，それぞれの役割を発揮しながら共に何らかの貢献をするものであるという考え方を適用すると，プログラムの利害関係者が評価に従事する参加型評価は自己評価として分類することができる．つまり，参加型評価の評価主体はその広い意味での社会の当事者である．

どの評価アプローチを用いるのかによって，評価専門家と利害関係者の双方が評価の権限を持つ場合と，評価専門家は限りなくサポーター役に徹し，主に利害関係者が評価の権限を持つ場合の2つがある．前者は，第1章で述べた実用型参加型評価（P-PE）の場合に多いケースであるし，後者は利害関係者のエンパワーメントや社会変革を目的とした変革型参加型評価（T-PE）に向いている．いずれにしても，「評価専門家のみが評価の権限を持つのではない」という点は共通している．

(4) 参加型評価に対する誤解

参加型評価についてよくある誤解が2つある．1つは，住民へのアンケート調査をしているから参加型評価である，とする誤解である．あるいは，グループ・インタビューやワークショップを行い，住民から意見を聴いているから参加型であるとする誤解である．いずれの場合も，住民が「評価」の価値判断にはかかわっていなければそれは「参加型評価」ではなく，評価の情報源としてだけの関わりとなる．参加型評価は，評価の設計から実施，データの解釈までのすべてのプロセスに利害関係者が関わる評価であり，専門技術をもつ評価専門家のみが評価の権限を持っているものとは一線を画す．

2つ目は，定性データの収集手法を使っているから参加型であるという誤解である．参加型評価では，評価の合意形成を行うために，利害関係者との継続的な対話の場における意見交換やフォーカスグループ・ディスカッションなどの定性的手法が多用されているのでそのような誤解を生むのであろう．ここでも，評価専門家が評価過程をコントロールしている限り，どれだけ利害関係者とやり取りを行って定性データを集めたとしても参加型評価とはいえない．評

価に関わった利害関係者が評価主体となることが参加型評価の大きな特徴である．

2　参加型評価がもたらす影響

　以上みてきたように，参加型評価は，「評価専門家とプログラムの利害関係者がともに評価を行うこと」であり，「評価活動が評価専門家以外の人々に依存している」点が特徴的である．一方，参加型評価でいうところの「評価」とは，従来のプログラム評価と同様に，「プログラムのメリット，価値や意義の判断や意思決定をうながすための体系的な調査」［Cousins and Chouinard 2012］であり，従来型評価で使われるさまざまな技法――定量，定性データの収集・分析の方法――が使われる．したがって，従来型評価と大きく異なるところは，評価活動に多様な人々が関わることによって，評価対象であるプログラムやその実施組織，あるいは参加した個人や社会全体に対しさまざまな「影響」がもたらされる点である．以下，2つの視点からその影響についてみてみよう．

(1)　評価の過程（評価プロセス）がもたらす影響

　評価結果の活用に影響を与える要因には，①評価結果そのものの質に関係するもの，②意思決定の仕組みなどの活用する主体に関係するもの，③評価専門家のコミュニケーション能力や利害関係者間の関係性などの目に見えない（intangible）評価のプロセスに関係するもの，の3つに分類できる［源 2011］．3つ目の分類は，利害関係者の評価の過程（プロセス）への参加により構築される関係性が評価結果の活用に影響を与えるというもので，参加型評価の特徴として捉えることができる［三好・田中 2000; Fetterman 2001; Preskill, Suckerman and Matthews 2003; Amo and Cousins 2007; 源 2008 ほか］．参加型評価は関係者の認識，考え方，態度に影響を与える「場」を提供するものであり，その「場」が利害関係者間の学習過程（learning process）として作用し，その後のプログラム改善につながる可能性を秘めているのである．具体的には，評価の過程に参加することによって，評価対象への理解が深まること，当事者意識や責任感が醸成されること，利害関係者間の相互理解が進むことなどをとおして，評価結果の活用度合いを高め，評価対象プログラムの改善につながることなどがあげられる．

　このような評価の「場」の活用をパットンは'process use'と名付け，評価

の過程で利害関係者同士が学び合うことは，個人レベルでは考え方や態度の変容に，また組織レベルでは組織文化や手続きの変化に現れるとした［Patton 1997］．加えて，参加型評価の「場」では，プログラムを取り巻く社会の規範やプログラムの意義などの議論が行われるため，社会がめざす価値は何なのかについて議論する機会を提供する．たとえば，まちおこしのためのプログラムの評価を住民代表，行政，NPO等関係者参加で評価を設計したとしよう．評価の設計には「評価対象プログラムの内容の確認」，「評価指標や基準の検討」，「調査方法の検討」などが含まれるが，この中で，特に参加者間の認識や関心の違いにより議論が高まると考えられる段階は，「評価対象プログラムの内容の確認」と「評価指標や基準の検討」である．いずれも，参加者自身の考え方や社会の規範といったものが深く関係するからである．「評価対象プログラムの内容の共有」では，関係者の関わり方や立場によって異なった認識をしていることも多い．たとえば，まちおこしの場合は，プログラムの全体像を確認するプロセスは「まちの将来の姿」を議論することであり，地域の抱える問題がどのような形で解決されるべきかを再議論する場になる．つまりその場で，地域のあり方についてある種の価値や規範の形成が行われる可能性がある．

　また，形成評価を行った場合，目的（最終アウトカム）を達成するための戦略の妥当性について意見が対立することがある．なぜならば，総論（＝最終アウトカム）に理解を示しても，より利害関係が明確になる各論（＝戦略，活動内容）については意見の対立が起きやすいからである．さらに「評価指標や基準の検討」では，これから行う評価活動においてあらかじめ何と比較して判断するのかといった指標や基準の検討を行うが，何をもって「よし」とするのかといった価値の議論になる．このように，評価プロセスの場において関係者が展開する討議は，共有のルールを模索し，公共性の形成に影響を与えるものでもあるといえよう．

　より多くの利害関係者が評価に参加する場合は，評価対象プログラムに対する「当事者性の広がり」といったものが期待できる．たとえば，高齢者介護サービス・プログラムでは，高齢者，その家族，介護員，地域のボランティアなどの評価への参加は，高齢者自身がエンパワーメントし，新たな自立への一歩を踏み出すのみならず，周囲の人々も第三者的立場から地域の当事者として高齢者の問題を考えたり，NPOなどに積極的にかかわったりするようになるかもしれない．

さらに，評価プロセスの活用（process use）は，マネジメント能力などの「組織文化や手続きの変化」をもたらし，利害関係者のキャパシティ・ビルディング（能力構築）を可能にする［Patton 1997; Cousins and Chouinard 2012］．組織のキャパシティには評価を実施する能力や，プログラムを適切に計画・実施し，モニタリングする運営能力が含まれる．評価プロセスに参加し，評価の技術とその使い方を学習することにより評価の方法を学び，参加型評価を外部の専門家に依存することなく，自らが評価活動を行うという「評価の内在化」が起こることが期待されている（第4章の事例参照）．

(2)「対話」がもたらす影響

参加型評価では，プログラムに関係する多様な利害関係者が「評価専門家」として参加し，評価設計，分析データの解釈を中心に対話，討議を行い，評価結果に関し合意形成を行う．つまり，そこでは対話（dialogue）と討議（deliberation）を中心としたコミュニケーションが中心となる．「対話」や「討議」は，他者の存在を必要とする．その他者は親しい人かもしれないし，知らない人かもしれないが，意見や情報の交換をとおして双方の考え方や態度に影響を与え合う行為である．つまり同じような価値観の人々同志のおしゃべりとは異なる．討議を行う場合の倫理について篠原［2004: 107-108］は，「誰でも自由に発言できること」，「誰でも情報を自由に手に入れることができること」，「同意の可能性を前提に話し合うこと」，「相手の意見を入れて自分の意見を変えること」を含むプロセスであるとしている．参加型評価でもまさにこの討議倫理が前提となる．参加型評価における多様な主体が繰り広げる意見交換と合意形成のプロセスでは，各自の省察（reflection）と価値観に基づく討議をとおした意見の再形成が行われる．異なる意見があるからこそ，新たなアイディアが生まれるのである．そしてその場における関係者の関係性は「異なる経験と知見を持つ」という意味で対等である．たとえば，地域活性化事業の参加型評価に参加する評価専門家は評価の知識を豊富に持っており，評価手法を適用する知見を持っているが，地域の課題については現場でプログラムに従事しているNPOの方がより多くの知見を有する．あるいは本当のニーズは何かについては市民の声を聞くことは欠かせない．それぞれが異なった視点でものをいうことが，より合理的な評価の判断と課題に対する解決策を生み出すことにつながるのである．

そのような対話のプロセスには，各自の主観的な意見を相互に承認し合うと

表2-2 参加型評価の特徴

	参加型評価
評価主体	**2つのケース** • プログラムの利害関係者＋評価専門家 • プログラムの利害関係者（評価専門家は伴走者）
狙 い	• 評価の実用的活用 • 利害関係者の能力向上（キャパシティ・ビルディング） • 利害関係者のエンパワーメント，当事者意識の醸成
関係者に影響を与えるソース	• 評価の過程における対話（process use）
評価専門家の役割	• 評価の判断 • 評価のトレーナー • 対話を進めるファシリテーター
理論的背景	• 討議倫理 • 構成主義（constructivism） • 間主観的な空間（intersubjective space）

いう「間主観的な空間（intersubjective space）」[Heron 1996]が内在化されている．参加型評価に対する批判の1つとして従来型評価と比較すると客観性や中立性に欠けるという指摘があるが，参加型評価は客観性と主観性の二項対立の議論を超えて，間主観的な行為による関係者間の意味の構築に重点をおくものと捉えることが可能だ[Brisolara 1998; 源 2008; Cousins and Chouinard 2012]．パットンは「客観性」に代わるものとして，「有用性」や「正当性」といった言葉を使い，情報の正当性と有用性は互いに依存関係にあり，利害関係者の当事者としての関わりが自らに有用でかつ正確な情報入手を可能にするとしている[Patton 1997]．参加型評価では，評価のプロセスを活用し，利害関係者間の対話をとおして構築した意味が，すなわち有用性の高いものとしてプログラムの改善などに直接結びつくことが期待されているのである．

以上述べた参加型評価の特徴をまとめたものを表2-2に示す．

3　参加型評価の諸アプローチ

参加型評価には複数のアプローチがあり，さまざまな名前がつけられている．表2-3にその主な名称と特徴をまとめた．現場では評価の目的やプログラムの特性に応じて，複数のアプローチを使っている．あるいは，特定のアプロー

表2-3 参加型評価の代表的アプローチ

参加型評価のアプローチ	特徴	代表的な提唱者
利害関係者評価 Stakeholder-based evaluation	・多くの利害関係者を巻き込み,評価範囲の設定や評価データの解釈を行う ・利害関係者の評価の権限は限定的	Bryk [1983] Mark and Shotland [1985]
エンパワーメント評価 Empowerment evaluation	・コミュニティ心理学と自己決定の原則に根差したアプローチ ・人々が自らの評価を行うことをとおして自己実現を果たすことをめざす ・評価専門家はファシリテーションやトレーニング,アドボカシーによるプログラム関係者の啓発と精神的解放を促す	Fetterman [1994; 2001] Fetterman and Wandersman [2005]
スクール・ベース評価 School-base evaluation	・学校内のスタッフによる継続的な評価 ・学校は外部の評価専門家によるトレーニングやサポートを受けて評価を行う ・外部評価による総括評価（summative evaluation）と組み合わせて行われることもある	Nevo [1994; 2002; 2009]
熟議民主主義型評価 Deliberative democratic evaluation	・参加者の討議過程をとおして評価を行う ・包摂（inclusion），対話（dialogu），熟考（deliberation）が起こることがこのアプローチの原則である	House and Howe [1999; 2000; 2003]
発展型評価 Developmental evaluation	・複雑な社会的変化に対応し,継続的なプログラムの評価・形成をとおした社会変革をめざす	Patton [1994; 2011]
実用重視型評価 Utilization-focused evaluation	・評価結果の想定される活用者（potential users）を評価に巻き込むことで改善に結びつく実用的な評価をめざす	Patton [1997; 2008]
協働型評価 Collaborative evaluation	・プログラムの関係者が情報源のみならず,評価チームの一員として評価に積極的にかかわる ・評価専門家と利害関係者の間は異なる知識を持つという意味で対等	O'Sullivan [2004; 2010] O'Sullivan and D'Agostino [2002] Rodrigues-Campos [2005]

出所：Cousins and Chounard [2012: 19-21] を参照し筆者作成。

チを念頭に置かずに，評価目的にかなった評価方法を組み立てる場合も多いだろう．たとえば，本書の第9章で紹介されている豊岡市の事例では，より効果的な施策の実施をめざし，活動を一緒に実施している地域団体，民間企業とともに評価を行うことを選択した．現場で活動している人たちの抱える課題や解決に向けて一緒に議論をすることが，効果的な施策実施に向けての重要なイン

プットになると考えられたからである．それとともに，関係者（行政側を含む）の当事者意識の向上とエンパワーメントにつながることも期待され，長い目で見て施策の効果的実施に寄与すると考えられた．そこで使われている参加型評価のアプローチは，実用重視型，エンパワーメント評価，発展型評価の3つを組み合わせたものであると考えられるが，最初からそれらのアプローチの理論を念頭に評価制度の設計がなされたわけでは必ずしもない．

ここで強調したいのは，1つの理論やアプローチに固執する必要はないという点である．繰り返しになるが，評価そのものが目的となってはいけない．評価は手段であり，評価を実践する側は，評価目的に合った適切な方法を——場合によっては複数のアプローチを合成し，テーラーメードすることも含め——選択することが重要なのである．

これらの諸アプローチのうち，理論と方法論が比較的体系立てて紹介されているものが，マイケル・パットンによる実用重視型評価（Utilization-focused Evaluation）[Patton 1997] とデイビッド・フェッターマンによるエンパワーメント評価（Empowerment Evaluation）[Fetterman 2001; Fetterman, and Wandersman eds. 2005] であろう．以下，日本語訳も出版されているそれらの2つの方法論について紹介しよう．

実用重視型評価（Utilization-focused evaluation）

パットンによって提唱された実用重視型評価は，評価結果の「想定利用者（potential users）」を評価活動に巻き込むことにより，評価結果の活用度合い，つまり実用性を高めることを目的としている [Patton 1997]．実用重視型評価で最も重視する点は評価結果の「有用性」であり，評価専門家は，評価結果が最大限に活用されるためには誰が評価に関わっていかなければならないか，誰の関心や価値が反映されなければならないかを十分に吟味することから始める．評価のプロセスでは，評価専門家と利害関係者は評価設計，データの分析・解釈，提言策定を協働で行う．特に提言策定においては，提言先である想定利用者が参加することにより，提言の活用度が極大化することが期待されている．実用重視型評価に従事する評価専門家に必要な能力は，パットンの言葉を借りると，「能動—反応—適応（active-reactive-adaptive）」能力である [Patton 1997; 長尾 2003]．たとえば評価設計の段階においては，まず慎重にかつ戦略的に想定利用者に参加を働きかけ（能動），彼等の反応や参加プロセスにおいて生み

出される状況に適切に対応し（反応），評価設問やデザインを変更する（適応）．その後の評価プロセスにおいてもこの繰り返しにより作業を進めるが，その中で評価専門家は協力者，トレーナー，ファシリテーター，友人，外部専門家などさまざまな役割を担うことになる．

なお，実用重視型評価に先駆けてパットンが提唱していた評価アプローチに，発展型評価（Developmental Evaluation）というものがある［Patton 1994; 2011］．発展型評価の評価専門家の役割は，プログラム主催者による継続的な評価とプログラム形成に伴走者として関わるというものであるが，この考え方がのちに，想定される評価結果の活用者をあらかじめ巻き込んで評価を行うという実用重視型評価の理論化につながっていった［Cousins and Chouinard 2012］．

エンパワーメント評価（Empowerment Evaluation）

エンパワーメント評価は，1990年代にフェッターマンによって提唱されたもので，利害関係者の中でも特に受益者を含む評価結果の利用者が主体となって評価を行い，そのプロセスを通して個人や組織自体がエンパワーすることを目的としている．エンパワーメント評価の代表的な論者であるフェッターマンの言葉を借りれば「評価の概念と技術を使い改革と自己決定能力を強化すること（＝エンパワーメント）」［Fetterman 1996: 6］であり，利害関係者自身が評価活動のすべての決定権を持つところが特徴的である．主たるアプローチとして「エンパワーメントの3ステップ」を提唱している．その流れは，まず①評価対象事業のミッションやビジョンを確認し（Mission），次に，②強みや弱点を含め事業の現状を吟味もしくは評価し（Taking stock），さらに③将来に向けて目標設定やそれを実現するための戦略を決める（Planning for the future）というものである．

その後，エンパワーメント評価の実践に基づく研究が積み重ねられ，2005年にワンダーズマンとともに編纂した *Empowerment Evaluation Principles in Practice* では，エンパワーメント評価の中核的な価値概念を，「エンパワーメント評価の10の原則」として示している［Fetterman and Wandersman eds. 2005: 30］．

［エンパワーメント評価の10の原則］
　①改善（improvement）

② コミュニティ・オーナーシップ（community ownership）
③ 包摂（inclusion）
④ 民主的参加（democratic participation）
⑤ 社会正義（social justice）
⑥ コミュニティの知見（community knowledge）
⑦ エビデンスに基づいた戦略（evidence-based strategies）
⑧ 能力構築（capacity building）
⑨ 組織の学び（organizational learning）
⑩ 説明責任（accountability）

　当初のエンパワーメント評価は包摂，民主的参加，社会正義といった側面がより強調されていたが，10の原則では，エビデンスやベストプラクティスに基づいた実証的情報の活用を組み込んでおり，他の評価方法（たとえばインパクト評価）との結合を明確に示しているところが興味深い．また，改善や組織の学びといった実用性に着目した原則も含まれており，カズンズらが分類した実用的参加型評価（P-PE）と社会変革型参加型評価（T-PE）の2つを合体させたアプローチであることがわかる．

　エンパワーメント評価における評価専門家の役割は，「評価はコミュニティ自身が所有する」［Fetterman and Wandersman eds. 2005: 43］ことを前提に，利害関係者が評価を行うプロセスを支援し，体系的な調査を行うためのコーチや批判的な友人（critical friends）の役割を担う．また，もう一歩踏み込んで，「直接的な代弁者（direct advocate）」としてプログラムそのもののアドボカシーを行う側面もあるとされる．エンパワーメント評価では評価の判断を下すのは利害関係者であり，評価専門家はその行為が技術的側面から適切に行われるように支援することになる．

　本章では参加型評価の基礎概念と特徴についてみてきた．参加型評価のアプローチは，利害関係者を評価プロセスに巻き込むことにより，評価結果の実用的活用とそのプロセスで関係者に与える影響に価値をおく評価方法である．そこでは，関係者間の「対話」から生成されるだろう何らかの価値やビジョンが出発点となって，より効果的なプログラムの形成を行う手段として評価を位置づけることができる．とはいえ，対話の場を提供することだけが参加型評価で

はない．「評価」である以上，できるだけ客観的な根拠を見出すための体系的な調査が必要となる．第3章ではそれら調査手法を含めた参加型評価実践の基礎について紹介したい．

注
1） PLA や PRA は，地域のことは地域の人が一番よく知っているという前提のもと，住民自身が自ら課題を発見し，問題を解決する方法を探り，また実際に解決を行っていくための一連の方法論を含んでいる．

第3章

参加型評価実践の基礎

源　由理子

はじめに

　第2章の参加型評価の特徴をふまえ，本章では参加型評価を実践するための基本的な方法論について概説したい．第1章で述べたように，参加型評価はプログラム評価の1つのアプローチである．したがって，実践方法の説明に入る前に，まずプログラム評価で使われている基礎概念について紹介し，それらをふまえ，参加型評価の枠組みと評価専門家の役割について説明する．そして，第Ⅰ部の締めくくりとして，本書の実践偏に収録されている事例において，実際に活用されている方法についてまとめ，第Ⅱ部への橋渡しとしたい．

　繰り返しになるが，「参加型評価の方法はコレ！」という単一の処方箋はない．評価が行われる文脈と評価の目的に照らし合わせながら，「利害関係者が評価に参加する」という特性を最大限に生かせるアプローチを適用，あるいは生み出していくことが求められている．

1　プログラム評価の2つの概念

　本書で取り上げる参加型評価はプログラム評価の1つのアプローチである．評価を設計するときにまず検討することは，「評価対象となるプログラムの特性は何か」，「プログラムのどこに焦点を当てて評価を行うのか」である．ここでは，それらを検討するための概念として，「プログラム・セオリー」と「評価の5つの階層」の2つを紹介する．

(1)　評価対象プログラムは何か：プログラム・セオリーの活用

　評価を始める前に，評価対象となる政策，事業やプロジェクト（以下，「プロ

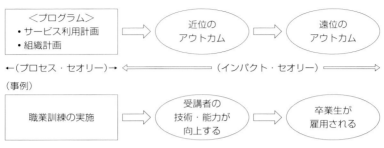

図3-1　プログラム・セオリーの概念
出所：Rossi, Lipsey and Freeman [2004: 140] を参照し筆者作成．

グラム」と総称する）の内容について把握していなければならない．たとえば「このプログラムは何をめざしているのだろうか」，「プログラムの実施は誰にメリットをもたらすのだろうか（受益者，サービス利用者）」，「実施主体はどのような組織なのだろうか」，「どのくらいの資金や人材を投入するのだろうか」，「どんな戦略のもと，どのような活動を行っているのだろうか」等々についての理解が必要だ．評価を実施する側は，事前にこれらの情報を調べ，プログラムの内容を確認しておく必要があるが，プログラム評価ではそれら情報を基にプログラムの組み立てを表すツールとして「プログラム・セオリー（Program Theory）」と呼ばれる概念を活用している．プログラム・セオリーとは，プログラムの内容を手段と目的の関係で整理することにより，めざしていたものはそもそも何だったのか，誰のためにプログラムを実施するのか，どんな活動が行われたのかを「手段―目的」の関係で示すものである．プログラム・セオリーを使うことにより，評価対象であるプログラムがなぜ行われているのか（遠位のアウトカム），プログラムは誰にプラスに働き（近位のアウトカム），その結果としてどんな社会・組織の改善がもたらされるか（遠位のアウトカム）などの情報を整理することができる（図3-1）．またそれは誰によって実施され（組織計画），具体的にどのような活動が行われているのか（活動）がわかる．

　なぜプログラム・セオリーの考え方が評価を行う上で重要なのだろうか．プログラム・セオリーには「インパクト・セオリー」と「プロセス・セオリー」の2つのセオリー（論理）が含まれる．インパクト・セオリーとは，ある社会的課題が解決された状態（＝アウトカム）の達成とそれをもたらすプログラムの活動・サービスとの間の手段―目的関係を示すものである．たとえば，職業

訓練サービスの提供（手段）により雇用が創出される（目的）というセオリーが成り立つ．評価においては，どれだけの人が雇用されたかという測定と，それが職業訓練サービスの提供によるものなのかという帰属性を検証する．一方，プロセス・セオリーは，プログラムの実施過程（プロセス）をさし，活動の実施がサービス利用者（受益者）に届く道筋を示している．

評価ではアウトカムが達成されないとしたら，何に問題があるのかを検討するが，それがそもそもプログラムの計画の問題なのか，あるいは実施過程における問題なのかを見ていく上でこの２つのセオリーを活用できる．たとえば，職業訓練の結果，雇用の創出に結びつかなかったのはなぜかを分析するときには，インパクト・セオリーに問題がなかったかどうか（職業訓練を行えば雇用されるというセオリーそのものが問題かもしれない），あるいはプロセス・セオリーの問題か（カリキュラムが実践的ではないかもしれない）を見ていくことができる．改善のための評価を行うときには，なぜうまくいかなかったのかといった阻害要因の分析は欠かせない．

図3-2は教員研修プログラムをプログラム・セオリーの概念を使って図示したものである．プログラムの介入をきっかけとして，教員の変化，学校の変化，そして長期的には子どもたちの変化（＝考える力が向上する）を期待することができる．「アウトカム」とは介入により期待される良い変化であり，これらのアウトカムが本当にもたらされるのか，あるいはもたらされたのかが評価の視点となる．もちろんアウトカムの達成は，１つのプログラムだけの成果ではないかもしれない．特に，長期的なアウトカムになればなるほど評価対象である介入との関係性は薄れ，他の要因の影響をうけやすくなる．アウトカムを評価するときの難しさはそこにあり，外部要因の影響をできるだけ排除して測定を行う方法――たとえば，プログラムの影響を受けない統制群を設定して比較を行うとか，プログラムを実施しない類似地域との比較などの工夫――を取り入れることもある[1]．

なお，日本で行政評価や国際協力評価の分野で広く使われているロジックモデルやロジカル・フレームワークと呼ばれるものは，プログラム・セオリーの考え方を適用し，手段と目的の因果関係を体系図に落とし込んだものである[2]．ロジックモデルは，プログラムの目指すもの（目的）とそれを達成するための戦略といったプログラムの論理を明らかにするものであり，「投入（input）→ 結果（output）→ 成果（outcome）」を可視化するツールとして広く活用され

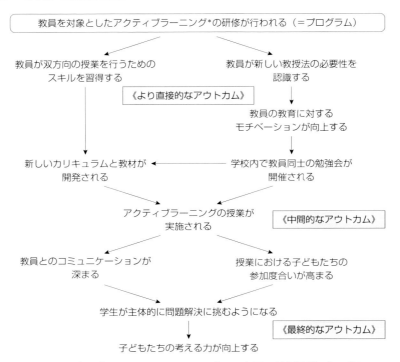

図3-2　プログラム・セオリー・モデルの事例：教員研修プログラム

注：*アクティブラーニングとは教員と学生がコミュニケーションをとりながら，一緒になって切磋琢磨し，相互に刺激合う場を創り，学生が主体的に問題を発見し解決策を見つけ出していく学習形態．

ている（図3-3，図3-4参照）．

　ロジックモデルに対しよくある批判は，「リニアの因果関係だけで社会の変化をとらえることは不可能である」という指摘だ．もっともである．このモデルは，計画段階であらかじめ目標を明確に設定する必要がある施設建設や設備整備などのプログラムにはあまり抵抗なく適応できる．一方で，福祉，教育，コミュニティ開発といった人間を対象とするプログラムでは，人々の認識や行動変容といった「不確実な」現象の変化を前提としているだけに，因果律の計画論をあてはめることは難しい．しかし，ロジックモデルは，因果律をきれいにまとめることを目的としているのではない点に留意が必要である．ロジックモデルは，何のためにプログラムを実施するのかという方向性（最終アウトカム）を明らかにし，戦略的にどのような介入をしたら効果的なのかを継続的に

第3章 参加型評価実践の基礎　39

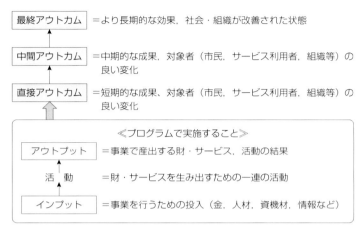

図3-3　ロジックモデル

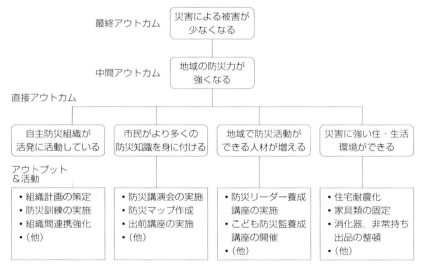

図3-4　ロジックモデルの事例：地域防災プログラム

検討する上で活用されるものなのである．したがって，一度計画したロジックモデルを見直すことなく使い続けることだけは避けたい．

　ロジックモデルはその設計上，アウトカムのレベルが3つもしくは2つに限定されているものが多いが，社会政策をはじめとする対人サービス分野のプロ

グラムでは，介入による変化の道筋をより柔軟にあらわすモデル（図3-2参照）の活用が有効であろう．

(2) 評価をとおして何を知りたいのか：プログラム評価の5つの階層

評価の活用目的には，アカウンタビリティの確保，マネジメント支援，組織学習，知識創造，社会変革などがある．評価計画をつくるときには，その活用目的にそって，プログラムのどこに焦点をあてて評価を行うべきかの検討が必要だ．

それらを検討する上で役に立つ概念が，ロッシらによって提唱された「プログラム評価の5つの階層」（図3-3）である［Ross, Lipsery and Freeman 2004: 80］．5つの階層とは，プログラムを複数の観点から評価する方法を示したもので，① プログラムのニーズ評価，② プログラムのデザインとセオリーの評価，③ プログラムのプロセス評価，④ プログラムのインパクト評価／アウトカム評価，ならびに，⑤ プログラムの効率性評価から成る．これらを1つの評価調査で同時に検討することもあるし，3年，5年といった中長期のプログラムの場合は，評価の実施時期（プログラムの計画時，実施中，終了後など）によって焦点の置き方が異なる．たとえばプログラムを計画する段階では，ニーズ評価やセオリー評価に，実施途中の評価ではプロセス評価に重点が置かれるかもしれない．以下，各階層で何を評価するのかをみてみよう．

ニーズ評価では，社会課題を取り巻くニーズがプログラムのアウトカムや活動の検討に適切に反映されているのかをみる．ニーズは何らかの問題があるから存在するものであるが，それらの問題の特定や相互関連，誰のニーズか，表面的に表れていないニーズは何か，そもそも「問題」と人々に認識されているものが本当に充足すべきニーズにつながっているのかなどの分析が必要だ．ニーズに焦点をあてた評価は，まずはプログラムの計画段階で行うべきであるが，時間の経過とともに必要に応じてニーズの確認や見直しを行うことも出てくるであろう．

セオリー評価とは，プログラムに内包される論理が，目的に対しもっともらしく組み立てられているかどうかを検証し，プログラムの設計や戦略がアウトカムを達成するために妥当であるのかを評価するものである．その意味では，セオリー評価もプログラムの計画段階でまずは行われるべきものである．プログラムの実施途中に行う場合は，実施の現状をふまえ，プログラムの活動が効

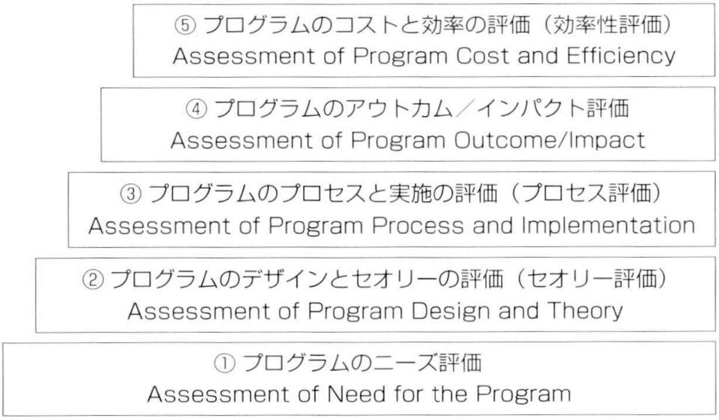

第3章 参加型評価実践の基礎　*41*

```
┌─────────────────────────────────────────────┐
│ ⑤ プログラムのコストと効率の評価（効率性評価）   │
│   Assessment of Program Cost and Efficiency │
└─────────────────────────────────────────────┘
  ┌─────────────────────────────────────────┐
  │ ④ プログラムのアウトカム／インパクト評価      │
  │   Assessment of Program Outcome/Impact  │
  └─────────────────────────────────────────┘
    ┌─────────────────────────────────────────────────┐
    │ ③ プログラムのプロセスと実施の評価（プロセス評価）  │
    │ Assessment of Program Process and Implementation│
    └─────────────────────────────────────────────────┘
      ┌─────────────────────────────────────────────────┐
      │ ② プログラムのデザインとセオリーの評価（セオリー評価）│
      │   Assessment of Program Design and Theory      │
      └─────────────────────────────────────────────────┘
        ┌─────────────────────────────────────┐
        │ ① プログラムのニーズ評価              │
        │   Assessment of Need for the Program│
        └─────────────────────────────────────┘
```

図3-5　プログラム評価の階層
出所：Rossi, Lipsey and Freeman [2004: 80].

果を上げる手段として有効な取り組みになっているのか，もし問題があるならばどのように軌道修正をした良いのかを検討することができる．

　プロセス評価はプログラムの実施過程（プロセス）を評価するものである．プロセス評価はプログラムの活動が計画どおりに実施されているか，実施過程で何が，なぜ起きているのかなどを明らかにしていく．評価を改善のための手段と位置づけ，アウトカムを達成できなかった理由を探るにはこのプロセス評価の情報は欠かせない．

　アウトカム／インパクト評価は，プログラムが一定期間実施された後の効果に焦点を当てて評価を行うもので，その効果が本当に当該プログラムの実施によりもたらされたものであるかを評価する．アウトカム／インパクト評価の結果をプログラムの改善に結びつけるためには，なぜそのような結果になったのかという阻害要因を分析することも重要だ．多くの場合は，プロセス評価を適切に行うことによってそれらの要因を特定することが可能である．

　5つ目の効率性評価は，投入コストに比してもたらされた結果や効果が妥当であるのかを評価するもので，プログラムの特性によってプログラム実施前の計画段階で行うこともあれば，プログラム実施後の場合もある．たとえば，社会経済インフラを建設する公共事業のように初期投資が大きいものについては，事前の段階で，効率性を確認している．一方，人の介入が多い社会プログラム（教育，福祉・医療，防災，地域振興など）では，効果の測定結果が明らかになる実施後に行うことが多い．

表 3-1 プログラム評価の主な焦点

評価の焦点	主な目的	評価の問いかけ
ニーズ （ニーズ評価）	プログラムの活動や戦略は社会のニーズと合致しているかどうかを明らかにすること	・新しいプログラムの利用者は誰か ・活動や戦略は社会のニーズに合っているか
プログラムの設計・戦略 （セオリー評価）	プログラムがどのように組み立てられているか，その設計は目的を達成するために妥当であるかを明らかにすること	・プログラムの目的は何か ・プログラムはどのように目的を達成しようとしているのか ・活動の組み立ては妥当か ・プログラムの戦略は妥当か
実施プロセス （プロセス評価）	プログラムが意図されたとおりに実施されているのか，プログラムの実施過程で何が，なぜ起きているのかなどを明らかにすること	・活動中に何が起きているのか ・計画どおりに実施されたか ・意図した対象者が参加しているか ・プログラムに対する関係者の認識の変化はあったか ・プログラムの成否に影響を与えた要因は何か
効果 （アウトカム評価，インパクト評価）	プログラムの効果があがっているかどうかを明らかにすること	・効果はあがっているか ・それはプログラムの実施によるものか（プログラムの帰属性） ・プログラムを継続もしくは拡大する意味があるか
効率性 （費用対便益，費用対効果）	プログラムが効率的に実施されているかどうかを明らかにすること	・効果に対して費用は適切に投入されたか ・他のプログラムと比較して効率性は高いか，低いか

　日本で行われているほとんどの評価は，アウトカムの評価である．つまり，プログラム実施後の効果を見る評価だ．しかし，そもそもプログラムの組立に問題があるとしたら，結果を評価しても意味がない．今後は，ニーズ評価やセオリー評価，また阻害要因の分析につながるプロセス評価に，より積極的に取り組んでいく必要があろう．特に，マネジメント支援を目的とした評価では，PDCAサイクル[3]と評価を結びつけるために，アウトカムの評価のみならず，次の計画へフィードバックするためのプロセス評価，セオリー評価の役割は大きいと考えられる．

2　参加型評価実践の基礎

通常の評価の実施ステップには，大きく分けて，① 評価設計，② データ収集・分析，③ データの価値づけ・解釈，④ 評価情報の報告・共有の4つの段階がある．参加型評価ではこれらのステップを，参加者間の対話をとおして継続する点が特徴的である．本節ではこの実施ステップにそって，参加型評価の方法と実践上の留意点について解説する．

なお，本書の第Ⅱ部に収められている事例は，これらの考え方を基本としながらも，各事例の特性（プログラムの実施体制，制度，組織構造，対象分野の特性など）や評価目的に合わせ，「あつらえた評価（tailored evaluation）」を実施している．本項の説明は，評価対象のプログラムに合った参加型評価をあつらえていくために必要な基礎知識をまとめたものである．

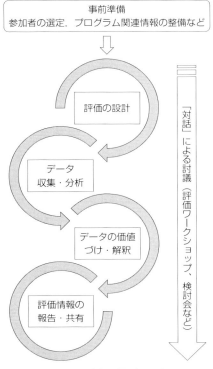

図3-6　参加型評価の流れ

(1) **事前準備：評価主催者による準備**
参加者の選定

評価の参加者を検討することが参加型評価の最初のステップであり，とても重要な作業である．ともすれば，評価を主催する側が都合のよい評価結果を出すために，意図的に参加者を選定してしまうことがあるので注意が必要だ．評価を実施する主体（組織内部の評価担当者，あるいは委託を受けて評価を実施する組織や専門家）は，まず評価の活用目的に照らし合わせ，「関係者の参加」という

図3-7　参加型評価の参加者の層

手段で評価を行うことを通して何を成し遂げたいのかを十分に吟味する必要がある．その上でその評価目的にかなった参加者を選定しなければならない．参加者には，評価専門家（内部の評価担当者，外部の評価者など）に加え，実施組織のスタッフ，プログラムの受益者，協働者，さらには不特定の市民などが考えられる（図3-7）．ここでは誰を参加者とするのかについて3つの可能性に触れておこう．

　1つ目はプログラムの改善を目的とするマネジメント支援を重視する評価の場合である．その場合は，プログラムの実施組織のスタッフやマネージャーとともに評価を行うことが，評価結果の活用，ひいてはプログラムの改善につながりやすい．彼ら自身が日ごろ抱えている懸念，関心ごとが直接評価設問に反映されるとともに，学びあいをとおした関係者間のコミュニケーションの促進につながる可能性が高いからである．2つ目は，複数の利害関係者が関わり，社会課題の解決をめざすプログラムの参加型評価がある．その場合はサービスの受け手であると同時にプログラムの担い手として関わる受益者とともに評価を行うことが重要だ．また，地域団体やNPOなど，一緒にプログラムを実施する協働者の参加もかかせない．もちろん，前述した「プログラムの改善」目的とあわせて，プログラム実施者に参加してもらうこともできる．

　これら2つのケースでは参加者の代表性はどこまで問われるのであろうか．

評価調査を共に実施するとなるとおのずと参加者数は限られてくる．ある団体の代表者や重要な働きをする特定の人（キーパーソン）に加わってもらうという何らかの判断が必要になるが，参加型評価の実用性に着眼すると，政治参加のような代表性は必ずしも問う必要はないだろう．むしろ，ある社会課題の解決に実際に関わっている人々，関わる意思（willingness）がある人々，あるいは直接・間接に利害が明確にある人の参加が重要だ．参加型評価の狙いである継続的なプログラムの改善に一定の役割を果たす人々や，当事者意識やコミットメントの醸成が望まれる人々の参加が求められる．

3つ目のケースは，自治体の行政評価やNPOの事業評価などにおいて，不特定の市民や会員に評価をしてもらう場合である．外部者としての第三者評価ではなく，税金や会費を負担する資金提供者としての当事者の立場から評価に参加してもらい，行政やNPOの担当職員とともに評価を行うことが考えられる．その場合は，代表性が問われるので，無作為抽出の方法で参加者を選定するといった工夫が必要であろう．このタイプの参加型評価の目的は，市民目線から見て実施されている政策や事業は妥当か（セオリー評価），本当に効果を挙げているのか（アウトカム評価），地域の現場では何が問題になっているのか（ニーズ評価やプロセス評価）などについて広く意見交換を行い，ともにより良い政策・事業を検討することにある．また参加した市民のエンパワーメントという意味では，市民の自立や政治的リテラシーの向上に資する可能性も高い［山谷 2000］．

いずれの場合も，評価を主催する側は，誰がどのような立場でプログラムに関わっているのか，プログラムから影響を受けているのか，どのような関心と懸念を抱いているのかといった利害関係者の分析をまず行う必要がある．場合によっては，事前に代表的な利害関係者にインタビューを行うなどして，参加可能性がある人々の全体像を把握するという作業が必要であろう．

プログラム関連情報の整備

参加型評価では異なるバックグラウンドの多様な利害関係者が集まるために，情報の偏在が起こりやすい．参加者の経験や知見，社会における立場の違いといった多様性を確保しつつも，プログラムに関連する「客観的な情報」をできるだけ共有した上で，討議を進められるような配慮が必要である．たとえば，地域防災のプログラムを評価する際に，防災関連の条例の存在や防災に関する

専門知識，消防や学校の取り組み状況などの情報があると議論がしやすくなる．過去に評価を行った資料があれば，それらを共有することも重要である．ただし，それらの情報により過度な制約が課せられ（たとえば，これまでの慣例だからできないとか），自由な発想が妨げられることは避けなければならない．誰でもが自由に発言でき，建設的な討議を可能にするために，あらかじめ共有すべき関連情報を整備しておく必要がある．

(2) 利害関係者とともに行う評価の設計

ここからが参加型評価の始まりである．評価調査の最初のステップは評価を設計することである．具体的には，評価対象を明確にした上で，評価設問（評価を通して何を知りたいのか），評価デザイン（比較・判断方法），データ収集方法，比較基準などを検討し，評価調査の実施方法を決定する．参加型評価では評価設計の段階から利害関係者が集まり，議論をしながら評価の実施方法を決めていく．評価の質はどのような設計をするのかに大きく左右される．多様な意見が出されることが想定されるが，お互いの意見に耳を傾けつつ，相互学習のプロセスを通して適切な評価を設計する必要がある．

評価の目的の共有

まず参加型評価の目的について関係者間で共有することが重要である．「評価」という言葉はともすれば関係者にネガティブな印象を与えかねず，「評価」がプログラムの改善やより良い社会に貢献するための1つの手段であるという点を十分に理解してもらうことが肝要である．それによって関係者からの協力が得やすくなる．さまざまな人々が協働で作業を行う参加型評価では，何のための評価なのかという「方向性」を早い段階で共有すると，その後の議論を行う上でプラスに働く．参加型評価は一般的には，プログラムの改善や学習，組織強化，社会変革，エンパワーメントといった目的に適している．

評価対象プログラムの内容の共有

次に，評価対象となるプログラムの内容を共有する作業がある．プログラムの計画書や実施報告書類，対象分野や社会に関する既存の資料から得られる情報を参加者と共有し，プログラムの全容を確認していく．その作業を行う上で広く活用されている道具として前節で紹介したプログラム・セオリー・モデル

> **COLUMN 1：まず最終アウトカムを確認し，共有することの重要性**
> 　プログラムがめざす最終的な目的が「最終アウトカム」である．つまり何のためにプログラムを実施するのか，その正当性を表すものでもある．たとえば，「障がいをもった人が社会に排除されることなく自分らしく生きられる」とか，「災害による被害が少なくなる」など，プログラム実施によってある社会課題が解決された状態をさす．参加型評価の最初の段階で，この最終アウトカムを確認し共有することは，その後の議論を展開していく上でとても重要である．同じ目的をめざすというある種の連帯感が生まれ，異なる利害を持つ参加者間の意見の相違は対立ではなく，最終アウトカムを達成するためにはどうしたらよいのかといった建設的な「対話」の場を可能にするからである．

やロジックモデルがある（図3-2，図3-3，図3-4参照）．それらのモデルは，評価対象となるプログラムがどのようなセオリー（論理）でアウトカム（目的）を達しようとしているのか，その道筋を目的手段体系で表したものである．

　従来型評価でこのツールを使う場合は評価専門家がこれらの作業を行うが，参加型評価では，関係者とともにプログラムのアウトカム，活動内容などを明らかにしていく．この作業の過程では，参加者の立場や知見によってプログラムの目的の捉え方や期待が異なることがわかり，なぜそのように思うのかといった意見交換をとおして，解決しようとしている社会課題の現状や課題を相互に学習する機会になる．第2章で述べた評価プロセスの活用（process use）は評価設計の段階から有効なのである．これらの議論はプログラムの現状や抱える問題点を改めて明らかにし，評価計画の1つである「評価設問の策定」にもつながる．

評価の焦点（評価の階層）の確認・検討

　プログラム・セオリーはさまざまな評価の視点を提供してくれる．利害関係者の評価に対する関心や期待に呼応して，プログラムの何に焦点を当てて評価をするべきなのかは異なってくる．たとえば，評価情報をプログラム形成やその戦略の見直しに使いたいという関心がある場合は，プログラムの受益者のニーズに合致しているか，誰を対象とするべきかなど，対象地域のニーズとプログラムの提供するサービスの適切性に焦点を当てた評価が適しているかもしれ

ない．あるいはプログラムが本当に役に立っているのかに関する情報が欲しければ，プログラムの効果（アウトカム）に焦点を当てて評価することができる．これらの検討を行う際には，プログラムの評価の「5つの階層」の考え方を活用できる（図3-5，表3-2）．

評価計画の策定

評価の目的とプログラムの内容を共有した後は，いよいよ具体的な評価の枠組みと手法を検討する．それが，評価計画の策定である．評価の計画には大きく分けて，①評価設問の検討，②指標と収集・分析方法の検討，③比較基準の検討が含まれる．

① 評価設問を検討する

評価設問の設定とは評価を通して何を知りたいのかを明らかにし，評価の枠組みに合意することである．たとえば，教員研修プログラムの評価では「現職教員の授業の質は向上したか？」とか「学生は授業の実施方法に満足しているか？」などが評価設問となり得る．評価設問は評価の目的に沿って，また評価の焦点によって異なる．評価の目的がプログラムの見直しであるとしたら，セオリー評価の視点が重要になり，評価設問も「現職教員の授業の質を向上させるための手段はこれで十分か？」，「他により効果的な手段はないか？」などが考えられる．あるいは，プログラムのアウトカムに影響をもたらした要因を探るために，「プロセス評価」の視点から実施プロセスの課題やアウトプットの達成度合いを把握するための評価設問も作ることができる．

参加型評価では利害関係者のプログラムについての興味，懸念，評価に対する期待などを反映して評価設問を設定していく．あくまでも利害関係者本位の考えが重要だ．彼らが自ら抱く懸念や課題について，評価という道具を使って関係者間で討議していくことが参加型評価の真髄である．その討議の場では，参加する利害関係者の幅が広ければ広いほど，関係者間の意見の相違や対立が生まれる可能性が高い．そこで利害関係者がお互いの意見を尊重しながら建設的な議論を行えるように，評価専門家は適切なファシリテーションを行わなければならない（後述）．

② 指標と収集・分析方法を検討する

評価設問が決まったら設問ごとにどのような指標を用いて，誰から根拠となるデータをどのような調査方法を使い収集・分析するのかを検討する．ただし，

参加型評価の中には，社会調査などを行わずに，参加した利害関係者の認識に基づく判断を中心とした評価を行うケースもある．その場合は指標や収集方法の検討などを必ずしも必要としない（本書第8章の事例参照）．たとえば，「セミナーに参加したことで何を学び，具体的にどんなことに役に立ったのか」（アウトカムの自己評価）とか，「セミナーの内容は適切であったのか」（プロセス評価）について，評価設問の設定と同時に，参加者の経験値と認識に基づいて議論を行う場合などである．

以下は，指標を立てて，質問紙調査やインタビューなど，何らかの社会調査を行う場合の方法を，測定方法の検討，指標の収集方法の検討，収集したデータの分析方法の検討の3つの段階ごとに概説する．

〈測定方法（measurement strategy）の検討〉

評価設問の回答となる根拠としてどのような指標を集めるのかをまず検討する．つまり，何を，どのように「測定」するのかという検討である．指標（indicator）とは「何らかの現象や状況のレベル，程度を示す（indicate）」概念である．「教員の教え方」，「学生の数学の知識レベル」，「住民の健康度」，「地域の防災力のレベル」などは指標である．その概念をどのように操作化（operationalize）し，測定するのかは，指標によっては大変難しいものもある．たとえば，学生の数学の知識レベルは「テストの点数」で測ることができ，比較的容易である．一方，「地域の防災力のレベル」は何で図ることが可能なのだろうか．参加型評価では，このような検討を関係者とともに行い，プログラムの文脈にあった測定方法を考えていく（例：「A地域の防災力のレベル」という指標を，A地域で防災活動に関わる町内会，消防団，学校の代表者とともに検討し，「災害があったときに近隣で助け合いができると感じている人がどのくらいいるか」を測定することとした）．

指標と測定方法の検討のプロセスは，プログラムの目的や活動内容をより具体化する作業でもある．プログラムの見直しを目的とした評価では，あらためて指標・測定方法を確認し，どのような手段がより有効かといった議論が可能になる（例：地域の防災能力の向上のためには，近隣の人たちの関係性を強化するような取り組みをもっと行うべきとして，新たな地域イベントが活動に加わった）．

〈データの収集方法の検討〉

指標と測定方法の検討とともに，それらのデータをどのように収集するのかの検討も必要だ．通常の評価で使うデータには定量データ（数値化されたもの）

表3-2 主なデータ収集方法とデータの種類

データ収集方法		定量データ	定性データ
既存資料（文献，統計，モニタリング資料等）		○	○
評価ワークショップ（関係者の討議）		—	○
質問紙（アンケート）	選択肢式	○	—
	自由回答式	—	○
インタビュー		—	○
フォーカスグループ・ディスカッション（同質な人々の見解を，議論をとおして把握）		—	○
直接観察	チェックリストを用いた観察	○	—
	視察，状況把握	—	○
計測（標準化された方法，機器等による測定）		○	—
テスト		○	—

と定性データ（テキストデータ）の2つがある．一般的には，定量データはアウトカムやアウトプットの達成度合いを測定するときや，大規模な質問紙調査等によりプログラムの効果を測定する際に使われる．また，質的な側面を数値化することもできる（たとえば，教員の教授法の質の適切度について質問票を使い5段階評価を行うなど）．他方，定性データは，より深く物事の背景にある状況を探るときや，達成度合いに影響を与えた要因，実施のプロセスで何が起きているのかの把握などで使われることが多い．

参加型評価は，関係者が自らの実践を振り返り，次のプログラムの改善に結びつけていくという形成評価に活用されることが多い．したがって，定性データが多く使われるが，定量データももちろん必要である．重要なことは，「適正で，信頼性が高く，かつ役立つ」データ［Patton 1997: 299］を使っていくことである．

参加型評価に社会調査を組み込む場合は，これらのデータを誰から（何から）得るのかといった情報源の検討も必要だ．既存の文献や統計データが使えるのであれば評価費用がかからないし，最も効率的である．もし大規模な質問紙調査により推計統計に使う定量データを集めるとしたら，無作為抽出のサンプリング方法の検討が必要となる．フォーカスグループ・ディスカッションやインタビューのように定性データを集める場合は，誰にインタビューを行うのが適切なのか，あるいは信頼性が高いのか，キーパーソンは誰かといった検討を行

う．また，評価で独自に調査を行う場合は，調査にかかる費用や調査期間についての検討も必要だ．通常は評価に使える費用は限られているし，実務の評価ではデータ収集だけのために長い時間をかけることは難しい．それらの制約の中でより有効なデータ収集方法を選ぶ必要がある．

　データの収集・分析方法を決めるにあたっては，調査の知識が必要だ．評価専門家以外の参加者にはこれらの知識が限られているが，他方，誰を情報源としたらより適切な情報を得られるかといった情報源や指標の検討は，プログラムに携わっている実践家や住民の方がより文脈にあったものを提示できる可能性が高い．場合によっては，調査方法の基礎について関係者を「訓練する」仕組みも評価活動の中に組み込む必要があり，その場合は，評価専門家には「トレーナー」としての役割も求められる．

〈収集したデータの分析方法の検討〉

　調査結果の分析にはより専門知識が必要になるので，多くの場合は評価専門家が中心となって行うことになるだろう．データ分析手法は，定量データ，定性データによって異なる．定量データには，アウトカムの達成度やアウトプットの実績等の測定結果を表すものと，質問紙調査のように，統計分析を前提として集めるデータがある．

　質問紙調査を経て得た定量データの分析は，収集したデータの統計量（平均，分散，偏差など）を計算してデータの示す傾向を明らかにする記述統計や，サンプリングのデータから母集団（全体）の性質を確率統計的に推測する推計統計を行う．後者はＴ検定，相関分析，回帰分析といった手法でも知られる．インパクト評価の手法のように，プログラムの影響を受けないグループ（統制群）と介入を受けるグループ（介入群）をつくり，２つのグループの比較によりネットの効果を測定する場合は統計手法が必要である．

　定性的な文献情報やインタビュー，フォーカスグループ・ディスカッションなどで得られた定性データの分析は，あらかじめ決まった方程式による分析方法が用意されているわけではない．以下に評価における定性データ分析の主な考え方を紹介する［Patton 2002: 431-77］．

- 状況を説明する
  定性データをそのまま活用することにより，プログラムで何が起っているのか，関係者はプログラムをどのように認識しているのか，特定の活

動や出来事はどのような状況で展開されているのか，なぜ人々はそう考えているのかなど，プログラムの全体像を報告書の読み手に伝えるという方法がある（ストーリー化）．説明を組み立てることにより，現象をとりまくさまざまな要因の存在を理解してもらえる．

- カテゴリー化をする
  同じ課題，概念のもとにくくれる情報や観察内容を見つけ出しまとめていく作業．ファイルシステムでインデックスごとに構成していく作業と似ている．収集した定性データを眺めながら評価目的や評価設問に関連するものを拾い出し，関連する内容を分類化する作業．この作業は2人以上で行い，その結果を比較すると効果的である．人によっては異なった視点で分析する可能性があるし，分析する人のバイアスを取り除くことにもなるからである．その分類化されたデータをもとに，特定のテーマやプログラムとの関係性を浮かびあがらせることも可能である．定性分析手法の内容分析（コンテンツ分析）と類似している．

- 情報の関連性をみる
  情報相互の関係をみる方法である．定性データをプログラムのプロセス，アウトカムなどに分類しプログラム・セオリーの概念を使って因果関係を論理的に整理し，プログラムの状況や問題点を把握することもできる．表やフローチャートを使い，いくつかの要因がプロセスやアウトカムとどのように関係しているのかを整理したり，その推定される関係性を説明したりするとわかりやすい．

なお，データ収集方法，定量・定性データの分析手法の詳細については，別途社会調査や質的調査の専門書を参考にしてほしい．

③ 比較の基準を検討する

評価であるので収集したデータの価値づけを行うが，そのための比較の基準や水準を事前に検討しておく．特にアウトカムの測定結果の価値づけは，プログラムの実施の意義に関わるものになる．その比較の基準はプログラムの性質やデータの収集可能性によって異なるが，大きく分けて，① 過去の水準との比較（経年変化等），② あらかじめ設定された目標値との比較，③ 統制群あるいはそれに準じるグループと介入郡との比較，④ 他の類似プログラムとの比較がある．このうち参加型評価では，過去の水準との比較や目標値との比較が

第 3 章　参加型評価実践の基礎

> **COLUMN 2：参加型評価と従来型評価を連携して行う取り組み**
> ——定性と定量データの組み合わせ——
>
> 　参加型評価は，関係者の学習やエンパワーメント，それらをとおした能力構築やプログラムの改善に適した手法である．そのため，関係者が自らの実践を振り返り（省察），改善に結びつけていくという形成評価（formative evaluation）に活用されることが多い．形成評価は実施過程で発生している問題への対応が中心となるため，定性データが多く使われるが，一方で，その参加型評価の特性を生かしつつ，従来型評価による統計データも使って，より良いプログラムの実現をめざす評価の取り組みがみられる．たとえば以下のような例がある．
>
> - 行政評価の協働型プログラム評価において，アウトカムの達成状況を経年変化により把握するために無作為抽出による市民アンケート調査を毎年行い，その定量データ分析結果（推計統計）を使いながら，協働者である市民や民間企業の関係者とともに評価ワークショップでプロセス評価やセオリー評価を行う取り組み（本書第 9 章に収められている事例）［源 2014］．
> - 福祉分野の評価において，プログラムとインパクトの帰属性を実証するためのランダム化比較実験（Randomized Control Trial: RCT*）による効果測定を行いつつ（統計分析），現場の実践家参画のもとデータの解釈やセオリー評価を行い，プログラムの継続的な修正を行うという試み［大島 2015］．
>
> *RCT とは，評価のバイアス（偏り）を避け，客観的に効果を評価することを目的とした方法．あらかじめランダムに統制群と介入群をつくり，2 郡の比較を行うもの．特に医療分野において，根拠の質の高い研究手法として用いられている．

使われることが多い．過去の水準との比較を行う場合は，ベースライン・データ（同じ指標により実施前の状況を示すデータ）があると良い．

(3) データの収集・分析

　評価設計が策定された後は，その枠組みに沿ってデータの収集・分析を行う．利害関係者の評価活動への参加の度合いによって，データ収集を評価専門家が中心となって行う場合と，利害関係者と協働で行う場合が考えられる．質問紙

調査の設計やデータ収集・分析には高度の専門性が必要であるし、インタビュー調査もインタビューのスキルがないとほしい情報を手に入れることができない。したがって他の参加者と一緒にデータ収集・分析を行う場合は、評価活動の中に一定のトレーニングを組み込む必要がある。ただし、収集データの分析は評価専門家が中心となり専門技術を使って定量データ（統計処理など）や定性データ（内容分析など）の分析を行い、生のデータとその分析結果を利害関係者にわかりやすい形で提示することが実際的であろう。

　一般的に、アウトカム／インパクト評価は、プログラムの効果に対する帰属性や客観性確保の観点から定量データによる測定方法が多く使われ、セオリー評価やプロセス評価では定性データが多い。筆者は定量分析が有効か、定性分析が有効かという二項対立の立場は取らない。プログラムの内容や評価の目的によって、定量データによる統計処理を中心とした評価もあれば、定性データの分析を中心とした評価もあるし、双方のデータを使った混合手法（Mixed Methods）が適している場合もあるからだ。参加型評価においても同様であるが、参加型評価はその特性から混合手法を使い、定量分析による客観的データを実践の場につなぐ役割も担えるのではないかと思う（COLUMN 2 参照）。

（4）　データの価値づけ・解釈

　データの価値づけと解釈とはデータに文脈を加え意味を与える作業である。データだけでは事象の羅列である。評価設問に対する根拠としてそのデータがどのように使えるのか、プログラムの価値はどの程度なのかを検証する必要がある。アウトカム・データの価値づけには、何らかの基準や対象との比較が必要だ（過去の水準、目標値との比較など）。過去の水準との比較において、サンプルによる質問紙調査のデータを使う場合は、過去からの変化量が統計的に有意かどうかの分析ができる。また、目標値との比較を行う場合は、目標値を達成できないことが過度の内部統制につながらないように留意が必要である。もし実績値と目標値の間にギャップがあったとしたら、目標水準の妥当性も含めて、なぜそうなのかの議論や分析に注力すべきである。

　個々の価値づけされたデータ間の関連性を統合的に分析することもできる。たとえば、職業訓練のカリキュラムが労働市場にマッチしていないため（プロセス評価結果）、修了者の就職がむずかしい（アウトカム評価）といった関連づけである。このように、データを意味のある「評価知識（evaluation knowledge）」

に変換していく作業がデータの価値づけ・解釈である．

スクリヴェンは価値づけ（valuing）こそが評価の中心的な要素で，他の体系的調査と異なる点であるとしている［Scriven 2003: 17］．しかし，評価のアプローチが多様であるように，評価の価値づけや解釈のための方法論も画一的なものがあるわけではない．一般的には，① プログラムのどこに焦点をあてて評価すべきかを決め（評価設問等），② 比較の水準を検討し，③ 成果を測定し，水準との比較を行い，④ データを統合し，プログラムの価値づけや意義を見極める，という4つのステップがあるとされる［Julnes 2012: 4］．評価のアプローチによっては，測定結果とあらかじめ決められた水準との定量的比較に重点をおくものもあれば（規範的なアプローチ），関係者との議論をとおして彼らの価値基準に重きをおくものもある（記述的なアプローチ）．参加型評価では，集まったデータの価値づけや，それは何を意味するのか，なぜこのような調査結果になるのかといった解釈のプロセスに利害関係者が関与する．その意味では記述的アプローチの特色を備えているが，上記④にあるように，各データを統合する過程において参加者の認識や経験値を反映することもできる．評価専門家は，参加者がデータに裏付けられた合理的な解釈を行えるように，データの分析結果をわかりやすく提示する必要がある．

(5) 評価結情報の報告・共有

評価情報の報告は，評価結果が活用されるための手段としてとても重要である．フィードバックを適切に行われなければ，評価のために使った資源は無駄になるからだ．参加型評価の場合は，評価情報の想定利用者（potential users）が既に評価プロセスに関わっており，その意味では，評価情報を共有することが従来型評価と比べて容易である．一方で，評価に参加している人々には了解されていても，その過程に関わらなかった人々にとってはわかりにくいという難点がある．第三者にもわかりやすいように，関係者の討議のプロセスで特に議論が盛り上がった点，合意に達することが難しかった点とその理由，データを根拠とした解釈の内容などを，評価情報とともに公開できるように記録しておく必要があろう．

評価報告では提言という形で最後にとりまとめられることも多い．ただし，具体的で有用な提言を行うということは，そんなに容易なことではない．場合によっては，提言を行うために評価調査と別の調査が必要となることもある．

表 3-3　参加型評価の主な作業

評価のステップ		主　な　作　業
1．事前準備	参加者の選定	評価に参加する主な利害関係者の選定
	プログラム関連情報の整備	評価対象に関連する情報を，参加者に公平に提供するための準備
《参加型評価のスタート》		
2．評価の設計	評価の目的の確認	評価結果の活用目的／用途の確認
	プログラムの内容の確認・共有	・プログラムの計画内容の把握 ・プログラムの実施状況の把握 ・プログラム・セオリーを活用した整理
	評価の焦点（評価の階層）の検討	プログラムの価値を引き出すために，どこを重点的に評価するのかの検討
	評価計画の策定	・どのように評価を行うのかの検討 ・利害関係者のプログラムへの関心事，懸念の反映 ・評価設問，指標・測定方法，データ収集・分析方法，比較基準等の検討
3．データの収集・分析	データの収集	・社会調査等の実施 ・その他のデータ収集ツールの活用 ・既存のデータの収集
	データの分析	・定量データの分析（統計手法） ・定性データの分析
4．データの価値づけ・解釈		・比較基準による価値づけ ・データの統合的な解釈
5．評価情報の報告・共有		・評価報告書の作成 ・報告会，セミナー等による伝達

（左側縦書き：対話をとおした議論：評価ワークショップ，検討会等の実施）

　参加型評価では，関係者が共に提言形成を行うことを通して，現場の声，専門性を反映した有用性の高い提言を提示することが期待されている．
　以上説明した参加型評価の主な作業を**表3-3**にまとめたので参照ありたい．

3　参加型評価における評価専門家の役割

　参加型評価を適切に実施していくために，参加者の1人である評価専門家（組織内外の評価人材）にはいくつかの役割がある．参加型評価の目的にもよるが，大きく分けて，①ワークショップやグループ討議を促進するファシリテーター，②評価知識を参加者に教えるトレーナー，③評価を内在化し，組織

が自分たちで継続的に評価に取り組むためのコーチなどが考えられる．

(1) **評価ワークショップのファシリテーターとしての役割**

　前章で述べたとおり，参加型評価の大きな特徴の1つに，「対話」による合意形成のプロセスがある．それを実現する技法として参加型の評価ワークショップが多用されている．評価の流れの中では特に「評価の設計」，「データの価値づけ・解釈」を，関係者が一堂に集いワークショップという形で実施することが効果的である．ワークショップとは「共同の作業場」を意味し，「講義などの一方的な知識伝達のスタイルではなく，参加者が自ら参加，体験して協働で何かを学びあったり作り出したりする学びと創造のスタイル」と定義される［中野 2001］．さまざまな経験と知識を持った人々の協働作業をとおして何らかの価値の共有を図っていくための場である．

　評価ワークショップで参加者が対等な立場で討議を行う仕掛けは，あらかじめ決まった結論や，ある課題に対する「正解」や科学的な実証の可能性を議論するものではない．対象となるプログラムの文脈にそって，関係者の間で合意形成されたものがその場での「正しさ」となる．ここで言う合意形成は同じ意見に統一するというよりも，多様な経験と知識を持った人々による討議をとおし，相互の意見の相違をふまえた「意見の再形成」を行うことを意味する．ショーンは，複雑で不確実性が高く価値観の衝突が起こる現代社会において，達成しうる目的とその達成を可能とする手段とともに枠組みを与えることができるのは，実践者による「わざ」であるとした．そして自らの経験を内省し，社会課題についての新しい論理を構築していくことを，「実践者の行為の中の省察（Reflection-in-action）」と呼んでいる［Schon 1983: 50-51］．より効果的なプログラムの実施や社会変革は，評価に参加する人々の現場での経験に基づいた「わざ（art）」による省察と改善の繰り返しの中で可能になるのではないかと思う．

　ワークショップを円滑に進めるためには，ファシリテーターが不可欠である．参加型評価の評価専門家にはその役割が課せられる．評価ファシリテーターは，中立的な立場でワークショップを進行する．つまり，多様な意見を相対化し，すべての参加者が対等な立場で，それぞれの経験に基づいた意見を述べ合うことができるような環境を整えるのである．ショーンの言葉を借りれば，実践者の省察の「わざ」の1つである「複雑な状況に対しひらめきと推論のながい道

筋を紡ぎだす能力」[Schon 1983: 130] を引出し，参加者自身が問題を解決しようとする努力と姿勢を最大限に活用し，次の行為と再評価の連続性につながる議論を側面から支援する役割がファシリテーターにはある．ファシリテーションのプロセスで共通して見られる事象に，「拡散的な思考」とそこから生まれる「新しい枠組みの提示」への流れがある．多様な参加者によるワークショップは当然のことながら，さまざまな視点とアイディア，意見が出される．そのプロセスでは課題がどんどん拡散していくような印象を参加者に与え，ある種の「不安」をもたらす．この拡散をどのように評価の枠組みに落とし込めるのか，その道筋が見えにくいからである．しかし，その拡散の中に実に多くのアイディアの卵がある．そのアイディアを紡ぎながら新たな枠組みを提示することができるようなファシリテーションが求められるのである．

　対話を促進するファシリテーション・スキルで特に重要なのは，参加者が安心して意見を述べ合うことができるような，あるいは参加者の意見を引き出していけるようなコミュニケーションのスキルであろう．参加者が自由に意見を言えるためには，その意見を無条件で受け止めてくれる人の存在が必要だ．ファシリテーターはその役割を担う．すべての意見を一旦受け止めて，相対化してから議論の俎上に上げていく．自分の意見を否定されないこと——これがすべての参加者が意見を述べ合える前提である．それによって，参加者は自由に意見を述べ合い，「発散」することができる．このように参加者の異なった認識を洗い出す作業は，その後続く合意形成プロセスを促進していく上で重要である．なぜならば，まず「発散」し，次に「拘束力のないアイディア出し」をすることが，合意の達成をより容易にするからである [Susskind and Cruikshank 2006]．

　発散された多くの意見は，次の段階として，ロジックモデルや図解などのツールを使い論理的に「構造化」され，「収斂」されていく．収斂のプロセスは，新しいアイディアが生まれる創発を促すプロセスでもある．参加型評価のワークショップの場合は，プログラム・セオリーを活用すると効果的である．多様な利害をもつ人々が，最終アウトカムである1つの方向に向かって合意していれば，その後の議論は，自分の意見に固執する感情論ではなく，最終アウトカムを達成するための論理的な展開になる（筆者はこれまでの評価ワークショップで，多くの意見が論理的に収斂していく形を幾度となく経験した）．

　このように，ファシリテーションのスキルには，参加者間の人間関係を築く

右脳系の能力と，論理的に整理していく左脳系の思考能力が必要である．

(2) トレーナー，コーチとしての役割

従来型評価であれば，評価専門家として評価を設計する能力とデータ収集・分析手法を身につけていれば十分であるが，参加型評価では評価のことをあまり知らない参加者にそれらの基礎的な評価知識を教える役割を担うこともある．たとえば，以下のような内容のトレーニングを行うことが可能である．

- 「評価」とは何か
- プログラム・セオリーやロジックモデルの意味
- 参加型評価の特徴
- 当該評価の活用目的と想定される利用者
- 評価の実施方法（データ収集・分析方法含む）
- 参加者に期待されていること，など

また，継続的評価を行うために，ファシリテーター人材を内部に抱えたい場合は，ファシリテーションのトレーニングが必要になる場合もある．

評価作業に先立ち研修を行うことが難しい場合は，評価を行うプロセスで適宜アドバイスをしながら評価の知識を身につける，あるいは理解してもらうこともできる．たとえば，評価設問がある課題に偏りすぎないようにアドバイスをしたり，適切なデータ収集方法を選択できるように指導をしながら，評価作業を進めることができる．評価プロセスにおける丁寧な指導やコーチングが，参加者の評価能力向上（Evaluation Capacity Building: ECB）や組織における評価の内在化にも結びつく（本書第4章，第6章の事例参照）．

4 実践事例にみる評価方法の特徴
―― 第Ⅱ部へのプロローグ ――

以上述べてきたような参加型評価実践の特性をふまえ，第Ⅱ部の各事例ではどのような手法が使われているのかみてみよう．

評価学の射程は既存の研究領域を横断的にまたがっており，第Ⅱ部の事例も国際協力，福祉，教育，行政・公共経営分野と多岐にわたっている．そして，評価対象となるプログラムの特性ごとに参加型評価の取り入れ方も多様である．

それらの共通点を探し出し，参加型評価の「画一的な」手法を提示することはできないし，あまり意味がない．しかし，事例を横断的に眺めたときに参加型評価の取り組み方について何かヒントになるものがあるのではないか．そのような思いもあり，ここでは，第Ⅱ部への橋渡しとして，各事例で実際に適用された評価のアプローチや手法の特徴を概観してみたい．以下，事例の内容を，① 評価の設計に関するもの（参加型評価の目的，評価の視点・方法，評価の根拠となるデータ収集・分析方法の特徴）と，② 評価の参加者と評価専門家の関係性に関するもの（参加者の種類，評価専門家の役割と機能，評価プロセスがもたらす影響）に分けて整理してみよう（表3-4，表3-5）．

(1) 評価の設計に関わること

評価の目的や評価アプローチについては，その多くが事業や政策の改善に向けた見直しを目的とし，プログラム評価の視点（セオリー評価，プロセス評価，アウトカム評価など）を取り入れている．ESDプログラム（第7章）では，参加型学習活動（PLA）を評価の方法として取り入れているが，評価そのものを目的としない手法を活用している点が特徴的である．PLAは国際開発分野で使われてきた学習活動で，地域の住民自身が自ら課題を発見して問題を解決するまでの一連のアプローチと方法のことである．参加型評価の著作が多いカズンズは，それらPLAや参加型アクションリサーチのような参加型手法を「協働的探究（collaborative inquiry）」のカテゴリーに分類し，利害関係者やコミュニティが何らかの方法で，あるサブジェクトの探究に関わっているという意味で，参加型評価と同様の要件を満たしているとしている［Cousins and Whitmore 1998; Cousins 2005］．地域活動支援センター（第5章）の参加型評価においては，精神福祉分野の短期療法手法である「解決志向アプローチ」を取り入れている．筆者の藤島によると「解決志向アプローチ」を取り入れることにより，ロジックモデルのインパクトをより強くイメージし，未来から現在までのロジックを作成していくことで，よりポジティブな思考で解決方法を考えることができる（本書 p. 104）という．学校評価（第6章）では，エンパワーメント評価の提唱者であるワンダーズマンらがその理念を実現するための手法として開発されたモデル（Getting To Outcome™ 手法：GTO）［Chinman, Imm and Wandersman 2005］を適用している．そのモデルには，実践者が自分たちのプログラムを計画し，実施，評価できるように「ニーズ評価」，「プロセス評価」，「アウトカム

評価」などの10のステップが含まれ，教員の主体性の向上も狙いの1つとしている．このように，各事例とも，評価対象のプログラムの特性に合わせたアプローチを積極的に取り入れていることがわかる．

データ収集・分析手法では社会調査の各種手法に加え，文化人類学を祖として発展したKJ法[4](第4章)や，国際開発分野のモニタリング・評価手法として開発されたMSC手法[5](第5章)による定性データの収集・分析が活用されており興味深い．KJ法やMSC手法は，その方法論自体に討議のプロセスを含んでおり，その過程で関係者同士が学びあう点が参加型評価と共通している．ま

表3-4　各事例における評価設計の概要

	事 例	参加型評価の目的	評価の方法 (アプローチ)	評価の根拠となる データ収集／分析手法
第4章	国際協力NGOによるプロジェクト評価（フィリピン）	・事業全体の見直し ・長期的展開の見通し ・事業の改善	・セオリー評価 ・アウトカム評価	・定量データ（既存資料） ・定性データ（インタビュー，評価ワークショップ） ・簡易KJ法[*1]による定性データ分析
第5章	地域活動支援センター（障がい者支援）の評価	・事業の改善 ・参加者の主体性の向上	・セオリー評価 ・解決志向アプローチ	・定量データ（アンケート調査） ・定性データ（MSC手法[*2]，評価ワークショップ）
第6章	学校評価（小学校）	・学校運営の改善と発展 ・学校が主体となった評価の促進	・GTO手法[*3]の活用 ・プロセス評価 ・アウトカム評価	・定性・定量データ（モニタリング資料：目標ごとのチーム編成による計画シートの作成）
第7章	ESD[*4]プログラムの評価（イギリス）	・ESDプログラムの有用性の評価	・参加型学習活動（PLA）	・定性データ（PLAに基づく独自の評価ツール）
第8章	自治体の事業評価（健康促進事業）	次年度の事業の見直し	・セオリー評価	・定性データ（評価ワークショップ）
第9章	自治体の政策評価	・継続的な政策／施策の改善，戦略の見直し ・協働型社会の実現	・セオリー評価 ・プロセス評価 ・アウトカム評価	・定量データ（アンケート調査，既存の行政データ） ・定性データ（評価ワークショップ，既存の行政データ）

注：以下の概念・手法の詳細については各章を参照．
　[*1]KJ法＝収集した情報をカード化し，同じ系統のもので分類することで情報の整理と分析を行うもの．
　[*2]MSC手法＝Most Significant Change：プログラム関係者が「最も重要な変化の物語」を選ぶ過程をとおして参加型評価を行うもの．
　[*3]GTO手法＝Getting To Outcome™：エンパワーメント評価の10ステップモデル．
　[*4]ESD＝Education for Sustainable Development：持続可能な開発のための教育．

た，事前に行ったアンケート調査結果や作成したワークシートを評価ワークショップで共有してから討議を進めるという方法もとられている（第5章，第6章，第9章）．討議倫理の1つである「誰でも自由に情報を手に入れることができる」ことが示すとおり，参加型評価では，広く情報を共有できることが前提としてある．それは評価によって収集される情報のみならず，関連する情報やデータを討議の前に共有することも含む．できるだけ客観的なデータや情報を共有することで多様な利害関係者が同じ土俵に立ち，その上で異なる経験や知見を踏まえた地域の声，実践場の声を吸い上げていくこと——これが参加型評価のエッセンスである．

(2) 評価の参加者と評価専門家の関係性に関わること

評価の参加者はいずれの事例も，プログラムの実施者が深く関わり，加えて受益者（障がい者，子ども，地域住民等）が参加している．評価専門家（組織内部の評価担当者を含む）の働きは，対話をとおした討議が効果的に行われるように支援するファシリテーターの機能が大きい．学校評価（第6章）のGTO手法では，外部の評価専門家を「技術支援者（Technical Assistant: TA）」と呼び，当該組織がGTO手法による評価を行えるように支援する役割を担っている．また，当初は外部ファシリテーターとして関わっても，参加型評価をとおした評価能力の構築により，組織内部でファシリテーターを抱え実施することも可能である．事例では国際協力プロジェクト（第4章）の参加型評価がそれに該当する．国際協力では，外からの「援助」がいずれ終了するため，「自立発展性／効果の持続性（sustainability）」が評価の重要な視点となっている．自らの力で持続的に運営するためにはプロジェクトの評価能力は不可欠であり，その意味では，国際協力プロジェクトで評価の内在化を狙いとした参加型評価の意義は大きい．

第8章と第9章の事例である自治体の政策，事業評価は，公共サービスを受ける側の市民と提供する側の行政の双方が協働作業により評価の判断を行っていることが特徴的である．また第9章の事例では，行政職員が評価専門家の役を担いファシリテーションを行っている．これは，近年の日本国内における行政と市民との協働の動きが背景にある．そのほかの事例では，外部の評価専門家が，利害関係者自身が評価を行えるように側面から支援する役を担っている．このように評価専門家の立ち位置も事業の特性により少しずつ異なっているこ

表3-5 各事例における評価参加者と評価専門家の関係性

事例		評価の参加者（利害関係者）	評価専門家（評価の技術を持った人材）は誰か	評価専門家の役割と機能	評価プロセスがもたらした影響
第4章	国際協力NGOによるプロジェクト評価（フィリピン）	・現地NGOのスタッフ ・地域住民（一部）	第1回目：外部の専門家 第2回名：組織内部のスタッフ（NGO）	【トレーナー】評価の基礎，データ収集・分析方法のトレーニング 【コーチ】評価過程が適切に実施されるためのサポート 【ファシリテーター】評価ワークショップにおける討議の促進	・スタッフのモチベーション向上 ・組織の評価能力向上 ・受益者の当事者意識向上
第5章	地域活動支援センター（障がい者支援）の評価	・地域活動支援センタースタッフ ・ボランティア ・サービス利用者（障がい者）	外部の専門家	【トレーナー】プログラム評価，ロジックモデル作成 【ファシリテーター】評価ワークショップにおける討議の促進	・スタッフやボランティアの意識変容 ・スタッフと施設利用者との協働促進
第6章	学校評価（小学校）	・学校長 ・教員	外部の専門家	【トレーナー】教員対象にした評価方法の研修実施 【コーチ】評価過程が適切に実施されるようなサポート	・教員の主体性の向上 ・コミュニケーションの活性化 ・教育活動の改善 ・評価文化の定着
第7章	ESDプログラムの評価（イギリス）	・NGOスタッフ ・サービス利用者（子どもたち）	外部の専門家＋組織内部のスタッフ（NGO）	【ファシリテーター】評価ツールの考案，自己評価ニーズの掘り起こし，子どもたちのPLAへの参加促進	・学習者の行動変容の促進 ・スタッフと学習者の学び合い ・スタッフのモチベーションの向上
第8章	自治体の事業評価（健康促進事業）	・行政スタッフ ・サービス利用者（市民）	外部の専門家	【トレーナー】プログラム評価，ロジックモデル作成 【ファシリテーター】評価ワークショップにおける討議の促進	・行政と住民の協働促進 ・住民の主体性の向上 ・健康政策全体への示唆
第9章	自治体の政策評価	・行政スタッフ ・協働者（地域団体，民間企業，NPO等）	組織内部のスタッフ（行政）	【ファシリテーター】評価ワークショップにおける討議の促進	・行政職員の政策形成能力向上 ・行政と住民の協働促進 ・知識創造による公共セクターのイノベーション

とがわかる．評価プロセスがもたらす関係者への影響は，各プログラムの改善に加え，協働促進，評価能力向上，エンパワーメントなど，プログラムの特性によって多様である．従来型評価と明らかに異なる点は，評価プロセスをとおして，関係者の何らかの行動変容がもたらされている点であろう．それらの具体的な変容については各事例で確認してほしいが，参加型評価がその後の組織運営や人々の関係性の構築に影響を与えていることは確かである．

注
1） これらの評価には「インパクト評価（impact evaluation）」という名前で確立された方法論がある．ここでの「インパクト」とはプログラムの実施によるネットの効果をさす．詳しくは，佐々木［2010］を参照．
2） プログラム・セオリーを使って体系的に整理したものは,「ロジックモデル」,「プログラム・モデル」,「プログラム・セオリー・モデル」,」「アクション・セオリー」,「因果関係マップ」,「セオリー・オブ・チェンジ」などさまざまな呼び方で使われており，各モデルに含まれている要素は少しずつ異なる［Donaldson 2007］．
3） PDCA サイクルとは，Plan（計画）→ Do（実施）→ Check（評価）→ Action（修正・改善）といった事業の継続的なマネジメントサイクルを意味する．
4） KJ 法とは，収集した情報をカード化し，同じ系統のもので分類することで情報の整理と分析を行うもの．KJ とは考案者である文化人類学者川喜多次郎氏のイニシャル．
5） MSC 手法とは Most Significant Change の略．現場や組織にとって「最も重大な変化の物語」を10のステップを踏んで選ぶ中で，その重大性についての議論をとおして組織の価値観などを議論し，裏付けるデータ分析を行う．国際 NGO により活用されている．

第Ⅱ部　参加型評価の実践

事例分析

第4章

自分達で事業を改善できるようになった！
——フィリピン NGO 教育事業参加型評価「内在化」事例の考察から——

田中　博

はじめに

　参加型評価は，利害関係者を評価に参加させる過程を通じて，「改善」を促進する評価といわれる．筆者は国際協力に携わる NGO が[1]，参加型評価を「内在化」する，つまり外部の評価専門家に依存することなく，事業を実施する組織内部の関係者によって参加型評価を定期的に行い，継続的にプロジェクトを[2]「改善」できるようになることが，プロジェクト目標を達成したり，援助終了後も，現場の関係者が自分たちで問題を解決したりしていくために有益と考えている．

　NGO が行う国際協力には，多くの場合，対象である開発途上国の人々の「自立」をめざすミッションが存在する[3]．たとえば都市スラムや農村コミュニティ内に，貧困や環境破壊などの社会問題が存在し，現場の当事者のみでは解決できないゆえに NGO を通じてプロジェクトが始まる．しかし外部からの永続的な介入はありえず，また過度の援助は依存をもたらすため，望ましくないとされる．将来的に「援助する側」の介入は終了し，その後は現地スタッフや受益者など，「援助される側」の当事者（利害関係者）が，自力で事業を継続したり，問題を解決・改善できる能力を身につけたりすることが求められる．

　NGO のプロジェクトの多くはブループリント（青写真）型ではなくプロセス型（プロセス・ラーニング型）だといわれている．ブループリント型プロジェクトとは，計画（目標設定）と実施が直線的な因果関係で繋がっている事業をさす．手段と目的の関係が明確で成果を数量化しやすい特徴があり，インフラ・プロジェクトなど経済開発事業に多い．これに対してプロセス型プロジェクトは，目標設定や計画があいまいだが，試行錯誤の中で効果的なアプローチを採

用する．住民に働きかけて意識や行動を変化させるなど，社会開発事業に多い．また成果を数値で測ることが難しい場合がある．このようなプロセス型プロジェクトでは，利害関係者が行動しながら学習する態度が必要になる［アーユス 2003: 30-33］．

　筆者は，参加型評価ファシリテーターとして，フィリピン，カンボジアなどの途上国で活動する多くの NGO を対象に，プロジェクトの参加型評価実施の支援を行ってきた．この経験を通じて，現場の当事者が評価に参加する参加型評価が，彼らの能力開発や意識啓発などの学習効果をもたらし，事業の改善に貢献することを実感してきた．教育や人材育成などのプロセス型社会開発が多い NGO の学習目的の評価には，参加型評価が適しており，また効果的な参加型評価の実践には，ファシリテーターの適切な関与が必要と考えている［田中 2011: 77-84; 2010: 79-92］．

　では，NGO が参加型評価を行う度に外部からファシリテーターを投入すればよいかというと，そう単純でもない．NGO，特に日本の小規模団体では，組織・財政基盤が脆弱なため，事業実施に精一杯で「評価」にかける資源が少なく，外部の専門家に協力を依頼することが困難である．また参加型評価の知識・経験を持つファシリテーターが少なく，評価を行いたい時に専門家が確保できないという現実もある．だからといって，内部人材のみで，評価に対する専門能力が不足した状況のまま評価を行うと，客観性・有用性などで，精度の低い評価に陥る危険がある．

　このように NGO プロジェクトがいつかは終了する事実，また NGO が外部の専門家を持続的に活用することが困難な事情が存在する．この状況の中で，プロジェクト目標やミッションである「援助される側」の自立を効果的に達成するためには，「参加型評価の内在化」が望まれると考える．

　「参加型評価の内在化」とは，プロジェクトの利害関係者が評価を実施する中で知識や技能を学習し，かつ評価をプロジェクト・サイクルに組み込み，自分たちで定期的に実践できるようになることである．これを通じて事業を自ら継続的に「改善」できるようになる．

　本章では，日本の小規模 NGO がフィリピンで行う教育プロジェクトの 2 回の参加型評価を取り上げ，NGO における参加型評価の内在化の可能性と意義，課題について論考する．

　本章の構成を述べる．第 1 節「参加型評価とその内在化」では，参加型評価

の定義・特徴及び，長所と短所を確認し，また評価の内在化について，「エンパワーメント評価」を参考にして解説する．続く第2節では，フィリピンでの同一NGOにおける2回の参加型評価事例を紹介する．初回は外部のファシリテーター主導のもので，2度目は組織内部のファシリテーター主導（内在化された評価）である．双方の評価実施過程，評価結果，関係者の変化，評価結果の活用など詳細を報告する．第3節では，2度の評価を「良い評価」の基準に当てはめながら比較・考察し，それを踏まえた上で，NGOへの参加型評価の内在化の可能性と課題について筆者の見解を述べる．

1 参加型評価とその内在化

(1) 参加型評価とは何か

参加型評価の定義・特徴，長所と課題

参加型評価は，評価活動に評価専門家以外の利害関係者が「参加」し，評価プロセスを共有することで，付加価値を高める評価である．評価専門家の出した評価結果による影響を重視する従来型評価と比較して，参加型評価は評価過程自体が評価に参加した利害関係者へ与える影響を重視した評価アプローチである［源 2008: 95］．

参加型評価の長所を述べる．スタッフや受益者等，評価対象の利害関係者の評価への参加が，「学習」過程として作用し，彼等のプロジェクトに対する主体性や当事者意識の促進，態度や行動の変容，評価能力の向上等，能力開発に貢献する．これを通じて，利害関係者のエンパワーメントや相互理解が発現し，評価結果の活用度合いが高まり，結果としてプロジェクトの改善に貢献する［三好・田中 2001: 65-67；アーユス 2003: 43；源 2008: 102］．

また従来型評価が資金提供者への説明責任の確保やプログラムの継続可否の判断等に対して効果が期待されることに対して，参加型評価では，評価結果は評価に参加した関係者と共有し，次の行動につなげていくことが目指され，受益者を含む被援助国へのアカウンタビリティ［説明責任］が重視される［JICA 2001: 4］．

通常，NGOは二種類の説明責任が存在する．資金提供者や組織上層部への報告である「上向き説明責任（Upward Accountability）」と，プロジェクトの受益者への「下向き説明責任（Downward Accountability）」である［Mango 2014］．

表4-1 参加型評価の実践

① 評価設計
　1）誰が参加するのかを決める
　2）利害関係者で評価の目的を共有する
　3）評価対象の内容を共有する
　4）評価設問を検討する
　5）評価のデザインやデータ収集法を検討する
② データ収集・分析
③ 評価結果のまとめと報告

出所：源［2008: 104］．

参加型評価においては評価結果を，受益者など現場の利害関係者と共有する「下向き説明責任」が重視され，教訓や提言が活用される可能性が高くなる．

その一方で，参加型評価がもつ短所としては，なんらかのトレーニングをしたとしても，評価の「素人」である利害関係者が持つ評価知識，評価能力は必ずしも充分でなく，評価の質が低くなるという批判や，当事者中心による評価であるため，従来型評価と比較すると客観性や中立性に欠けるという指摘がある．また多様な利害関係者の中から，評価に参加すべき人々がきちんと参加しているか，排除されていないか，といった参加者の妥当性や代表性の問題がある［源 2008: 110］．そのため，この危険性を回避するため，多様なデータ・情報間の整合性に注意することによって評価の偏りを回避する必要があるという［三好・田中 2001: 68-69］．

参加型評価の実施ステップ

通常，評価の実施ステップには，① 評価設計，② データ収集・分析，③ 評価結果のまとめと報告，の3つの段階があり，参加型評価もこれに準じる．源［2008: 103-108］は，参加型評価の進め方を「参加型評価の実践」として表4-1のようにまとめている．以下，各ステップについて順番に説明する．

① 評価設計：評価設計は，以下の手順に分かれる．最初の「誰が参加するか決める」は，多数存在するプロジェクトの利害関係者の中で，評価目的に沿って，評価に参加する関係者を選択する作業である．次の「利害関係者で評価の目的を共有する」は，複数の関係者で評価を推進するために，共通の方向性を設定することである．「評価対象の内容を共有する」は，対象となる事業や組織の内容を共有する作業である．プロセス型事業においては，既存の資料が

プロジェクトの実態を正確に表していなかったり，アウトカム（成果）が不明確だったりする場合が多い．そのため事業内容やアウトカムについて，関係者間で合意を形成する作業である．「評価設問を検討する」では，評価を通じて知りたい情報（評価設問）を検討し，続く「評価のデザインやデータ収集方法を検討する」は，必要な情報を入手するための適切な手段（インタビューや質問紙調査など）を選択する過程である．
② データ収集・分析：データ収集は，評価専門家が中心で行う場合と，利害関係者と協働で行う場会がある．後者の場合は，なんらかのトレーニングが必要となる．データ分析では，集まったデータが何を意味するのか，なぜこのような調査結果になるのかといった「解釈」の過程に，利害関係者が関与し，関係者の考えが解釈に反映されることが肝心である．
③ 評価結果のまとめと報告：評価結果をまとめ，教訓や提言を利害関係者と協働で形成することを通して，現場の声を，専門性を反映した有用性の高い提言として提示していくことが期待される．

参加型評価の実施体制とファシリテーター

　従来型評価では，評価専門家が個人もしくはチームを編成して評価するのが一般的であるが，参加型評価では，プロジェクトに関わっているプロジェクト・スタッフや，プロジェクト参加者が，評価者として評価グループを編成し，評価を実施することが基本になる．このため，参加型評価における評価者は，従来型評価における査定者ではなく，評価の実施方法の知識や手続きを促進し，多様な利害関係者の参加を促すとともに，合意を形成していくファシリテーターの役割を果たすことが中心になる［三好・田中 2001: 68］．

(2) 参加型評価とその内在化

参加型評価の類型

　参加型評価には，利害関係者の参加の範囲や程度によって利害関係者評価，協働型評価，実用重視型評価，エンパワーメント評価など，さまざまな理論や方法論がある．それらの中でエンパワーメント評価においては，利害関係者の中でも評価結果の利用者（受益者を含む）が主体となって分析・判断までの評価の全課程を実施し，参加の過程を通じて，彼らの自己決定能力（self-determination）の強化（エンパワーメント）が目指される．自己決定能力とは，「自分の

人生の道筋を策定する能力であり，ニーズを把握し表明する，目標や将来像を設定し，到達する計画を立てる，資源を把握し，多様な行動の選択肢から合理的に選択し，適切に目的を追求する，計画や将来像の再検討，（中略）短期・中期の結果を評価する［Fetterman 2001: 13］」能力であり，評価実施だけではなく，事業を運営するためのマネジメントを含めた多様な能力を表す．このように，「エンパワーメント評価」は，参加型評価の諸理論の中でも，関係者の参加の度合いが高いといえる．

エンパワーメント評価における評価の内在化

参加型評価と内在化について，エンパワーメント評価を採りあげて考える．そもそも参加型評価は自己評価的側面があり，それを生かし，参加型評価をプロジェクトの評価実施体制に組み込むことができれば，プロジェクト・スタッフを主体とした継続的・定期的な評価が実施可能になるという［三好・田中 2001: 68］．

その傾向は，エンパワーメント評価において顕著に現れる．「エンパワーメント評価の評価者は，利害関係者がプログラム評価に携わり，基本的手順と技能を学んだ際に，彼らの生活と参加するプログラムを，より良い状態へ実現・改善できると信じる［Wandersman, Snell-Johns, and Lentz et al. 2005: 35］，というように，事業の当事者である利害関係者が評価能力を身につけ，自ら評価を実践できるようになることが強調されている．すなわち，「エンパワーメント評価」の特徴には本章のテーマである「内在化」が含まれている．評価は事業の最後に最終評価として行うものではなく，将来計画の策定・モニタリング指標まで組み込み，評価が継続されていく．従来型評価では，評価終了とともに評価専門家は離れるが，エンパワーメント評価では，関係者が自らの手で評価を継続するようになることが重要とされ，その「評価体制づくり」が，「自己決定能力を向上していくプロセス（エンパワーメントのプロセス）」の重要な部分を占めている［藤島 2014a: 114；源 2003: 73］．したがって，エンパワーメント評価の概念では，「参加者のトレーニング」が重要視される．つまり参加者が自ら評価手法を使って評価を行うため，その前段で評価専門家によるトレーニングが必要であるという．これを通じて，事業の中に「評価を内在化する」ことが可能になる［源 2003: 73］．

エンパワーメント評価における評価者

エンパワーメント評価における評価専門家の役割は，ファシリテーターの立場に徹して，関係者の自己決定能力強化を側面から支援することになる．エンパワーメント評価の論客の 1 人であるフェッターマン［Fetterman 2001: 5］によれば，評価者は組織の全レベルの参加者を巻き込み，民主的な参加を実現するための「批判的友人（Critical Friends）」であるべき，と述べている．この役割を果たすために，エンパワーメント評価における評価者は，自ら評価技術を持つだけではなく，利害関係者の評価技術を高めていくトレーナーでもあり，それを通じて評価活動が評価対象であるプログラムの中に内在化していく助言をする，コーチとしての役割も必須になるという［源 2008: 101］．

2　教育 NGO 事業の参加型評価内在化事例

(1)　対象 NGO とプロジェクト

事例研究として，NPO 法人ソルト・パヤタスが実施する，教育プロジェクトにおける参加型評価の内在化をとりあげる．ソルト・パヤタスは参加型評価を 2 回実施した．初回は外部ファシリテーター（筆者）主導による参加型評価であり，3 年後には内部のファシリテーターで，内在化された参加型評価を行った．

ソルト・パヤタス（以下，ソルト）は，1995 年に日本人女性が設立した日本の小規模 NGO である．フィリピン，マニラ近郊ごみ投棄場周辺の家族と，その子どもへの教育支援を中心に，収入向上や緊急支援，スタディツアーなどさまざまな事業を実施してきた．本章で考察の対象とする教育支援に関しては，奨学金支給，補習授業，デイケアセンター運営を通じて，貧しい子どもへの公共教育へのアクセスをサポートすることを主眼としていた．ソルトのマニラ事務所（以下，「ソルト・マニラ」）では，ソルトの日本組織（以下，ソルト・日本）からの支援を受けてフィリピン人専従スタッフ数名が事業を進め，適宜日本からスタッフやボランティアが訪問して協働している．

(2)　初回の参加型評価：外部ファシリテーター主導（2009）
評価実施の経緯
ソルトは設立時に，人材や予算が不十分な中，「できること」から始め，試

行錯誤で事業を展開してきた．プロジェクト開始にあたって充分な事前調査が行えず，ベースラインの把握や明確な目標設定・戦略立案ができなかった．そのため規模が拡大した後も，事業を長期的観点から運営したり，効果を客観的に把握したりすることが難しかった．また開始時にプロジェクト期間の設定ができなかったため，「いつまで援助すればよいかわからない」といった，将来の見通しが立てられない状況に陥ってきた．

この現状を打破するために，評価の必要性が内部で合意され，2009年に外部ファシリテーター（筆者）による教育支援事業の評価を実施することになった．プロセス型である事業の性質を考慮し，従来型評価ではなく参加型評価を採用することとなったが，実用重視型評価やエンパワーメント評価など，既存の理論・方法論の手順を忠実に実施するというよりは，ファシリテーターがソルトと相談しながら，表4‐1のやり方に沿って柔軟に進めていく方法で行った．ファシリテーターの派遣予算を捻出できなかったため，行政機関の専門家派遣支援制度を活用した[4]．

評価実施体制

外部ファシリテーターの指導で，フィリピン人スタッフ中心で数名の「評価チーム」を結成し，評価を進める事にした[5]．ところで，この参加型評価は組織にとって初めての評価であり，メンバーは評価の知識や経験がなく，評価に対し誤解や恐怖心を持っていることが感じられた．そのためファシリテーターは，評価を開始する前にチームに評価の基本や意義を伝える講義を行い，評価を理解してもらうと同時に不安を払拭する作業を行った．

評価の実施ステップ

体制の整ったところで，表4‐1の実施ステップに従って参加型評価を進めた．

① 評価設計：チーム対象のワークショップ形式で，まず参加者を決めるところから始めた．受益者（貧しい家庭の子どもと保護者）の参加は重要であるが，それまで彼らが事業運営に参加する機会はほとんどなかったため，限られた時間で幅広い関係者の参加は困難であるという懸念が生じた．そのため評価の全ステップを通じて参加するのは，評価チーム（専従スタッフ）とし，受益者に関しては，設計や分析への積極的な参加は控え，データ収集時に情報を提供す

る，また評価終了後に結果の報告を受けるという範囲に留められた．

　続いて，活動の将来方向を見いだすために「よりよい新プロジェクト立案のために，現在と過去のプロジェクトを振り返り，その教訓から学ぶ」と，学習・改善指向の評価目的を設定した．評価対象の内容の共有では，事業開始時に明確なプロジェクト目標や，目標と各事業の関係性を十分に検討していなかった．そこでプロジェクトのロジックモデル[6]を作成する作業を行った．その結果，暗黙の了解として存在してきたプロジェクト目標は「子ども自らが問題解決能力を身につけ，貧困から脱却する」であると合意した．

　次は作成したロジックモデルに従って，チームメンバーが調査したい内容に基づき，評価設問の検討をおこなった．「支援を受けて小学校を卒業した就学生は何名か」，「保護者会の活動は有効か」など，事業の有効性や妥当性を問う諸設問が設定された．また貧しい子どもに奨学金や補習授業など，公教育へのアクセスを高める支援をしても，思春期に学業を放棄する（ドロップアウト）事例が多い．その原因は何か知りたいという現場の問題意識から「教育を継続させる共通要因は何か」という設問が加わった．

　事業の継続性に関する設問は，スタッフから提案がなかったため，「日本から支援が切れても活動に継続性はあるか」をファシリテーターが提案し追加された[7]．評価設計の最後には，設問の性格にあわせてインタビューやグループ討論などを適切な手法を選択する指導を行った．また，チームメンバーは評価や調査の経験が乏しく，データを客観的に収集できない懸念があった．そのためファシリテーターが講師となってチーム対象にインタビュー（面接）調査方法の研修を実施した．

　② データ収集・分析：チームで分担をして，受益者へのインビューやグループ討論などのデータ収集を実施した．収集したデータは量的なものと質的なものが混在していた．たとえば評価設問の「支援を受けて小学校を卒業した就学生は何名か」に対しては，スタッフがこれまでの卒業生の総数という量的データを既存資料から数えることで判明した．「教育を継続させる共通要因」に関して収集された情報は，高等教育への進学に成功した複数の元就学生へインタビューし，各事例を文章化した質的データであった，という具合である．

　データ収集の終了後にファシリテーター主導で，データを全員で集計・共有しながら，評価設問ごとにデータ分析を行った（**写真 4-1**）．その際，ファシリテーターがチームに対して分析手法の指導を行った．前述の「教育を継続さ

写真4-1　評価チームのデータ分析をファシリテートする筆者

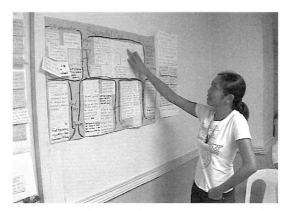

写真4-2　質的分析結果を発表してチームで共有するフィリピン人スタッフ

せる共通要因」に関しては，複数の成功事例に共通するキーワードを抽出し，簡易 KJ 法[8]でまとめる参加型の質的分析を指導，実施した（**写真4-2**）．このようにフィリピン人スタッフが自らデータを収集，かつ分析（解釈）する中で成果と課題を把握するとともに，教訓と提言を彼ら自身が導きだしていった．

③ 結果のまとめと報告：ファシリテーターはチームに対して，評価結果をすみやかにまとめ，必要な利害関係者に報告するように指導した．日本の支援者に対する「上向き説明責任」は，ソルト・日本の総会やニュースレター記事を通じて行われ，フィリピンの受益者家族への「下向き説明責任」に関しては，

ソルト・マニラが開催する保護者会の場で結果が報告された［田中 2010: 86］．

評価結果の概要

フィリピン人スタッフが導きだした評価結果を概観する．有効性に関しては，これまでの奨学生の中からドロップアウトをせず小学校を卒業した人数が判明し，卒業率が正確に分かった．それがフィリピン全体の平均と比較して高いことから，事業の効果が認められ高く評価された．妥当性においても，「きめ細かな奨学金給付方法が受益者ニーズに基づいている」という高めの評価となった．一方で，プロジェクト目標の「貧困から脱却する」という設定自体が不明確，もしくは単独 NGO の努力のみで実現するには高すぎるため，非現実的だという意見で一致した．事業の継続性に関しては，「事業の将来を担う人材は育っているが，資金は日本から援助に依存している」ため，低めの評価になった．

「教育を継続させる要因」に関しては質的分析の結果，貧しい子どもが教育を続けるには，従来の奨学金支給など公教育へのアクセス支援のみでは不十分であり，子どもの自尊心，いわば自己決定能力（Self-determination）の強化や，家族や地域社会の協力など，総合的な働きかけが必要であるという結論が出された．

ファシリテーターの役割

ファシリテーターは参加型評価の専門家だが，ソルトの外部者であった．評価の実施ステップに従って，ソルト関係者の主体性を尊重しつつ，客観的で有用性の高い評価となるよう，また評価能力が彼らに OJT 的に身につくように，以下のような進行を行った．

- 評価に関する講義を実施するともに，データ収集や分析方法の指導（トレーニング）を行った．
- 評価設計においては，関係者が適切に評価に参加するための関係者分析や，ロジックモデル作成を通じて評価対象の確認の支援など，関係者の問題意識に沿いながらも，バランスの取れた評価設問を設定したり，適切なデータ収集方法を選択したりするための指導をした．
- データ収集・分析ではチームの調査に同行し，妥当性の高いデータ収集

ができるように側面指導を行い，また収集したデータがチーム全体に共有されるように助言した．分析・判断における意見交換では，個人の思い込みなどバイアスがかからないよう，中立的進行を行った．
- 結果のまとめと報告では，導き出された多様な教訓を整理し，評価結果を明確・文章化し，必要な関係者に報告するまで支援することで，具体的な改善に結びつける助言をした．
- 全体を通じて，優しい言葉遣いによる解説や暖かい雰囲気作り，細かい疑問・相談への丁寧な対応などを心がけた［田中 2010: 86-88　ソルト 2009］．

利害関係者への影響

評価終了後にファシリテーターは，チームと一緒に評価全体の「振り返り」作業を行った．日比スタッフから共通して，「ロジックモデルで成果を考える」や「評価設問に沿って質問すること」など評価の基本を学んだことや，「評価を通じて課題が見えた」，「スタッフのモチベーションが高まった」との感想があり，現状認識の深化と意識高揚が確認された［田中 2010: 88-90］．ソルト［2009］の報告書にも，「評価を下すまでのプロセスに，関係する全スタッフが参加したこと，（中略）成果，教訓，課題について同時に考え，認識を共有することができ」，「その体験を関係者が同時に体験でき，組織として今後に活かす可能性が高まりました」とある．

評価結果の活用

ソルトにはプロジェクト開始時に，明確なプロジェクト目標と体系的な計画を策定できなかった反省がある．また「貧困から脱却する」という暗黙の目標は高すぎ，不明確であったと判断された．そこから，今後は「明確で実現可能な目標と体系的な事業計画を設定し，関係者で合意すること」，「目標達成のため，PDCAサイクルにのっとり事業マネジメントを行うべき」という教訓を得た．プロジェクト期間が未決定であるという課題に関しては，プロジェクトを終了させる道筋，いわゆる「出口戦略」の策定が必要であると合意され，持続的な活動資金の確保が必須とされた．これに対しては，別事業である収入向上事業から一定の収益があり，その一部を教育事業へ工面する可能性を探ることになった［ソルト 2010: 10］．

事業内容に関しては，子どもの教育を継続させるには公教育へのアクセス支援のみでは不十分であり，総合的なはたらきかけが不可欠であるという教訓を導きだした．この件に関しては，ソルト内部では新しい方向性を見つけられなかったため，ファシリテーターが「ライフスキル教育」の概念[9]を提案し，事業への導入を検討することになった．

ソルトは評価終了後，これらの教訓を活かして既存のプロジェクトの再編成を行った．第1に，プロジェクト目標を関係者でロジックモデル再作成を通じて再検討し，「貧困から脱却する」から，実現可能性がより高い「子どものエンパワーメントを実現する」に改めた．第2に，目標を実現する手段として，公教育へのアクセス支援である奨学金や補習は継続するが，それに加えてライフスキル教育を採用，価値観や人格形成など子どもたちの発達をより包括的に支援するアプローチを実施することになった[10]．第3にプロジェクト期間について議論し，評価終了から5年間継続後に支援を終了，その後は収入向上事業の収益を活用して，住民が事業を継続する出口戦略を策定した．既存プロジェクトの延長であるが大幅な修正がなされたため，事業は，「子どもエンパワーメント事業（CEP）」と改めて命名され，準備期間を経て2011年1月から5年間計画で行うことになった[11]［ソルト 2011: 3-4; 7-18; 2010: 5-11］．

評価に要した時間

初回の評価は短期間で集中的に行われた．事前にソルトと外部ファシリテーターと日程調整をする必要があり，スタッフは忙しい日常業務を抱える中，評価に参加する時間を捻出する必要があった．結果としてファシリテーターがフィリピンへ出張し評価を進行した期間は最長2週間であった．この間に評価設計から，データ収集・分析までが行われた．これ以外には，出張前にもたれた準備会合と，終了後に日比で報告会の実施があったが，これらを含めても全てが4カ月で終了した．

以上が初回の外部ファシリテーターによる参加型評価の報告である．

(3) 2回目の参加型評価：内部ファシリテーター主導 (2012)
評価実施の経緯

その後ソルトはCEPを継続し，それに対する参加型評価を，2012年に内部のファシリテーター主導による内在化された状態で行った．プロジェクト期間

が未決定だった前回と異なり，既に5年間のCEPが実施中であるため，新たな評価は，CEPの中間評価の位置付けで実行された．内部人材で行った理由は2つあった．1つは，外部専門家を派遣する予算が確保できず，また初回のような支援を受けることができなかったことである．第2に初回の評価の際にソルトの関係者が，外部ファシリテーターによる評価を体験し，指導を受けたことで一定の評価実施能力を習得したため「なんとか独力でできるのでは」という判断があったことによる．実際には，日本の事務局長の指示により，ソルト・マニラのフィリピン人マネージャーがファシリテーターを務めた[12]．

評価実施体制

初回と同様に評価実施の主体である評価チームが，ソルトのスタッフを中心に結成された．一方で，収集データの分析・判断の段階には，スタッフだけでなく受益者の代表である奨学生の保護者（母親）が数名参加したことが初回と異なる点である．初回では受益者の参加は，データ収集の際に情報を提供する，評価結果の報告を受けるといった受動的なレベルであった．しかし初回の経験により評価に対する彼らの理解が進んだために，参加する関係者層を拡大することが可能になった．また評価チームは全員フィリピン人で構成され，日本人関係者の関与はほとんどなかった．

評価の実施ステップ

前回同様，ファシリテーター主導で，表4-1の参加型評価の実践に従って進めた．

① 評価設計：評価に参加する関係者は，上述のようにデータ分析・判断にスタッフに加えて受益者代表が参加した．次に評価目的を中間評価として，(I)事業のこれまでの成果と課題を知る，(II)目標について関係者間で合意する，(III)将来，関係者が持続的に運営するための情報を得る，という，既存事業を振り返り学習・改善することを主眼に設定した．評価対象の確認作業では，初回と異なり，CEPがロジックモデルで策定された内容で実施されている．そのため，それが適切であるか確認を行った．続いてチームで話し合い，「CEPはライフスキル向上に効果的であったか」「CEPはコミュニティのニーズに応えていたか」「CEPは教育支援を推進するコミュニティの能力を向上させたか」など，有効性や妥当性，継続性などを問う十数問の評価設問を設定した［Goblin

第4章　自分達で事業を改善できるようになった！　　81

写真4-3　保護者の代表を含む評価チームで，データ分析を行う様子

2013］．

　②データ収集・分析：データ収集では評価チームが，受益者へのインタビュー調査や，グループ討論など，自分たちが周知している手法を用いて実施した．収集データの分析は，受益者代表を加えたチーム会合において，まず集計結果を共有するプレゼンテーションを行い，評価設問ごとに結果を解釈する議論を行い，その中から事業改善への教訓や提言を導きだした（写真4-3）．

　③結果のまとめと報告：評価結果は，日本の関係者対象には，事務局長ブログ[13]を通じての暫定的報告の後，総会において公式に報告された［ソルト2013: 7］．またフィリピン人ファシリテーターにより，ソルト・日本への内部報告書が提出された［Goblin 2012］．受益者全体への報告は公式には行われなかったが，受益者の代表が分析・判断の段階に参加していたため，彼らから保護者会の場や口コミを通じて評価結果が受益者に一定程度，共有されたという．

評価結果の概要

　フィリピン人スタッフと受益者代表によるデータ分析と，査定した結果の概要を述べる．有効性に関しては，受益者インタビューなどを通じて「子どもの自尊心が向上した」「助け合いの精神が生まれた」「リーダーとして成長する子どもがみられた」といった変化の事例が多数把握され，ライフスキル教育の有効性が高く評価された．その一方で，学業面での伸び悩みや，ドロップアウト

率が依然として高いなどの課題が判明した．妥当性では「教育を受けなかった保護者にはできない指導を，補習が補っている」など，ニーズに応えているため高いとされた．継続性に関しては，保護者から「自分たちの力でCEPを継続させていきたい」という主体的・積極的な意見が表明された．今後の提言としては，チームメンバーから「子どもと保護者双方に，さらにライフスキル教育が必要である」「スタッフ・奨学生・保護者の定期会合（クラスター会合）を持つべき」，「スタッフの研修が必要」「事業の実施カレンダーの制定」など，多様な要望が寄せられた［Goblin 2013；ソルト 2013：7］．

ファシリテーターの役割

内部ファシリテーターによる自己評価であるため，客観性・中立性の確保が課題であることが，当初から認識されていた．そのため，フィリピン人ファシリテーターは，自分が組織内で主導的立場にいることを自覚し，バイアスをかけないように，できるだけ意見を表明せず，参加者の気づきを促す態度をとるように留意したという．その一方で初回の外部ファシリテーターが行ったような，評価の各ステップに沿ったきめ細かい助言や支援は行わなかった．

利害関係者への影響

初回のような評価終了後の「振り返り」会合は行わなかったが，日本人事務局長は以下の点を観察したという．

① 簡易な手法の発案：収集データを共有して分析を行う際に，充分に教育を受けていない受益者にもわかりやすい方法の活用が望ましい．そのための「新手法」を臨機応変にスタッフが考案した．たとえば，事業の達成度を単純に数値化するのではなく，壁に貼った模造紙に進捗の段階を示す階段を記入し，人間の形をした紙を貼り付けて進捗を視覚的に実感できるようにする，などである（写真4-4）．手法を指導する専門家がいないと，自分たちで知恵を絞るのかもしれない．

② スタッフの誠実さ：分析・判断作業の際に，お手盛り評価に陥らないように，自己を律するスタッフがいた．自己評価であるため，自分の関わる事業は高く評価したい心理が働く．しかし事業改善には，失敗を認めるなど，客観的・中立的に判断する必要がある．このような誠実な態度がスタッフに見られた[14]．

写真4-4　達成度を壁に書いた階段上の人形でわかりやすく示す

　③参加を歓迎する受益者：受益者代表が，分析・判断作業に参加した．ある受益者は，それまでNGOの支援を一方的に受ける存在と思っていた自分が，事業の成否を解釈して判断できる立場にたつことが，驚きであるとともに喜びでもあったという．

　スタッフと受益者で発現の度合いに違いがあるが，当事者意識の高揚と事業改善のモチベーション向上がわかる．

評価結果の活用

　提案された多様な要望は実現しただろうか．評価実施から2年後の2015年1月までに，ライフスキル教育の増加や，クラスター会合の実施，事業カレンダーの策定などが順次実現，主に事業内容の修正や実務面での改善が行われた．「出口戦略」に関しては，受益者の意識高揚に応える形で，CEP終了後の事業運営の住民移管に向け準備が始まった．新たに受益者代表による住民組織（CBO）を設立し，戦略会議を開催して収入向上事業の収益を教育事業に活用していくためのロードマップを策定した［ソルト 2013: 7］．その一方で，提言の中には「実現のためには組織的な議論が必要であり，時間がかかる」などの理由で，保留とされたものがあった．

評価に要した時間

2回目の評価は，2012年4月の最初の打合せから始まり，会合や作業が繰り返し実施され，最後の会合12月まで9カ月間を要している．内部ファシリテーター主導であったため外部者と予定を合わせる必要はない．一方，内部者はプロジェクト運営など多くの日常業務を抱えている．関係者同士で都合を調整し，業務と平行して無理なく評価を実施したといえる．

以上が2度目の，内部ファシリテーターによる内在化した参加型評価の報告である．

(4) CEP事業のその後

CEPは中間評価による修正後も継続され，2015年3月で終了した．ソルトはそれに合わせて，内部ファシリテーターによる参加型での終了時評価を実施した．「ライフスキル教育の成果を把握することが難しかった」という経験から，質的分析を参加型で行える MSC（Most Significant Change）[15]という新しい手法を事前勉強するなど，自らの能力開発に積極的である．特筆できるのは受益者代表の参加が，評価設計からデータ収集・分析，結果のまとめと報告まで，全過程において実現した点である[16]．また今後CEPで培ったさまざまな教訓を，近隣地区で展開中の類似プロジェクトに活かしていく予定である．

3 考察と結論
――内在化とファシリテーターの関与――

(1) 2度の参加型評価の比較
良い評価の基準

本節では，NGOにおける参加型評価の内在化の可能性と意義を考察するために，ソルト事業での2回の参加型評価を比較検討する．両者とも専門家による従来型評価ではなく，利害関係者が参加する参加型評価として，ファシリテーターによって進行された点が共通している．違いは，初回はソルト外部の専門家であるファシリテーターの進行で行われたものに対し，2度目は組織内部の専門家ではないファシリテーターにより実施された点である．この内外のファシリテーションの違いに着目して，2つの評価を比較検討したい．

また評価の内在化が実現し，事業改善やプロジェクト目標の達成に貢献する

ためには，評価の質が一定レベル以上に確保されていなければならない．評価の質の高さを見定める基準として，三好［2009: 16-19］による「良い評価」の基準を活用する．良い評価の基準は，評価情報の有用性，公平性・中立性，信頼性，利害関係者の参加度合い，である．

　評価情報の有用性とは，組織やプログラムの意識決定に活用されるように，評価結果がわかりやすく，使いやすく，役に立つことである．公平性・中立性とは，評価が中立的な立場で公平に行われ，評価結果を偏りなく分析できることである．信頼性に関しては，評価者が調査手法や評価対象について専門知識を熟知していること，評価の過程が利害関係者で共有でき，透明性が確保されることが，信頼性の高い評価につながる，とされる．利害関係者の参加の度合いについては，事業の関係者は多様に存在し，その価値観も多様である．評価の際に評価者が誰で，どのような立場で，関係者が評価にどうやって参加するかといった，評価の枠組みを適切に構築することが，良い評価につながるという．

　この4基準に，筆者は新な視点として「効率性」を加えたい．これは「資金や人材・時間といった限られた資源を有効に活用し効率的に評価を実施できたか」という基準である．日本のNGOは，少ない予算と少数の関係者で運営されている場合が多く，評価に割く資金的・時間的余裕がない．コストと時間を効率的に使えるか否かは，内在化の実現可能性に影響を与えるからである．

　以下，内外のファシリテーションの違いに着目しつつ，それが評価の質の高さにどのように影響を与えているかについて，これら5つの視点から，ソルトの2つの参加型評価事例を検討していきたい．

評価情報の有用性

　有用性に関しては，評価の位置付けと目的からみて，結果がそのために活用され，改善が実現したかどうかを論考する．その際，内外のファシリテーターの違いとともに，各回において評価目的の難易度が異なるため，その観点も考慮する．

　初回は十数年間続く終了時期未定のプロジェクトの将来像を定めたい，という問題意識で実施された．評価目的は学習・改善であるが，事業全体の見直しを行い新たな方向性を抽出する根本的な課題であり，活動現場だけではなく組織全体の意思決定に関係する難易度の高いものであった．これに対して2回目

の評価目的は初回と異なり，5カ年で実施しているプロジェクトの中間評価であった．同じ改善志向であるが，既に決まった事業方針の枠内での修正が主眼であった．提言の大半は組織的な議論を必要とせず，現場の判断で対応可能なものであり，難易度は初回に比べて容易だったといえる．

　それぞれ，どのような教訓を学び，実際の改善に活用したのだろうか．初回では，関係者が評価を通じて自ら収集したデータを「解釈」する中で，教訓や提言を利害関係者と協働で形成することを通して，現場の声を反映し，提言が事業改善に効果的に活かされた．具体的にはロジックモデルに基づく適切な目標設定と，体系化された事業計画の実施であり，ライフスキル教育に基づいた包括的な事業内容への修正，また日本の援助終了後も事業を継続ならしめる出口戦略の策定であった．評価目的の難易度が高いにも関わらず「改善」が実現した．評価の有用性は高かったといえる．その理由は何であろうか．初回は外部専門家が丁寧なファシリテーションを行った．すなわち「評価設計」において評価対象の再確認，適切な評価設問の設定やデータ収集方法を選択する指導を行い，「データ収集・分析」では，議論に個人の先入観などのバイアスがかからないように中立的進行に努めた．また「結果のまとめと報告」の段階では，導きだされた多様な教訓を整理し，具体的な提言の形にまとめ，「上向き・下向き」双方の説明責任を全うできるように側面支援を行った．このことがソルトにおいて，新たな活動方針への組織的合意を可能にさせたと考える．

　2度目の評価も，内部ファシリテーターが初回で学んだ方法に基づいて評価の各ステップを進行することができた．現場の関係者がデータの「解釈」を行い，そこから多数の提案がなされた．その過程でスタッフや受益者の代表など現場の声を採りあげ「解釈」することで，主に事業内容の詳細や実務面での改善に結びつけることに貢献した．その一方で「実現には組織的議論が必要である」と，保留とされた提言があった．内部ファシリテーターが，専門家と比較してファシリテーション経験が不十分だったため，初回のようにきめ細かい助言や関係者への結果共有を行えなかったためと思われる．しかしながら，2回目の評価目的は初回と比べて容易であり，現場での合意形成を中心に一定のファシリテーション能力をもって大半の提言を実現できた．従って2度目においても，評価目的は達成され有用性は充分だったと考える．保留とされた高い難易度の課題への対処は，評価目的の範囲を超えており，改めて別の機会に行われるべきであろう．

公平性と中立性

　公平性と中立性はどうか．初回においては外部ファシリテーターが評価の各段階において，関係者が公平に参加して妥当なデータ収集や中立的な判断ができるように助言をするなど，丁寧な配慮をした．いわゆる「多様なデータ・情報間の整合性に注意することによって評価の偏りを回避する」作業を行った．また関係者への評価の講義や，データ収集と分析の手法の研修を実施した．その結果，初めての評価であるにもかかわらず，外部ファシリテーターの援助により公平性と中立性がおおむね保たれたといえよう．

　2度目の評価は，フィリピン人内部ファシリテーターが，評価を進行した．ファシリテーターは，自分の意見を関係者におしつけず，1人ひとりの気づきを促す態度に留意した．その結果，誠実に分析・判断をする態度がスタッフにみられたように，公平性・中立性の確保に一定の効果があったと思われる．しかしながら，初回の外部ファシリテーターが行った，評価の各段階で客観性を担保する進行を行うには至らなかった．内部報告書にも，「CEPスタッフがデータを手際よく客観的に収集・分析する能力がまだ弱い」と指摘されている[Goblin 2013]．内在化は実現したが自力で行う最初の評価であったため，公平性と中立性においては，初回と比較して不十分だったかもしれない．

信頼性

　初回において，ファシリテーターは評価の知識・経験を持っていたが，外部者であった．プロセス型事業の複雑な内部事情を理解できるように，ファシリテーターは準備段階から大量の資料を読み込み，評価実施中も状況を学びながら臨機応変に対応する努力と能力が必要であった[17]．その一方で評価の専門知識を有していたので，その専門性を活かし，評価に関する研修や，データ収集・分析手法の指導などを行った．また結果を速やかに各関係者に報告するよう指導することで透明性を確保し，信頼性を高めた．

　2度目は内部ファシリテーターであったため，組織の事情は熟知しており，初回のように評価対象のプロジェクト内容をゼロから理解する必要はなかった．その反面，評価に関する知識経験は，初回に指導を受けた範囲にとどまり，評価の基本的な進行はできたが，きめ細かい助言や研修を実施するには不十分であった．評価結果は，総会で報告されたが，受益者全体へは，受益者代表からの口コミなどの非公式な形で報告・共有された．

利害関係者の参加度合

両者とも参加型評価であったため，利害関係者の参加は奨励された．初回では関係者分析の結果，評価全体を通じて参加した関係者は，日比のスタッフに留まり，受益者の参加は，情報提供など受動的であった．その結果，意識啓発や当事者意識の高揚などのエンパワーメント効果はスタッフのレベルに留まり，受益者の評価への理解は進んだものの，彼らのエンパワーメントは見られなかった．受益者参加が限定的であるという課題が残った．

これに対して2度目の評価では，初回で参加型評価への関係者の理解が進んだことが原因で，スタッフに加えて一部であるが，受益者の代表がチームに入って収集データの分析・判断に参加するなど参加の幅が拡大した．また2度目は，日本人関係者の参加は初回よりも減少した．初回と比べて，よりフィリピン人スタッフと受益者を中心とした評価の枠組みが構築されたといえる．将来の自立を考えると，日本側の介入が減るなかで改善ができることは望ましい．参加の過程を通じて，スタッフにおいては，容易なデータ共有手法を創意工夫したり，自らに厳しく客観的に判断しようとしたりする誠実な姿勢が見られた．また受益者の中で，「自分も判断できるのだ」という主体的な意識変化が観察された．

CEPの終了後は，受益者住民によって事業が引き継がれることを考慮すると，彼らのエンパワーメントは必須である．評価への参加が重要なモチベーション向上の機会を提供したといえる．加えて評価の「素人」であったフィリピン人ファシリテーターが，初回で受けた指導内容を実践することで，一定レベルの評価を成し遂げることができた．この事実自体が，ソルトにとって大きな能力開発効果があったと考える．

効率性

効率性だが，初回は外部専門家にファシリテーターに依頼したが，ソルトに派遣費用（航空運賃，滞在費，謝金など）を負担する余裕がなかった．そのため行政の支援制度を利用して派遣を実現することができた．しかし，このような制度が必ずしも必要に応じて活用できるとは限らない．支援がなければ評価が実施できないことになる．2回目は，内部スタッフが業務に負担のない範囲で評価を行った．外部専門家の関与はなかったため，大きな予算を必要とせず，経済的に評価を実施することができた．

表 4-2 「良い評価の基準」から見た 2 度の参加型評価の比較

	1 回目（外部ファシリテーター：2009）	2 回目（内部ファシリテーター：2012）
有用性	◎：「事業の将来方向を導きだす」という難しい評価目的を達成した．利害関係者が評価へ参加で得た教訓が実現可能な提言に昇華され，プロジェクト改善に効果的に活かされた．	○：中間評価として改善目的で実施された．現場の問題意識に沿った提言が提唱された．これらは，一部事業の改善に貢献し有用であった．一方で一部の提言は保留に留まったものもあったが，評価目的を超えており妥当な判断であった．
公平性と中立性	◎：外部ファシリテーターが評価の各段階に沿って，バイアスを排除するきめ細かな配慮を行った．	○：内部ファシリテーターが，バイアスを避ける配慮を行った．その結果，お手盛り評価にならないように慎重に判断する誠実なスタッフの態度が見られた．
信頼性	○：外部ファシリテーターは，内部事情を短期間で把握する努力が必要であった．また評価の専門家であり，評価や調査・分析手法の研修を行った．結果は支援者から受益者まで関係者にすみやかに共有された．	△：内部ファシリテーターは内部事情に精通していた一方，評価の知識・経験は専門家に比べて不十分だった．しかし初回に受けた指導によって一定レベルの進行は可能であった．結果は，内部資料や総会で報告されたが，受益者全体への報告は，口コミなど非公式であった．
関係者の参加	○：初めての評価であり，評価全体に参加したのはフィリピン人中心のスタッフのみであり，受益者の参加は受動的に留まった．エンパワーメント効果はスタッフの段階に留まった．	◎：初回の経験を活かし，スタッフだけでなく受益者の一部も，分析・判断に参加した．その結果，エンパワーメント効果は受益者レベルにまで拡大した．また評価チーム内での日本人の関与が減り，フィリピン人の貢献度が高まった．
効率性	△：外部の専門家を派遣する費用を捻出する必要があった．短期集中で評価は進行した．	○：専門家派遣のコストは不要であった．時間をかけて日常業務の合間を見ながら，柔軟に評価の作業が進行した．

注：◎度合いが高い．○度合いがある程度高い．△度合いは普通

　評価にかかった時間も異なる．初回は短期間で集中的に行われ，2度目は業務の合間に時間をかけて評価が進行した．筆者の経験では，評価にかける時間が長くなりすぎると，関係者の緊張感やモチベーションが低下してしまうため，ある程度短期間で集中することが効果的と考えている．その一方で，参加型評価は一般的に時間がかかるアプローチであり，じっくりと関係者の気づきや，学習を深めていく必要もある．どの程度の時間が望ましいかはケースバイケースで判断する必要がある．ソルトの2度目の評価に関しては一定の時間を要したが，結果的に日常業務に支障を与えることなく，評価目的に求められる程度の改善と関係者のエンパワーメントに成功した．おおむね妥当だったと考える．

なお，両評価の比較は表4-2にまとめたので，参照されたい．

(2) 比較から示唆されること
内在化の実現可能性と意義

　限られた事例ではあるが，NGOにおいて，内部関係者のみで参加型評価を主体的に実施する「内在化」が可能であることがわかった．ソルトの場合，2009年までは評価実施の経験がなかった．初回においては，外部ファシリテーターが，評価や調査方法などの指導（トレーナー，コーチ）や，評価の不安を解消するカウンセラー的な役割も含めた丁寧な配慮をしながら，評価を進行した．この体験によって，ソルト内部における評価実施能力が向上し，次回の評価においては，外部専門家の支援がなくとも，独力で参加型評価を進行することが可能になった．評価実施に時間を要したが，専門家に依頼する予算や日程調整の負担がかからず，組織の事情にあわせて柔軟に評価を行い，事業を改善できる利点があった．これは外部専門家の協力を定期的に依頼する予算や機会の少ない多くのNGOにとっては，大きな意味がある．

　ソルトの参加型評価事例は，特定の参加型評価理論・手法に準じて進行を行ったわけではない．しかし評価専門家が，初回において関係者に評価の手順や技能について指導（トレーニング）し，関係者が評価能力を身につけて，設計や分析・判断の段階を含め自ら評価を実施・継続する（内在化）ことが実現した．結果的に「エンパワーメント評価」における内在化と同様の効果が発現したと考える．

繰り返しによる参加とエンパワーメントの拡大

　参加型評価の特長である利害関係者の，意識啓発・能力開発などエンパワーメント効果は，外部ファシリテーターの進行によるものと，内在化したものの双方で観察された．また参加型評価を継続的に繰り返し実施することで，関係者の参加の幅の拡大がみられた．初回では，受益者の参加は，受動的な段階に留まっていたが，2回目の実施では一部ではあるが，データ分析の深いレベルまで参加が可能になり，初回ではスタッフのみに発現したエンパワーメント効果が，受益者にまで拡大した．また評価全体におけるソルト・日本の介入が減少し，ソルト・マニラ中心で実施がなされた．初回における評価への参加で，関係者が評価の利益を実感した成功体験が，次回以降の参加意欲の拡大に貢献

したと考えられる．参加型評価を繰り返すことで，参加する関係者の増大と参加レベルの深化に貢献できるのではないだろうか．

　NGO プロジェクトの受益者は，老若男女多様であり，かつ充分に教育を受けていなかったり，生活のための労働で忙しかったりする場合が多い．参加型の事業といえども，彼らを評価の設計や分析といった深い段階まで巻き込むことは困難な場合が多い．参加型評価を繰り返すことで，より多くの受益者の主体的参加を促進していく効果が期待できる．また内部ファシリテーターの能力も経験を積んで向上し，公平性・中立性や信頼性も高まっていくと期待できる．このように，参加型評価の繰り返しを通じて，事業を継続的に改善，プロジェクト目標だけでなく，多くの NGO がミッションとする将来の「自立」に効果的に貢献していけると考える．

事業改善の程度

　参加型評価の長所である事業改善の効果については，両方の評価で共通に観察されたが，ファシリテーターと評価目的の違いにより，発現の程度に差が見られた．初回の参加型評価においては，評価を通じて現場から学んだ教訓が，整理・統合されて具体的な提言という実現可能な形に昇華されたため，短い時間でプロジェクト将来方向を導きだすという，大幅な改善を実現することができた．2度目の評価においても，得られた提言の大半が実現し有用であったが，保留のまま実現しないものがあった．難易度の高い提言を意思決定に活かす作業が，評価経験の少ないファシリテーターにとって困難だったからと思われるが，実施中のプロジェクトの改善という評価目的を達成するには充分なファシリテーションであった．

内外のファシリテーターの相違点

　表 4 - 3 は，一般的な参加型の活動において，ファシリテーターが外部者である場合と，内部者である場合のそれぞれの長所と短所をまとめたものである．これに今回の事例を当てはめてみる．ソルトの場合でも，表 4 - 3 と類似のことが観察された．初回で外部ファシリテーターは，データ収集や分析のワークショップで，議論が偏ったり，結果がお手盛りになったりしないように，第三者の視点から観察，助言をすることで中立性・客観性を高める配慮をした．また事業の継続性への問いかけや，それまでソルト関係者が知らなかった，ライ

表4-3 内外ファシリテーターの比較

	長　所	短　所
外部	・中立・客観的雰囲気 ・外部視点を提供する ・根本的・微妙な課題への問題提起が可能 ・評価の知識や経験がある	・事項や関係者の理解に時間を要する ・「よそ者」と見られる恐れ ・対価を払う必要 ・プロセスの一部分のみに関わる
内部	・事項の詳細を知る ・過程や内容を理解している ・関係者に関する知識が豊富 ・外部者より経済的	・思い込み・バイアスがある ・バイアスのある人と思われる ・組織にとって微妙な課題を避ける傾向 ・評価知識や経験が不足

出所：University of Minnesota [2014] を参照して筆者作成．

フスキル教育の紹介など，内部のみでは難しかった問題提起や新たな提案が可能になった．その一方で，外部者として短期間で十数年に及ぶ活動を理解し，関係者からの信頼を得る努力が必要であり結構な負担であった．派遣に費用を要したが，幸い行政の支援制度を活用することができ，短期間で効果的に評価を実施できた．

　2回目においては，内部ファシリテーターであったので，組織や事業の詳細は熟知していた．一方で外部者のいない自己評価であるため，中立性・客観性において留意する必要があった．この点は，ファシリテーターが意識的に中立的な進行を心がけることで，客観性の確保で一定の効果があったと思われる．しかし評価に対する知識経験は専門家に比べ不足していたため，求められる現場の実務レベルの改善は実現したが，組織的議論を要する提言への対処は保留となった．外部専門家に依頼・調整する資金と手間がかからない利点があったが，評価ステップ全体の実施には一定の時間を要した．

(3) 課題と提言
初回に専門家の指導が必須

　ソルトの場合，最初の参加型評価においては，経験豊富な外部ファシリテーターが主導し，関係者に評価の基礎や進行方法を教えたことによって，次回において内在化した参加型評価が可能になった．したがって，参加型評価の経験がない団体が，その内在化を効果的に行うには，最初から独力で行うよりは，1度外部の専門家の指導を受けることが有効かもしれない．ソルト事務局長は，「指導を受けずに，独力で参加型評価を行うのは無理だったと思います．関連

書を読んだりしましたが，評価や社会調査の基礎が理解されていなかったため，現場で実行するのは難しかったと思います．やれたとしても，客観性に欠け，重要なことを漏らしたりして，結果の精度が悪かったと予想します」と述べている．

内外のファシリテーターの使い分け

NGO が参加型評価を継続して行う場合，評価の目的や位置付けに照らし合わせて，必要に応じて外部・内部のファシリテーターを使い分けて評価を実施することに利点があるかもしれない．ソルトの初回の事例のように，事業の将来の方向性を確立するといった難易度が高い評価の場合は，費用をかけても専門家によるファシリテーションが望ましいだろう．2度目以降は，CEP の中間評価のように，既存の方針内の軌道修正という比較的に容易な目的であれば，内部にある程度の能力があれば，内部ファシリテーターのみでも，一定レベルの評価を経済的に実施することができる．この意味でソルトは結果的にファシリテーターの使い分けに成功したといえる[18]．結論として，小規模 NGO が参加型評価を定期的に実施して，関係者のエンパワーメントや事業改善を効果的に行うには，まず評価の内在化を実現して必要な時に自力で事業改善ができる知識と能力を身につけることが求められる．その上で，組織の抱える課題や評価目的に応じて柔軟に，外部ファシリテーターを活用できることが望ましいのではないか．

提言の実現に向けての課題

しかしながら，上記の「使い分け」を賢く実施するためには，いくつか課題がある．第 1 に効果的な内在化のためには一度，外部ファシリテーターの指導を受ける必要があると思われるが，日本では参加型評価を進行・指導できる人材が少ない．NGO の行う小規模の社会開発を熟知した専門家が望ましいが，より門戸が狭くなる．ファシリテーターの育成が課題である．

第 2 に，必要に応じて外部専門家を活用したくても，小規模 NGO には，外部者の指導を依頼する経済的余裕がない．筆者の知る限り，日本では NGO に外部専門家の派遣を支援する官民の支援制度が限られている上，NGO にとって使いよい内容でない場合がある[19]．NGO のニーズやタイミングに合わせて，外部専門家派遣を実現する制度が増えることが望まれる．

第3に，1度指導を受けて参加型評価の内在化が実現しても，それだけで内部ファシリテーターの能力が外部専門家のレベルに達する訳ではない．評価の基本的な進行は可能であるが，評価目的の難易度の高い場合は適切な進行が困難であろう．専門家の派遣が必ずしも希望通りに実現しない現状を考えると，組織内ファシリテーターの能力開発が，さまざまな方法で実施できることが望ましい．具体的にはファシリテーターとなる人材の研修を行うなどの対応も有効だと思われる．

最後に根本的な問題として，評価を定期的・組織的に行っていないNGO，いわゆるPDCAサイクルが確立されていない中小規模のNGOが日本ではまだ多い点を指摘したい．これでは効果的な事業の改善や，適切な説明責任を果たすことができない．計画と予算には事業の実施のみならず，評価のための経費やスケジュールを組み込むことが望ましい．評価を内在化すれば多大な資源を必要とせずに一定レベルの評価ができる．NGOがプロジェクト目標を達成し，ミッションでめざすところの「援助される側」の「自立」に，効果的・効率的に到達するには，NGO自身の意識向上も求められる．

謝辞

本章の締めくくりにあたり，積極的に情報を開示してくださったソルト・パヤタスの日比の関係者の皆様と，初稿の段階で有益なコメントを頂いた友人に，お礼を申しあげたい．

注
1) NGO（Non-Governmental Organization）の定義はさまざまであるが，日本では国内ではなく，国際的な活動をする市民組織を呼ぶ傾向がある．本章では，これに従い国際協力活動を主に行う民間非営利組織をさす．
2) 本章では，社会課題を解決するための，開始時点と終結時点のある社会的介入について，プロジェクトと，プログラム，事業を同義語で用いる．
3) 筆者が長年所属していたNGOでは，ネパール農村で活動していたが，プロジェクトへの住民参画を促進する中で，彼らの問題解決能力を向上し，将来的に自立をめざすことをミッションとしていた．
4) 国際協力機構（JICA）「NGO活動強化のための海外アドバイザー派遣制度」（NGOの活動現場に専門家を派遣する制度だったが，2015年度で終了した．）．

5）初回評価チームには日本人スタッフ2名を含み，評価の全段階に参加した．しかし評価の主体というよりは，サブ・ファシリテーター的な役割であった．本章では評価チームの中核は，フィリピン人スタッフという位置付けで執筆する．

6）ロジックモデルとは，プログラムやプロジェクトの目的と手段の因果関係についての仮説を整理したもの．プログラム・セオリーなどとも呼ばれる．

7）筆者の経験では，NGO の現場スタッフの関心は事業の妥当性や有効性に関しては一般的に高いが，継続性や効率性に対しては低めである場合が多い．特にプロジェクト期間未定の事業で初めて継続性を問う場合，「事業の終了とともに，自分が解雇されるのでは」と恐怖さえいだくことがあり，慎重な議論が求められる．

8）文化人類学者川喜田二郎によって創設された，参加型問題解決手法・発想法．マーケティングや品質管理，組織開発などに広く活用されている．

9）ライフスキルとは，「日常生活で生じるさまざまな問題や要求に対して，建設的かつ効果的に対処するための技能（WHO）」であり，問題解決力やコミュニケーション能力，ストレス対処方法など，多様な内容を含み，健全な自尊心を育むことをめざす教育で，単なる知識の習得とは区別される．

10）具体的には，図書館活動による読み聞かせ，スポーツ大会，ワークショップ，映画会など多彩な内容が行われた［ソルト 2013: 5-6; 2012: 4-7］．

11）CEP は通称5カ年計画だが，正確な実施期間は2010年1月〜2015年3月の4年3カ月である．

12）なお，2回目の評価は完全にソルト内部による実施となったため，外部者である筆者は評価に直接関与していない．本章での記述は，筆者がソルトの各種報告書を参照したり，日本人事務局長に複数回インタビューしたりして収集した情報から構成したものである．

13）ソルト日本人事務局長は，2度目の参加型評価の進行を「小川恵美子のブログ」で逐次報告している（http://ameblo.jp/shoppaize/）．

14）現場スタッフが，現状に否定的な意見も自由に表明できる議論は，ソルトが持つ民主的な組織文化が背景にあると思われる．源［2007: 83］は，「参加型評価を行う前提として，プロジェクトの現場にある程度の権限が移譲されている必要がある」，「参加型評価は，分権化が基本なのである」と述べている．

15）MSC については，田中［2014］及び下記サイトを参照のこと（https://groups.yahoo.com/neo/groups/MostSignificantChanges/info）．

16）終了時評価は，初回と二回目を折衷したともいえる方法が採用された．すなわち，現地での評価実施は内部ファシリテーターが行うが，事前に日本で外部専門家（筆者）と日本人事務局長を通じて十分に打ち合わせを行い，かつ現地での評価の進捗を追うごとに，専門家がスカイプを利用して日本からマニラへ助言するというものである．評価の詳細については2016年2月現在，報告書を作成中であるので別の機会で発表・論考したい．

17) ファシリテーターは外部者であるが，NGO経験が豊富だったことが，同じNGOであるソルトの内部事情を短期間で理解し，信頼関係を構築する上で有利に働いた．もしもNGOのプロセス型事業に対する経験がない専門家であったならば，内部事情の理解にさらなる時間がかかり，場合によっては適切な進行ができなかったのでは，と推察する．
18) 実際のところNGOのプロジェクトで必要とされる評価は，既存の方針内での改善をめざす目的が主流で，組織全体の判断を要するような難易度の高い評価目的が中心になる頻度は低い．
19) たとえば，費用の半額をNGOが負担しなくてはならない，募集時期が限られている，審査に時間を要するなど．

第5章

福祉サービスを利用する当事者の主体性促進と事業改善
──精神に障害を有する人々が利用する地域活動支援センターにおける参加型評価──

藤島　薫

はじめに
──ソーシャルワークの評価に当事者が参加することの意義──

(1)　モダンとポスト・モダンの揺れから対話による解決へ

　ソーシャルワークは，人々のウェルビーイングの実現を目的としてさまざまなアプローチによって行われる実践の総体である．個人に対する心理的ケアや生活課題への支援，地域問題に関わる住民の組織化，福祉サービス運営管理や政策立案への働きかけなど，多岐にわたるものである．当然ながら，それぞれの実践によってどのような結果や効果をもたらしたのかという「評価」が求められるが，その評価アプローチは，ソーシャルワークの専門性を科学化によって推し進める動きと当事者の主体性を尊重する運動の中で揺れ動いてきたと言える．いわゆるモダンとポスト・モダンの揺れである．

　日本の福祉領域における評価の必要性の高まりは，社会福祉基礎構造改革（2000年）による福祉パラダイムの転換によるものと考えられる．それまでの措置や恩恵による受け身的な福祉から国民の権利として当事者が自己決定・自己選択をして利用する契約型福祉サービスへの転換である．そのため，サービスに対する説明責任と同意が求められ，福祉サービス事業所等による自己評価，第三者評価が盛んに行われるようになった．しかし，評価結果が事業の改善に結びついているのか，利用者の意見がサービスの改善に反映されているのかという点についての検証は不十分であると思われる．

　国際ソーシャルワーカー連盟（IFSW）と国際ソーシャルワーク学校連盟（IAASW）の合同総会が2014年7月に開催され，これまでの定義を改訂しソー

シャルワーク専門職のグローバル定義が新たに採択された［IFSW］．いくつかの改訂のポイントがあるが，「多様性の尊重」がソーシャルワークの中核をなす原理の1つとして明確に位置づけられたこと，ソーシャルワークは科学的諸理論を利用するが「サービス利用者との双方向性のある対話的過程」によって知を共同でつくりあげること，ソーシャルワークは人々とともに働くという「参加重視の方法論」を取ること，などが注目すべき点として挙げられる．これは，植民地主義の歴史的背景によってもたらされた西洋の理論や知識の偏重，支援者の価値観優位の姿勢を反省し，当事者の価値観や地域性，文化的背景などを尊重し「対話」と「参加」による対等の関係性構築が基本であることを明確にしたものである．支援者や専門家による一方的な評価に基づいた医学モデルとして位置付けられる支援ではなく，当事者とともに生活課題に取り組んでいくという協働による支援関係への転換であると捉えることができる．ソーシャルワークや評価手法のアプローチをモダンかポスト・モダンかの二項択一ではなく，「対話」によって，多様性を尊重した最善の方法を考えていくことが重要なのである．

(2) ソーシャルワークにおける当事者参加

　ソーシャルワークにおいて当事者参加が叫ばれるようになったのは，障害者に対する劣悪な施設収容への批判と改善運動の中から生まれたノーマライゼーション理念の波及による．ノーマライゼーション理念を法律として実現させたデンマークのバンク・ミケルセンは，「ノーマライゼーションとは社会的支援を必要としている人々をノーマルな人にすることを目的としているのではなく，その障害を共に受容することであり，彼らにノーマルな生活条件を提供することである」と述べている［Bank-Mikkelsen 1976：邦訳 143-53］．誰もが地域で生活することを可能とする社会がノーマルなのであり，当事者自身が自らその当たり前の権利を獲得するために運動を起してきたのである．

　たとえば，1960年代カリフォルニア・バークレイ校の重度の障害を持つ学生によって開始された自立生活運動は，自分たちを病人や患者扱いするのではなく，他の学生と同じように講義を受けることのできる保障と学生生活の保障を要求するという運動から始まった．やがて，その運動は，学生以外にも適用され地域の自立生活運動へと発展していったのである［河東田 2007: 1048-1053］．また，国際障害者団体である「障害者インターナショナル」は，従来の専門家

主導のリハビリテーションのあり方に異議を申立て，1980年に「障害のある当事者抜きに，われわれ自身のことを決めるな（Nothing about us without us）」のスローガンのもと結成され，より主体的に自分たち自身の問題にかかわろうとする当事者活動を展開してきている［茂木 2007: 842-45］．

　このように，当事者自身が自分に関わることを決定する場に参加し当然の権利を主張するなかで，エンパワーメントが促進され，それぞれのリカバリーが生まれてきたのである．リカバリーとは，必ずしも病気や障害からの回復を意味するものではなく，病気や障害によって失った自分自身の人生を回復していく過程のことで，セルフヘルプグループ活動のなかで生まれた概念である［野中 2006: 162-80］．

(3) 福祉サービスおける参加型評価の必要性

　国連は，1981年を国際障害者年とし「完全参加と平等」をテーマとして具体的な行動計画などを推進，その後，1983年から「国連・障害者の10年」，1993年からは「アジア・太平洋障害者の10年」を経て，2006年には「障害者の権利条約」を採択するに至った．日本では障害者総合支援法，障害者差別解消法の成立など，国内法の整備に7年間をかけ，2014年にこの国際条約を批准した．今後，更に，積極的な当事者参加によるソーシャルワークが推進されていくことが期待される．先にも述べた社会福祉基礎構造改革によって，利用型福祉サービスが数多く提供されるようになり，国民は自己選択・自己決定によって福祉サービスを利用できるようになった．しかし，新自由主義に基づく社会福祉基礎構造改革における自己決定は市場原理導入による経営効率追求と自己責任を利用者側に求めるという側面を持ち，当事者活動によって主張されてきた人権としての自己決定とは異なるものである．政府がすすめている自己決定に甘んじることなく，福祉サービスを利用する市民や当事者が自分の問題として主体的に運営や評価に関わり参加していくことによって，本来の人権としての自己決定を手にいれることができるのである．利用型福祉サービスに参加型評価を適用し評価プロセスに当事者を含む利用者が関わることによって，当事者のエンパワーメントと主体性の促進，そして事業の改善が促進されることが期待される．

1 利用型福祉サービスへの参加型評価適用の枠組み

(1) 評価の対象
NPO法人旭川フレンドハウスの事業内容

　NPO法人旭川フレンドハウスは，北海道第二の都市旭川市に設置されている地域活動支援センターである．平成11年9月に旭川精神障害者家族連合会が設置主体となり共同作業所としてスタート，その後，平成18年にNPO法人を取得し地域活動支援センター（Ⅲ型）に移行している．地域活動支援センターは障害者総合支援法において市町村が行う「地域生活支援事業」の1つに規定されており，障害者の社会参加と自立を図るため，創作的活動または生産活動の機会の提供や社会との交流促進等の便宜を供与することが目的と定められ，運営基盤は主に地方自治体による補助金となっている．

　旭川フレンドハウスの事業目的は「旭川市及びその周辺地域に在住する精神障害者及び回復者を対象とし，通所による活動の場を提供しながら，社会復帰や社会参加の促進，並びに地域での自立生活支援等の事業を行い，これによって精神保健福祉の増進に寄与すること」とし，作業をすることよりも，日常生活の安定や就労をしながらも悩みを話したりできる安心の場所として活動をしている．利用登録者は32名，1日の利用定員は10名，精神障害者保健福祉手帳所有状況は1級2名，2級19名，3級4名で，登録をするためには通所申込書と主治医の推薦書が必要となる（2011年11月参加型評価開始時点において）．開所は祝祭日を除いた平日の10時から16時，運営は職員3名の他に，定期的なボランティアやイベント時のボランティア，町内会，地区社会福祉協議会，民生委員などが協力をして活動を支えている．具体的な活動内容は，手芸・あみもの・詩作・機関誌などの創作活動，料理教室，ミニバレーやボーリングなどのスポーツ・体力づくり，年2回行われるフリーマーケット，海水浴・バス旅行などのレクリエーション，除雪・草取り・下請けなどの軽作業，ミーティング・談話，タオルやアクリルたわしなどのオリジナル製品制作と販売などである．

(2) 本事例への参加型評価導入の背景
　参加型評価の目的である当事者意識の促進，主体性の促進などは，ソーシャルワークの理念と重なるものでありながら，活用事例はまだ多くはない．また，

写真 5‐1　参加型評価実施の様子

本事例のように障害を持った人々が日中の活動場所として利用する福祉サービスが地域生活維持に対してどのような効果をもたらしているのかについては，影響を与える要因を特定することが難しく，効果研究はあまり行われていない．そこで，利用型の福祉サービスに参加型評価を適用することで，利用者，スタッフなどにどのような変化が起こるのか，事業改善にどのような効果をもたらすのかという関心に基づき研究を計画し，協力依頼に応じてくれる事業所を探すところから始まった．精神障害者の地域生活支援を行っている数か所の事業所に協力の依頼をしたが，時間がかかること，スタッフの配置が難しいこと，利用者への負担（時間と精神的）が心配なこと，意見の衝突が起こることの懸念などを理由になかなか協力を得られなかった．そのような中，地域活動支援センター旭川フレンドハウスの施設長が参加型評価に強い関心を持ち，利用者とスタッフとの話し合いの結果，研究協力への賛同を得ることができた．当初は研究目的のために 1 回だけ参加型評価を実施する予定であったが，終了後のフリーディスカッションで，参加型評価による肯定的な手ごたえを実感したという意見が多く，今後も継続をしていくことがその場で決定され，2011年11月に第 1 回の参加型評価実施から2015年 1 月には第 6 回の参加型評価実施と継続的に行うことができている（写真 5‐1）．

(3)　評価の枠組み

利用型プログラムへの参加型評価（Participatory Evaluation for Use：PE-U）の活用
PE-U は福祉サービスの利用型プログラムに参加型評価を適用するための概

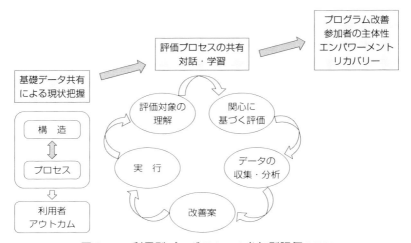

図5-1　利用型プログラムへの参加型評価 PE-U

出所：藤島［2014b: 160］をもとに筆者作成．

念モデルで，参加型評価を通して，利用しているプログラムを理解するための基礎データの共有⇒利用者を含む関係者における評価プロセスの活用⇒事業（プログラム）改善，参加者の主体性促進（エンパワーメント，リカバリー）という流れを期待するものである［藤島 2014: 129-170］（図5-1）．

　利用型プログラムに参加型評価を導入するためには，自分たちが利用しているプログラムはどのような目的で行われており，どのようなことをして，どのような結果を得ているのかということに対する関心を高めることから始める必要がある．福祉サービスの質評価に関する先行研究から［Donabedian 1980：邦訳 84-143; Megivern et al. 2007: 115-24］，プログラム理解は，①福祉サービスを提供するシステムに関わる「構造」，②どのようにサービスが提供されたのかに関わる人的，価値が含まれる「プロセス（過程）」，そして，③サービスを利用したことによって利用者にどのような効果が生まれたのかという「アウトカム（成果）」の三構造として捉えることができる．参加型評価の導入に先立って，プログラムの実態を把握するために「構造」，「プロセス」，「アウトカム」に関する調査を実施し，その分析結果を参加者全員で共有するところから開始する．調査方法はフォーマル・インフォーマルによるアンケート調査，既存の資料分析などで行われ，利用型プログラムに特化された一定の方法や尺度があるわけではない．重要なことは，その過程で参加者がプログラムの実態に

関心をもち，評価に参加する意識を高めることである．
　利用者を含む関係者による評価プロセスの活用では，参加者の関心に基づく評価項目を設定し，必要なデータ収集・分析の検討，改善案の決定，実行となるが，その結果の再評価と新たな評価項目に対する評価が継続されていくことで，事業（プログラム）改善と，参加者の主体性の醸成が期待されるのである．

セオリー評価の段階的活用
　本事例における参加型評価は，利用者やスタッフが自分たちのプログラムを振り返り，主体的に改善方法を考え行動を起こしていくことを目指していることから，形成的なセオリー評価と言える．セオリー評価とは，事業の実施が想定する成果をどのようにもたらすのかを検証するもので，代表的手法の1つに資源，事業活動，結果，成果，影響を構成要素とするロジックモデルによる検証がある．事業の活動とその達成の間に介在するメカニズムについて情報を提供することから事業の立案と改善の利益をもたらすことができる［西出 2005: 15-25］．また，新規のプログラム立案だけでなく，すでに実施中のプログラムの見直しにも有効な評価である［佐々木 2003: 28-36］．本事例では，第1回目では，プログラムの「振り返り」のため，第2回から第5回目は「改善と行動」のためにセオリー評価が機能した．

解決志向アプローチ
　第1回目の参加型評価で参加者の関心による評価項目に対する評価は第5回目の参加型評価で一通り終わったことから，第6回目では，未来の解決像から振り返る「解決志向アプローチ」を取り入れたセオリー評価を行った．
　「解決志向アプローチ」とはアメリカ・ミルウォーキーのブリーフ・ファミリー・セラピー・センターでインスー・キム・バーグとスティーブ・ディ・シェイザーを中心として開発され発展した短期療法の1つである．問題と原因の関連づけよりも未来に焦点をあて「解決」について知るほうが有用であり，そのためのリソース（資源・強さ）を持っているのは当事者であるという考えから，解決像やリソースを見つけるために役立つ質問が特徴的である．解決志向アプローチにおいて支援者は「知らない（not knowing）」という姿勢を保つ．支援者は当事者が持っているリソースも解決方法も知らないので，関心をもって聴くことができるのである．たとえば，「ミラクルクエッション」は，現在

抱えている問題がミラクルによってなくなってしまった後を現実のようにありありと具体的に想像してもらう質問で，ゴールの枠組みを明確にすることができる．「例外の質問」や「コーピングの質問」は，問題の渦中にいながらも，出来ていることや対処していることを探し，既に持っている解決法やリソースを見つけることに役立つ．また「スケーリングの質問」は現在の状態や，それよりも少し高い数字にするにはどうなったらいいのか，何をしたらそうなるのかなどを明確にするために役立つ質問である［Peter and Insoo 2007：邦訳 15-121］．

　解決志向アプローチを取り入れることの効用は，まず1つには，ロジックモデルを考えるときに，参加者の未来はこうなりたいということがより明確に反映しイメージされることである．その未来に行くために何が役だったのかという発想からロジックモデルを作成していくことで，よりポジティブな思考で解決方法を考えることができる．2つめの効用はファシリテーターの中立的な立場を維持することに役立つことである．解決志向アプローチは解決に焦点を当てることで特徴づけられるが，実は，その根底にはCooperating（協力，協調，連携）があることが大前提であり［白木　2014: 247-54］，参加型評価においてファシリテーターが参加者に関心を持ち，協働の関係を持ち続けることで，参加者のエンパワーメントを促進することができるのである．

　理解と対話促進のための視覚的ツール
　参加型評価において，できる限り直感的に情報を得ることができるようさまざまなツールを使って視覚化を心がけた．実態調査の結果やリカバリー評価などはグラフ化し，ロジックモデルの作成や改善案などの意見を出す時には大判の付箋に書いたものを模造紙や壁面に貼り，参加者がそれを見て対話しながら分類あるいはフローチャートとして示すことができるようにした．また，以前の評価結果を受け改善された活動によって産出した成果物の写真を添付して再評価を行った．写真や図・グラフ，大判の付箋などの活用はイメージの具体化と情報が伝わりやすいという利点があり，対話を進めるにも効果的である．参加者によってその時の参加型評価の対話プロセスや決定事項などがリアルに再現できるように記録としてまとめものは，センター内への掲示や資料を配布することで，当日，参加出来なかったメンバーとの情報共有ができていた（図5－2）．

第5章　福祉サービスを利用する当事者の主体性促進と事業改善　　105

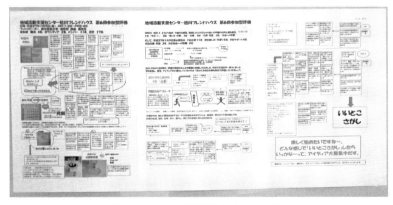

図5-2　参加型評価のまとめ資料
出所：地域活動支援センター旭川フレンドハウス作成.

参加者

参加者は，旭川フレンドハウスのミーティングやチラシ等で開催情報を開示し，希望者による任意参加とした．参加対象はセンターの利用者（本事例ではメンバーという），スタッフ，ボランティアで，ファシリテーターは研究者（筆者）が準備段階の調査を含め，第1回から現在も継続して行っている．

2　参加型評価の実施プロセス

(1)　参加型評価の継続プロセス

地域活動支援センター旭川フレンドハウスで行った，メンバー，スタッフ，ボランティアによる参加型評価の実施プロセスについて記載する．準備から第6回までの継続プロセスを表にまとめた（表5-1）．

(2)　参加型評価の準備：プログラムの実態把握を目的としたアンケート調査

利用型プログラムの実態把握を行うために，評価実施前に「構造」「プロセス」「アウトカム」に関するアンケートを実施した．「構造」は，東京都第三者評価の「事業所のマネジメント」を参考にして作成した調査票で代表に回答を依頼した．また，「プロセス」は「ソーシャルワーク実践評価尺度［福島 2005：257-258］を活用し，職員2名とボランティア3名に回答してもらった．結果の

表 5-1　参加型評価の継続プロセス

開　催	参　加　者	評価活動の内容
準備段階 2011年10月	スタッフ2名 ボランティア3名 メンバー19名	【実態把握のアンケート調査】 • 構造…事業所のマネジメント • プロセス…ソーシャルワーク実践評価尺度 • アウトカム…利用者満足度，リカバリー尺度など
第1回 2011年11月 10時〜16時	スタッフ2名 ボランティア1名 メンバー12名	【振り返りのセオリー評価】 • アンケート調査結果の共有・評価目的の合意 • ロジックモデルの作成と評価の優先順位 •「サポート」，「楽しみ・行事」の評価と改善案
第2回 2012年6月 11時〜15時	スタッフ2名 ボランティア1名 メンバー17名	【改善と行動のセオリー評価】 • 第1回「サポート」，「楽しみ・行事」の改善案実施状況と再評価 •「仕事」の評価と改善策
第3回 2012年12月 11時〜15時	スタッフ1名 ボランティア1名 メンバー7名	【改善と行動のセオリー評価】 • 第2回「仕事」の改善案実施状況と再評価 •「社会への啓もう」の評価と改善策
第4回 2013年6月 11時〜15時	スタッフ3名 ボランティア2名 メンバー10名	【改善と行動のセオリー評価】 • 第3回「社会への啓もう」の改善策実施状況と再評価 •「日課・月課」の評価と改善策
第5回 2013年12月 11時〜15時	スタッフ2名 ボランティア2名 メンバー12名	【改善と行動のセオリー評価】 •「日課・月課」の改善策実施状況と再評価 • 最も重大な変化の物語
第6回 2015年1月 11時〜15時	スタッフ4名 ボランティア2名 メンバー11名	【解決志向のセオリー評価】 • これまでの振り返り • 解決志向アプローチによるセオリー評価

出所：筆者作成．

概要は次の通りである．

「構造」は事業所の自己評価によるものであるが，事業所がめざしている理念・ビジョン・基本方針は明確で，それに従ってスタッフの役割や意思決定などがなされている．また，利用者の意向に沿ったサービスの提供，スタッフ間における情報共有に基づき利用者の主体性をもった活動に力をいれ，必要に応じて家族との連携を行っているという結果であった．

「プロセス」は，4点リカート・スケール法により回答してもらった結果，平均値が一番高いのは「信頼関係を築くスキル（3.2）」で，次いで「対人関係技能や自己評価を高めるスキル（3.0）」，「ケースマネジメントのスキル（2.8）」と続き，一番低いのは「問題解決や課題解決のスキル（2.6）」であった．

「アウトカム」はアンケートの目的を理解し同意を得られた19名の利用者に対し行われた．使用した尺度は「日本語版利用者満足度」［立森・伊藤 1999: 711-717］と「日本語版リカバリー尺度」［Chiba Miyamoto and Kawakami 2010: 314-22］，「健康関連 QOL 尺度日本語版」［福原・鈴鴨 2004］である．「日本語版利用者満足度」は「あなたが受けたサービスの質はどの程度でしたか」などの8つの質問に対しての4点リカート・スケールで回答するものである．合計点が高いほど（最高得点32点）満足度が高いことを表すもので，調査結果の平均値は22.1であった．また，「日本語版リカバリー尺度」は「目標・成功志向・希望」「他者への信頼」「個人的な自信」「症状に支配されないこと」「手助けを求めるのをいとわないこと」の5因子24項目の質問からなる5点リカート・スケール方式（最高得点120点）で，平均値は82.9であった．

「健康関連 QOL 尺度日本語版」は「身体機能」「日常役割機能（身体）」「体の痛み」「全体的健康感」「活力」「社会生活機能」「日常役割機能（精神）」「心の健康」のそれぞれに対して日本人の平均を50として比較できるようになっているが，全ての項目で下回っていた．

(3)　振り返りのセオリー評価：第1回参加型評価

フレンドハウスのメンバー，スタッフ，ボランティアが初めて参加型評価に参加することの動機付けと，これまでの活動を振り返ることに重点をおき，プログラムの意味づけと改善に向けて形成的評価ができることを目指した．実施の流れは以下の通りである．

導入：参加型評価の動機づけと安心の場の設定

参加者はメンバー12名，スタッフ2名，ボランティア1名，それにファシリテーター1名（筆者）の計16名であった．ファシリテーターが自己紹介をしたあとに「自分たちが利用しているプログラムに対して，みんなで考える場が参加型評価」であることを伝え，参加者の特性に配慮し，わかりやすいように大きな文字で書いた「参加型評価の進め方」を貼って説明をした（表5-2）．第1回では①から⑤までの流れを一通り実施したが全ての評価項目に対する評価設問の作成は時間内ではできず，残った評価項目に対しては第2回目以降に④と⑤を繰り返して実施した．また，「参加型評価」は対話のプロセスなので，全員が安心して対話に臨むことができるように，自分たちでルールをつくるこ

第Ⅱ部　参加型評価の実践

表5-2　参加型評価の進め方（実際に使用した進行表をもとに一部修正）

① 基礎データの共有による現状把握
② ミッションの確立と評価の目的を共有する
③ ロジックモデルを作成する
　何をしてきたのか
　どのような効果が生まれたのか
　今後，どのような効果が期待できるのか
④ 優先順位によって評価を行う…評価設問の作成
⑤ 改善策と必要なデータ収集について検討する

とを提案し「安心のためのお約束」として，参加者から出された「飲み物やお菓子を食べてもいい」「トイレは自由に行ける」などを書いて見えやすいところに貼りだし，必要に応じて追加していくこととした．

参加型評価の流れ
① 基礎データの共有による現状把握

　参加型評価への動機と安心感が高まったところで，プログラムの実体把握を目的として実施したアンケート調査の結果を共有した．スタッフやボランティアがサービス提供をどのように自己評価しているのか，メンバーがサービスに対してどの程度満足しているのか，また，メンバーの心身の健康状態とリカバリー評価などの結果をグラフにして視覚的に理解しやすく示して説明した．参加者からは，調査結果の内容に対する反応よりも「今まで，いろいろなアンケートに協力してきたが，結果を自分たちで確認できたのは今回がはじめてで，とてもうれしい」という声があがり，今回の参加型評価では自分達は単なる調査対象ではなく，自分たちのための評価に参加しているのだという当事者意識の高まりが感じられた．

② ミッションの確立と評価目的を共有する

　次に，センターは何を目指して活動をしているのかについて話し合った結果，「生活のリズムを整えるため」，「仲間や地域との交流をするため」，「自分らしく生きるため」などの意見が共有され，それらが実現できるように「よりよいセンターになるための意見交換」が参加型評価の目的として合意された．

③ ロジックモデルを作成する

　これまでのセンターでの活動を振り返り，「何をしてきたのか（活動・アウト

プット）」，「どのような効果が生まれたのか（即時的・中期的アウトカム）」，「今後，どのような効果が期待できるのか（長期的アウトカム・インパクト）」の段階を踏みながら，ファシリテーターの問い掛けに応じて，参加者は，それぞれ振り返ったこと，考えたことなど付箋に自由に記入していった．随時，参加者全員に見えるように壁面に貼り対話をしながら，最終的にロジックモデルが完成できるようにした．書くことが苦手なメンバーに代わって他のメンバーが意見を書く，他のメンバーの意見に触発されて新たな意見が出るなど，相互作用が促進されていった．また，これまでの活動を振り返ることで，センターのプログラムをクリアに理解でき，自分たちがこのプログラムを利用することの意味づけを行うことができるようになった．

　完成したロジックモデルは，「楽しみ・行事」，「日課・月課」，「社会への啓もう」，「仕事」，「サポート」の各活動に分類され，それぞれどのような活動が行われ何が産出されたのか，その結果によって得られた効果（アウトカム）を参加者で確認することができた．たとえば「社会への啓もう」では事業所のパンフレット作成や，啓発運動への参加などを通し，「社会とのつながりができた」，「事業所を知ってもらえた」などの効果を確認できた．さらに「今後，どのような効果が期待できるのか」というインパクトについての意見交換では，「旭川市でなくてはならない作業所になる」，「さらに良いセンターになる」，「メンバーの自立心が高まる」，「規則正しい生活ができる」，「メンバー，スタッフ，地域の人が協力しあって仲間になる」，「みんなが社会でともに生きていく」など，ポジティブな意見が出され，建設的な評価段階に進むためのベースが構築された．

　④ 優先順位によって評価を行う：評価設問の作成

　ロジックモデルの内容が共有されたところで，次に，何から先に評価をして改善したいのかについて話し合った．参加者はロジックモデルを見ながら，評価の優先順位を1位「サポート」，2位「楽しみ・行事」，3位「仕事」，4位「日課・月課」，「社会への啓もう」で合意した．「サポート」が1位に選ばれた理由は，サポートがしっかりあることで安心して楽しみや行事で仲間づくりができる．そして，日々の活動や，仕事，社会参加をすることができるということからである．第1回目は「サポート」と「楽しみ・行事」についての評価を行った．評価設問を話し合うプロセスでは，これまでのスタッフとメンバーの考えにずれがあったことをお互いに認識することができた．たとえば，「サポ

表 5-3　評価結果（第1回参加型評価）

評価項目	評価設問	評価結果	改善策
サポート	相談に行きやすいか（遠慮，プライバシー）	・相談をしていいのかと遠慮がある ・聴かれていないか心配（場所） ・時間が決まっていないので不安	・相談予約票を作成（相談予約箱） ・奥の部屋や電話でも対応 ・相談業務のことをアピールする
	相談に要する時間は適切か		
	スタッフは適切な対応をしているのか	適切なアドバイスをしている	メンバーからもフィードバックする
楽しみ・行事	行事はメンバーのニーズにあっているか	ニーズをちゃんと把握していない	メンバーへ行事のニーズ調査を行う
	話し合いの持ち方は適切か	単なる打合せで終わっている	進行の見直し，参加型評価の継続
	「みんなdeライブ」を続けていいのか	参加者も増えて楽しんでいる	続行する

注：「みんなdeライブ」はメンバーが自発的に音楽や余興を行うイベントのこと.

ート」についてメンバーから「スタッフの業務を邪魔していないか」という評価設問に対し，スタッフから「そのような心配があったとは意外だった」とセンター業務の1つに相談業務が位置付けられることを説明する場面や，「楽しみ・行事」に関しては「毎年，やることが決まっているが，本当にやりたいことの意見が出せているのか」という評価設問とともに，具体的にやりたいことが出され，スタッフは「こんなに，やりたいことがあるとは知らなかった」と驚く場面もあった．壁面一杯になった評価設問はカテゴリー分けをしてまとめた．

⑤ **改善策と必要なデータ収集について検討する**

評価設問を話し合うことで，参加者がそれぞれの立場でどのように考えていたのかについて，スタッフとメンバー間の相互理解が進み，具体的な改善策と必要なデータ収集についても積極的な意見が出された．評価設問と改善策についてまとめたものが表5-3である．

(4) **改善と行動のセオリー評価：第2回目～第5回目**

改善と行動のサイクル（第2回～第4回参加型評価）

第2回以降は，毎回，参加者の入れ替わりはあるが，評価活動の内容はその都度，センター内に周知されているので，初めての参加者がいてもスムーズに

進行することができた．参加型評価の経験者が設営や備品の準備，初めて参加するメンバーへのサポートなどを自発的に行ってくれるようになり，メンバーの主体性が高まっていることを感じた．各回の流れは，最初に，前回の評価で決定した改善案や行動計画の実施状況の確認と再評価を行い，継続，見直し，中止，調査などについての話し合いを行ってから，別の新たな評価項目について評価を行うという流れである．

　第2回の参加型評価では，第1回の評価で出された改善案の実行状況と結果についての再評価を行った．また，残されていた評価項目の「仕事」，「社会への啓もう」，「日課・月課」についても，3回目以降に，順次評価を継続していくことで，「改善と行動」のサイクルができあがり，自発的にアンケート調査票の作成の実施や，ファシリテーターが作成していた参加型評価のまとめも，後半はセンターで速やかに作成してくれるまでになった．第2回から第4回までの評価項目と改善案の再評価の流れを表5-4にまとめた．

最も重大な変化の物語（第5回参加型評価）

　第5回は全ての評価と改善策実施後の再評価が終了する節目だったので，この2年間，参加型評価を体験してきたことによる変化を振り返るために，「最も重大な変化の物語（Most Significant Change: MSC）」を一部取り入れることにした．MSC評価とは，リック・デイビースによって考案された参加型モニタリング・評価手法である．その現場や組織にとって「最も重大な変化の物語」を10のステップを踏んで選ぶのだが，その過程において，なぜそれが大事なのかという組織内の価値観についての議論や，それを裏付けるためのデータ分析を行う必要性などから関係者への学習効果が高く，国際NGOで活用されている手法である［田中 2014: 61-77］．第5回の参加型評価では，センターにおける「最も重大な変化の物語」を選ぶことまではせず，各個人が自分にとってどのような変化をもたらしたのかを省察することを主な目的とした．

　参加者からは，「機関紙を2号出すことができた」，「スポーツ大会で4位になった」，「病気が増えてやっと作業所に来ている」，「自分にとってどれくらい日常働けるのか判断基準になった」，「ゆっくり病気を治していきたいと思った」，「病気と上手に付き合いながら，センターに来て仕事ができるようになった」，「色々なことにチャレンジする2年間だった」，「チャレンジすること，行動力，アイディアが出た」，「協調性が高まった」，「日常の当たり前の事が面白

表 5-4 改善と行動のサイクル

【評価項目】最初の評価	改善策 →	再評価と改善策 →	再評価と改善策
【サポート】第1回	・相談予約票を作成（相談予約箱） ・奥の部屋と電話で対応可能 ・相談業務のことをもっとアピール	・利用は少ないがニーズはあるので継続 ・電話の相談が多い ・半年に一度の定期的な面談（全員と）	・メンバーがサポートしあうようになっている.
【楽しみ・行事】第1回	・メンバーに行事のニーズ調査 ・進行の見直し・参加型評価継続	・ミーティングで聞いたニーズを反映 ・参加できないメンバーへプリントで募集 ・進め方が良くなり，意見が出ている	・意見やアイディアを書いておける「ご意見ノート」の設置 ⇒ミーティングでも活用する
【仕事】第2回	・PC作業チームが手伝ってほしい項目をつくって負担軽減 ・希望の仕事を調査する	・負担のない形でPC教室をやってみる会 ・仕事の希望がたくさんあることがわかった ・「お仕事ボード」を作って，自分の状況でできる仕事にしるしをつける	・目標は年賀状作成，4回開催し10人以上参加 ⇒現在「お休み」 ・「お仕事ボード」は使いづらいので中止 ⇒体調や状況をつける「今日のわたし」
【社会への啓もう】第3回	・交流をする（地域，イベントなど） ・機関誌にメンバーの声を入れる ・自分にチャレンジする	・フリマで地域交流ができた ・他事業所との交流ができた ・機関誌を発行し，現在も順調に作成中 ・1人ひとりがチャレンジしたことを発表	自分へのチャレンジ最も重大な変化の物語（第5回）
【日課・月課】第4回	・昼礼の進行とみそ汁当番の「おためし自己申告当番カレンダー」作成 ・「おみくじ掃除当番」で平等な担当	・「仕事」の改善案で出された「今日のわたし」は必要とするメンバーが活用する ・昼礼の進行は「カレンダー」が効果的 ・みそ汁当番も平等に担当するために「おみくじ」の中に投入する	・「楽しみ・行事」の改善策で出された「ご意見ノート」は存在を知らないメンバーが多いことがわかった ⇒「ウキウキご意見ノート」として再設置してアピールする

くなった」などが出された．なぜ，その変化の物語が最も重大なのかという理由について話し合い共有するまではできなかったが，参加者が「最も重大な変化の物語」という意識をもってこの2年間を振り返ることは意味があったものと思われる．

(5) 解決志向アプローチによるセオリー評価…第6回参加型評価

第5回目の参加型評価までは半年毎のペースで行ってきたが，第6回目は約1年ぶりの開催であった．3年間行ってきたなかで意見やアイディアも進化しているので，改めて参加型評価をすることを目的に優先順位を決め，今回，1位になった「仕事」について，これまでの成果と改善したい点を出していった．しかし，これまで評価を重ねてきたためか，仕事に関する作業や活動内容が出されただけで活発な対話の場面にはならなかった．そこで，より強く，将来の目標（長期的アウトカム・インパクト）がイメージされ，行動が起こされることをねらいとして「解決志向アプローチ」を取入れたセオリー評価を導入することとした．

まず，参加者に，一般的な問題解決方法は，問題の要因や原因を特定して「問題の壁」を超えるための方法を考えるものであるが，「解決志向アプローチ」は，既に「問題の壁」を越えた具体的な解決像をイメージし，どのように超えたのだろうと未来から考える方法で，そのために参加者やセンターの持っているリソース（資源：人，経験，今までの活動など全て）を見つけ，解決のために何が「役立ったのか」を考えていくポジティブなアプローチであることを説明し，参加型評価に取り入れることの同意を得た．

第1回参加型評価で作成したロジックモデルの中から「これからどうなるだろう（インパクト）」で出された内容を思いだしてもらい，その実現のために，まずは1年後のセンターを想像していった．最初は，戸惑っている様子もあったが，「こんなのは無理かなと思わないで，頭を柔らかくして」と声をかけているうちに，どんどん未来への想像が膨らんでいき，そのために役立つ方法や豊かなアイディアが活発に出るようになった．

参加者から出された1年後のセンターの様子をカテゴリーに分けると，「フリーマーケット（フリマ）：日常的にフリマの受入・販売ができてお客さんが押し寄せている」，「パソコン作業：ある程度みんなが操作できるようになっていて，パソコンがサクサク動いている」，「サポートシステム：みんなで支えあい

それぞれのいいところを活かしてセンターが回せるようになっている」，「海外支援：協力者が現れて海外支援ができてマスコミに注目をあびている」であった．実現不可能と思われるようなことでも，前向きに一歩進めるため役立つリソースを見つけることができた．たとえば，フリマの時はとても忙しいが，それぞれの役割を越えて気づいた人が声をかけあってサポートできていることから，理想のサポートシステムを「フリマモデル」と名付けられた．また，日常的なフリマの受入・販売のために，これまでの経験から曜日ごとに種別の限定販売をすることが決まり，さっそく実行に移すことに決まったが，話のなかで「フレンドビル構想」まで飛び出し，まずは，設計図を作成することとなった．ロジックモデルにおけるインパクトを解決像ととらえ，そのためのリソースを見つけるために「いいとこさがし」を企画するという流れになり，次回の参加型評価は，半年後に開催することが決定された．

3 参加者による参加型評価の評価

(1) 第1回終了時におけるディスカッションから
始めての参加型評価を体験した感想
　第1回の参加型評価終了後にディスカッション形式でふり返りを行い，その場で出された意見を内容ごとに分類すると「評価結果の所有者意識」，「安心の場における"対話"促進」，「ロジックモデルによるプログラムの理解と事業改善への意識」，「ファシリテーション」となった．
　地域で生活をする当事者の仲間作りや居場所的な意味合いが強いことから，なんとなく漠然と利用していたメンバーが，ロジックモデルを作成することでプログラム理解が深まり，同時にセンターをもっとよくして行こうという事業改善への意識が生じたことがわかる．また，それは，スタッフやボランティアの意識を変容することにもなっている．メンバーの主体性や積極性をまのあたりに実感し，さらにいいセンターとするために協働で取り組んで行くための明確な方向性をこの参加型評価の体験で掴んだと言える（表5-5）．

(2) アンケート調査結果から
参加型評価の運営
　第2回から毎回，参加型評価終了後に運営に関するアンケートをとった．

第5章　福祉サービスを利用する当事者の主体性促進と事業改善　115

表5-5　第1回参加型評価終了時におけるディスカッションから

振り返りカテゴリー	参加者の意見から
評価結果の所有者意識	・数値やグラフなどで表された基礎データを確認することは，非常に具体性があり，センターや自分たちの状況を知る上で参考になった． ・自分たちの情報をこのような形で知る機会がなかったことに改めて気付いた．
安心の場における「対話」促進	・最初に，皆で約束ごとを決めて安心の場をつくることができたので，スムーズに参加することができた． ・最初は評価と聞いて，難しいのではないかと緊張や不安があったが，リラックスできる雰囲気で進められ，評価に参加する意味がわかってくると楽しくなった． ・こんなに意見を言えた経験はなかったので自分でも驚いた（メンバー）． ・メンバーがこんなにたくさんの意見を持っていることに驚いた（スタッフ）． ・今まで，なんとなく不満に思っていたことや，言いだせなかったことが，皆で意見を出して合意しながら進めることができた．
ロジックモデルによるプログラム理解と事業改善への意識	・やってきたことと今の状態，そして将来の構図がわかった． ・今までなんとなく利用していたところや，漠然としていたことが，はっきりわかって良かった． ・将来，どうなりたいかを考えると，逆に，今をどうしたらよいのかの案を考えることができる． ・活動の意味や内容が明確になり，今後のことを前向きに考えようと思った． ・皆で意見を出し合って決めていくのでいいセンターになりそうだと思った． ・センターをより良くしていくために，年間計画に入れて定期的に行っていきたい．
ファシリテーション	・参加型評価の進行は，段階を経て進むので理解しやすかった． ・紙（付箋）に書くことで自分の意見を表現しやすくなった． ・参加型評価の進め方を体験して，普段のミーティングの参考になった． ・今日，出された意見や改善案について，具体的にどうしたらよいか継続的に進めていく方向性がわかった．

「時間の長さ」については，ほとんどの参加者が「ちょうど良い」と答えているが，集中を持続できないメンバーや途中でリタイアしたメンバーもいるので「休憩を増やすか時間を短くしては」という意見もあった．「進め方」についてもほとんどが「わかりやすい」と回答，「意見を言うことができたか」は，メンバーのほとんどが「とても言いやすい」と回答しているが，ボランティアからは「ボランティアの立場で遠慮があった」という回答もでている．また「よそいき発言」，「マイナス面の意見が少ない」などの回答もあった．

表5-6 利用者満足度とリカバリーの変化

	適用前	第2回	第3回	第4回	第5回	第6回
利用者満足度	22.1	25.7	25.6	24.0	24.7	25.0
リカバリー評価	82.9	91.2	85.1	89.0	91.9	89.7

　自由記述には,「参加型評価そのものが有意義なものだと思う」,「自分を見直すのに役だっている」,「いろいろな意見を聞くことによって自分の考え方の勉強になり,見方が変わることもあった」,「自分の意見が役立ち反映されるとうれしい」,「改善に出た意見を実際にやっていく事の柔軟な発想,行動力の維持が難しい(スタッフ)」,「自分力が高くなっており,目標やチャレンジなどの気持ちが強くなった(スタッフ)」,「このような場をまた設け,家族の方も加わった交流の場があると良いと思う(初参加のメンバー)」などが出されている.

　参加型評価の運営は参加者の背景によってさまざまな配慮が必要であるが,一番の課題は時間の長さである.第2回からは昼休憩を抜かすと実質3時間で定着しているが,参加者の様子を見ながら小休憩を入れ時間配分を考えて進めていくファシリテーターの役割が重要になってくる.

利用者満足度とリカバリーの変化

　参加型評価の適用による利用者満足度とリカバリー評価の変化を確認するために,適用前と第2回以降終了時に毎回調査を行った.その結果,利用者満足度は最高得点が32点満点で,評価導入前22.1から,第6回終了後は25.0に上昇している.また,リカバリー度の合計は最高得点120点で,導入前82.9から第6回終了後は89.7と上昇している.各回の変化を見るとそれぞれ上昇下降のばらつきがあるが,ゆるやかな改善傾向と捉えることができるのではないかと思う(表5-6).

参加型評価による主体性と事業改善(第6回終了時調査)

　参加型評価適用から3年が経過した第6回の評価終了時に,参加者(メンバー10名,スタッフ・ボランティア6名)を対象に主体性促進と事業改善に関する調査を行った.それぞれの質問に対して「とてもそう思う」,「どちらかと言えばそう思う」,「あまりそう思わない」,「全くそう思わない」,「変わらない」の5点リカート・スケールで回答をもとめ,その平均値をとった.その結果,メン

表5-7 参加型評価による主体性促進と事業改善

	利用者 n=10	スタッフ・ ボランティア n=6	参加者 全員 n=16
1. 自分の意見がセンターの運営に活かされるようになる	4.1	3.5	4.1
2. 利用しているセンターへの愛着が深まる	4.3	4.3	4.3
3. 利用しているセンターをもっと良くしたいと考えるようになる	4.4	4.7	4.5
4. 自分に自信を持つことができるようになる	3.8	3.7	3.8
5. 自分以外の人々の考えを受け止めることができるようになる	3.9	4.7	4.2
6. 利用しているセンターの社会的役割が明確になる	3.7	4.7	4.1
7. 利用しているセンターの運営が改善される	3.6	4.0	3.8

バーとスタッフ側共に4.0を超えたものは「利用しているセンターへの愛着が深まる」と「利用しているセンターをもっと良くしたいと考えるようになる」であった．両者に開きがあってメンバーが4.0を超えたものは「自分の意見がセンターの運営に活かされるようになる（4.1）」で，スタッフ側が4.0を超えたものは「自分以外の人の考えを受け止めることができるようになる（4.2）」，「利用しているセンターの社会的役割が明確になる（4.1）」，「利用しているセンターの運営が改善される（4.0）」であった．

この結果から，参加型評価を継続することによってプログラム（センター）への愛着と改善の欲求が高まることが明らかになった．「センターの社会的役割が明確になる」にスタッフ側で高い値を示したのは，地域活動支援センターの存在価値を示すことへの期待感の表れであるとも言える．また，メンバーにとっては，自分の意見がセンター運営に反映されるということが自分自身の存在が認められるという意識につながり主体的な取り組みを促進していくものと考えられる（表5-7）．

4 福祉サービスへの参加型評価に対する期待と課題

(1) 活用の利点

「平場の対話」における建設的なプロセス

本事例における参加型評価の継続的実践から，評価という活動をサービスの提供者と利用者が共有することによってさまざまな肯定的変化をもたらすことがわかった．社会福祉サービスの多くが利用型へと転換されたといえ，依然と

してサービスを提供する側と受ける側には歴然とした段差がある．その両者が同じ空間において評価プロセスを活用することで，その段差が外れ「平場の対話」が可能となる．言い換えれば「平場の対話」があることで民主的な評価プロセスの活用が可能となるのである．つまり，サービス提供側は利用者から出される意見や要望，不満などに対して，「改善のためのリソースを持っている人」と対等な関係によって受け止められること，サービス利用者側はサービス改善の責任を自分も持っているとの認識で意見を表明できることである．対立ではなく，お互いの視点や価値観に歩み寄る建設的なプロセスの構築を可能とする前提である．

主体性の促進と事業改善

事業所や支援者によって考案し用意されたプログラムを漫然と利用者が受けるのではなく，利用者が自分のこととして主体的にプログラムに関わろうという意識が高まったと言える．ロジックモデルによって自分たちの活動とアウトカムの流れを確認し，改善に向けての具体的な行動を起こすことで，結果的に事業改善も促進されることになる．事業改善に自分自身が貢献しているという実感は，さらに主体性を促進させることへと連動するのである．

キャパシティ・ビルディングとエンパワーメント

伝統的な福祉サービスでは，福祉サービス提供側のキャパシティ・ビルディングが利用者結果に反映するという考え方が主流で，利用者はその恩恵を受ける受身的な存在であった．しかし，参加型評価では，福祉サービスの評価に利用者も参加することで評価スキルや対人関係，生活上のスキルなど多くのことを学習することから，福祉サービスの提供側だけでなく利用者を巻き込んだキャパシティ・ビルディングとなり，その連動として参加者の主体性とエンパワーメントが促進されていくのである．

(2) **今後の課題**

代表性の問題

参加型評価でよく課題としてあげられることの1つに誰が参加するのかという「代表性」の問題がある［源 2008: 95-112］．本事例の場合はセンターの規模が登録30人程度で小規模なことから，センター内への告知によって参加希望者

を募る形をとった．一応，全員参加のようであるが，手挙げ方式の場合，声が大きく活動的な利用者が積極的に参加する傾向があり，声を出すことが苦手な利用者や他人の中に入ることを好まない利用者の意見を反映することができないということから，参加者に偏りが生じる結果となっている．サービス事業所やプログラムが大規模で利用者数が多人数の場合も含めて，どのように参加者を決めるのか，選ばれた参加者はどのように代表性を行使するのか，などについて考えていく必要がある．

参加者への合理的配慮

福祉サービスの利用者はさまざまな背景を有しており，障害を理由に困難を感じることのないよう合理的配慮が求められる．本事例の利用者は精神に障害を持つ人々で，気分の波や集中力などへの配慮が必要となる場合もあり，所要時間，休憩，水分補給などの希望について当事者に確認しながら行った．高齢者，知的障害，発達障害，身体障害などの特性に応じて最も適切な方法やツールまたはマンパワーを活用して「対話」を促進して行かなければならない．たとえば，聴覚障害者が参加されている場合には付箋の活用に加えてノートテイクや手話通訳者の配置などが考えられる．また，認知機能や知的に障害を持つ場合の意思表明や決定に対しては権利擁護する「代弁（アドボカシー）」機能が求められるであろう．本当に必要なことは何か，参加型評価の設計段階から当事者あるいは支援者に関わってもらうことが望まれる．

おわりに

福祉サービスへの参加型評価の利点と課題を1つの事例のみで断定することはできないが，継続的に関わってきた筆者の率直な感想は，参加型評価を可能とする開かれた組織文化であるかどうかが問われるということである．なぜなら，参加型評価を可能とするような福祉サービス事業所や福祉施設の組織文化は「対話的なスペース」が実現しているということを意味するからである．時間の制約や参加性の問題など超えるべき課題はあるが，それよりも「対話」が可能なのかどうかであって，福祉サービスの利用者が主体的に評価に関わることができる参加型評価は福祉サービスの改善に役立つ評価手法の1つであり，さらに活用されていくことを願っている．

第 6 章

行動変容につながる学びと評価を考える
───── ESD プログラムの一事例から ─────

上原 有紀子

はじめに

　何気ない毎日の行動に気付きと変容をもたらすような学習プログラム──たとえば，日常生活の中で気候変動問題に配慮したさまざまな行動を促すことを目指した学習プログラム──で学んだ者について，学びの成果を評価するためには，どのような手法が適するか．言い換えれば，そのプログラムで学んだ者が実際の生活の中でその学びを生かした行動をとっているかどうかを，プログラムの提供者はどうやって把握できるだろうか．

　このような問題意識のもと，ある ESD（Education for Sustainable Development: 持続可能な開発のための教育）プログラムについて，参加型手法（participatory approach）を用いて答えを模索した 1 つの事例を本章では紹介したい．

　ESD とは，世界的規模で複雑に関連する課題を，各個人が身近な課題を入り口に自分ごととして捉え，これらの課題の解決に向けて望ましい行動変容を起こすように促し，持続可能な社会の担い手づくりを目指す教育や学習活動のことである．本章の冒頭に挙げた環境配慮行動を促す学習プログラムもその一例である．

　ESD の課題は気候変動問題に限らない．防災，生活基盤の持続可能性，生物多様性の保全，貧困の削減等，さまざまなものがある．また，地域的・文化的な背景に応じて優先課題も異なる．しかし，多様な入り口に関わらず，これらの課題は，不確実性や複雑さ，そして各課題が相互に深く絡み合っているという共通の特徴を持つ［UNESCO 2014: 20］．

　そのため，こうした課題に取り組み，持続可能な社会の構築を目指す ESD においては，学習者がエンパワーされて望ましい行動に駆られるように，他者とともに代替案を思考する（critical thinking），未来の状況を想像する，または

物事を決めるといった，参加型手法による教育や学習方法が必要とされている［UNESCO 2014: 20；上原 2014: 67-68］．

　この ESD が目指す成果，すなわち，学習者における望ましい行動変容が起こったかどうかを評価する上でも着目したのが参加型手法である．参加型評価の大きな特徴として，評価プロセスが学習プロセスとして作用し，利害関係者の意識，態度，行動変容につながるとの指摘がある［源 2008: 102］．この手法における「参加」の意味合いは，その手法を用いて行う何らかの取り組みにおいて，関係者が主体的に関わることにより，その取り組みの過程でエンパワーされることであるともいわれる［Chambers 1995: 30］．つまり，ある ESD プログラムについて参加型手法を用いて評価する際，同プログラムの関係者が評価に主体的に関わり，望ましい行動変容がもたらされたかを自分たちで確認し，自信を得るといった，エンパワーされるような学習過程を伴うとすれば，そのことにより，さらなる行動変容（あるいは望ましい行動の定着）につながる効果もあり得るのではないかと推測した．

　なお，この事例は，筆者が2007年2月下旬から3月上旬にかけて英国イングランドの南東部，ブライトンにある NGO を対象に行った調査であり[1]，事例の背景は，主に当時のイングランドの政策的・社会的文脈に基づく．

1　ESD 評価の特徴と参加型手法への期待

(1) ESD 評価の特徴

概　況

　ESD は，2005年から「国連持続可能な開発のための教育の10年」（国連 ESD の10年）というユネスコを主導機関とした国連のキャンペーンのもと，世界各地で推進されてきた［上原 2009，2014］．この国連 ESD の10年という枠組みにおける進捗状況を測定するために，欧州やアジア太平洋地域といった地域レベルでの評価指標の検討や，各国における ESD の評価手法の検討も進められてきた．

　こうした中，イングランドでは，1998年には『学校における ESD』［SDE Panel 1998］という報告書が専門家パネルから当時の教育雇用省（DFEE）および資格・教育課程総局（QCA）に提出されるなど，各国に先駆けて ESD 推進の動きが見られた．2005年の時点では，既に次のような指摘もされていた．小

中学校におけるESDは，ある個別の科目というより，カリキュラムのさまざまな部分を通じて行われており，学校におけるESDの学習とはどの部分なのかを特定するのが難しいこと，学校におけるESDの提供にNGOをはじめとする外部機関の関与の重要性が見受けられることなどである［Mason 2005: 4, 20-21］．しかし，NGOの貢献の重要性が指摘されながらも，その具体的な評価については，測定可能な数値による成果（outcome）を測る特定の事例が散見される程度であった［Mason 2005: 21-22］．

また，イングランドでESD推進により目指されていたものは，2003年，当時の教育技能省（Department for Education and Skills: DfES）による最初のESD実施計画の第一目標に次のように明示されていた．「全ての学習者は，より持続可能な社会の形成における行動的な市民（active citizen）になるための技能，知識及び価値基盤を育てる」［DfES 2003: 7］．つまり，望ましい行動変容をもたらすような学習が求められている．

この時点では，NGOの貢献に期待が寄せられつつも，NGOが提供するESDプログラムに焦点を当て，目指す目標，すなわち，学習者が望ましい行動変容を起こすに至ったかどうかを評価する事例は見当たらず，まだそれを検証出来ていない状況に見受けられた．

アクションリサーチ・アプローチ

イングランドの政府で当時検討されていたESDの評価指標は，主に学校教育（初等・中等教育レベル）を対象としたものである．教育機関レベル（institutional level）の指標開発の必要性を求める提言が2006年，持続可能な開発委員会（SDC）から当時の教育技能省（DfES）および環境・食料・農村地域省（Defra）に提出された［SDC 2006］．

この提言に至る過程で参考にされた報告書やワークショップでの議論を見てみると，指標の開発におけるアクションリサーチ・アプローチが専門家の間では圧倒的な支持を得ていたことがわかる［Huckle 2006a: 2］．アクションリサーチは，異なる学問分野ごとに，発展の背景となる理由や経緯が異なることから，1つの定義づけは難しいとされるが［草郷 2007: 254］，当時のイングランド政府のESDコンサルタントを務めたハックル［Huckle 2006b］の説明を借りれば，アクションリサーチとは，社会学習またはコミュニティ学習の一形式であるという．それは，活動と振り返りのサイクルを通じて，学習者自らが，より持続

可能な社会を創り出す社会的共同体に所属する上で役立つような，知識，技能そして価値観を，評価し改善することができるものであり，ESD活動自体の中に成立しやすいという．また，共同体の課題解決と同時に共同体における人々の関わり合いの促進と市民活動の改善を目指すような，行動志向型の学習活動の一部分として，学習者自身が持続可能な開発の評価指標を議論して作り出すことや利用することが含まれ得るという［Huckle 2006b: 10］．

　さらに，このアプローチで開発される評価指標については，学習者個人よりも学校レベルを対象にすべきであることや，ノンフォーマル（正規の教育課程外）の場にも汎用性があることも指摘されていた．そもそもこのアプローチが支持を得た理由としては，学習内容よりもプロセス自体が，教えることよりも学ぶことが重視され，持続可能な開発に関する特定の課題を学習するプロセスにおいて，関連するスキルや知識または価値観が生まれる点が挙げられている［Huckle 2006a: 3-5］．

　これらの論点を踏まえると，正規の教育課程外でNGOが提供するESDプログラムを評価する場合でも，学習者による学びと振り返りのプロセス自体が評価指標の開発や評価活動自体になるようなプロセス，つまり，学習と評価が一体となったプロセスが有効であろうと考えられた．

(2) 参加型手法への期待

　評価プロセス＝学習プロセスとなるような評価といえば，想起されるのは参加型手法による評価である．参加型評価のさまざまな類型の特徴を整理した源［2008］は，それらの共通の定義として，「利害関係者が評価活動に関わる評価」および「評価プロセスを活用して改善・変革を促す評価」の2点を挙げるとともに，参加型評価の特徴を「評価プロセスが利害関係者の学習過程として作用し，それをとおして評価対象の改善や利害関係者自身の変革をめざすものである」としている［源 2008: 99, 108］．

　アフリカ，アジア各地の農村開発において，参加型手法による実践と研究（評価も含む）を蓄積してきたチェンバース［Chambers 1995; 2008］によれば，この手法における「参加」とは，関係者がその過程でエンパワーされることである．たとえば，ある地域開発プロジェクトを参加型手法で行うとすれば，地域住民が自分たちでニーズ分析をし，指示を出し，自信を得ることができるような，彼らがエンパワーされる過程を伴う［Chambers 1995: 30］．

そして参加型手法を用いるときポイントとなるのは、その活動の主催者の役割であるという。すなわち主催者は、計画し、指示を出し、技術を移転し、統括する立場ではなく、会議を招集し（convening）、うまく進め（facilitating）、人々が必要としていることを探し求め（searching for what people need）、支援する（supporting）立場へ、教師ではなく、学びのファシリテーター（facilitators of learning）になる［Chambers 1995: 34］。こうした参加型手法では、理論は実践の積み重ねの中に暗示され、実践とともに進化するものとされ［Chambers 2008: 89］、まずは実践することが奨励されていた[2]。

これらの観点から、あるNGOが提供するESDプログラムについて、評価プロセスが学習プロセスになるような評価を、筆者がファシリテーターとなり、当該プログラム関係者とともに、その関係者が評価の過程で自信を得られるような流れで作り出すことが出来れば、そのプロセスをとおしてESDプログラムが目指す学習成果、すなわち、学習者における望ましい行動変容をさらに促す可能性もあるのではないかと考えた。

2　事例：ESDプログラムにおける学習成果の評価

(1)　ブライトン平和環境センターとは

調査の対象としたNGOは、ブライトン平和環境センター（Brighton Peace & Environment Centre: BPEC）である。1982年に核軍縮を支援する地域の人々やクエーカー教徒らが、「平和を我らに（Give Peace a Chance）」という店舗（shop）を構えたのが活動の始まりであった。1985年からは現在の団体名称を掲げ、1996年には、英国開発教育協会の支部組織（開発教育センター）としての地位を得て、地域の教員や学校における地球規模の持続可能性に関するテーマ学習（どのように地球規模に考えて地域的に行動するか）を支援してきた［BPEC undated］。つまりBPECは、ブライトンの地域においてESDを提供する代表的なNGOの1つと見なすことができる団体（写真6-1）であった。

(2)　評価ニーズの発掘

評価対象の決定：Go Green Eco After School Clubでの学習成果を評価する

特定のESDプログラムとして焦点を当てたのは、BPECのスタッフによって考案された小学校向けの放課後クラブ、"Go Green Eco After School Club"

第6章 行動変容につながる学びと評価を考える　　125

写真6‐1　Brighton Peace & Environment Centre の入り口
出所：2007年2月筆者撮影．

（以下，Go Green という）である．その内容は，気候変動に関連するさまざまな環境問題を主題とし，実用的で双方向的な学習活動を通じて，参加する子どもたちが環境的に責任ある行動をとるようになることを目的に掲げている．週に1回，1時間の学習活動を6週間にわたり行うこととし，5回目までは各主題の学習活動を行い，6回目には，全校集会での発表準備をする．そして，6週間の学習の後，全校集会では，Go Green に参加した子どもたちが学習成果を発表することを通じて，学校全体の子どもたちに環境的に責任ある行動を促すこととされ，Go Green に参加しない子どもたちへの波及効果も目指す構成になっていた（表6‐1参照）．

この Go Green は，筆者が調査に入った2週間の間に，ちょうど第4週目と5週目に当たることとなっていたため，その学習時間を使って何らかの評価を試みることができるプログラムであった．また，この Go Green は，地域の子ども・若者支援の団体からの助成金を得て企画されており，BPEC の当時の事務局長マレイケ（Engels, M.）は，この助成団体への報告のために何らかの評価を実施する必要があると認識していた．ただし，筆者が BPEC に関与する時点で具体的な評価手法は未定であった．こうした状況のもと，Go Green を評価対象プログラムとすることは，マレイケとの相談で簡単に決まった（全体の流れは図6‐1参照）．

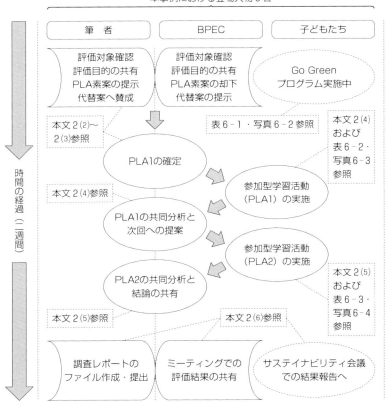

図 6-1　Go Green Eco After School Club プログラム評価全体の見取り図

評価目的の共有

　評価の目的については，助成団体への報告義務の観点を評価の第一目的とする手もあった．しかし，マレイケと評価手法についての相談を始めたところ，Go Green を開発した BPEC スタッフとしては，自分たちが考案した ESD プログラムで学んだ子どもたちが果たして目的に掲げたような環境的に責任ある行動をとるようになっているのかを知りたい，という自己評価ニーズとも言えるものがあることも見えてきた．その点は，筆者自身の調査ニーズ，すなわち，ある ESD プログラムが子どもたちに望ましい行動変容をもたらしているのかどうかを評価したい，という思惑とも重なった．このため，Go Green を対象

に，そのプログラムで学んだ子どもたちが望ましい行動変容を起こしているかどうかを確認し，プログラムの有用性をうまく把握できればそれを助成団体への報告のための評価にも使う，というようなことを今回の評価の目的として共有した．つまり，結果的に筆者は，外部の評価アドバイザーのような役割で，BEPCスタッフ自身における潜在的な評価ニーズの掘り起こしにも関与したと言える．

(3) 評価手法の考案プロセス
素案の却下

筆者がマレイケに対して提案した評価ツールとしての参加型学習活動（Participatory Learning Activity: PLA）（案）は，当時の指導教官の先行研究［Croft 2002］に着想を得るとともに，英国国際開発庁による調査枠組み（KABP framework：人はある知識（Knowledge）を身に付けると，その知識が彼らの態度（Attitude）に影響を及ぼし，それらが行動（Behaviour/Practice）につながる，という仮説に基づく枠組み）を参考に立案した［DFID 2005: 12-13; 22-23］．大まかな流れは次のとおりである．まず，学習者にGo Greenで学んだ知識を問うために，次の2つの質問「1．気候変動を防ぐために1人で何ができますか？」「2．気候変動を防ぐために他の人と一緒に何ができますか？」と，それぞれの質問への回答欄を設けた紙を学習者に配布し，各人のアイディアを書き出してもらう．次に，各人のアイディアについて皆で話し合ってもらい，皆が賛同できるアイディアをポストイットに書き，大きな紙に貼っていく．その際，アイディアは，左側に縦一列になるように1つずつ貼り，右側にスペースを設けておくようにして，同じ物を2セット作成する．それらを教室の壁など皆がよく見える場所に掲示し，投票を行う場と見なして，2回の投票を行う．まず1回目の投票は，より大事だと思うアイディアを上位3つ，選んでもらう（そのアイディアの横にシールを貼る）．2回目の投票では，実際に行動に移しているアイディア（複数の場合は上位3つまで）を選び，1回目と同様にシールを貼ってもらう．全員の投票が終了したら，皆で2回の投票結果を比べたり，各自が1人で最初に書いたアイディアと比べたりして話し合う．ここまでを，全体として45〜60分で行う想定とした．なお可能であれば，事前に学習者に，この参加型学習活動（PLA）は，Go Greenクラブ活動の改善のための評価として行うことを説明し，かつ，このPLAを通じて得られた知見等を参考に，2回目のPLAをBPEC

表6-1　GO GREEN ECO AFTER SCHOOL CLUB[*1]

	1. 気候変動	2. ご み	3. 水	4. エネルギー	5. 食べ物と運び方	6. 発表準備
	気候変動の原因、結果と可能な解決方法	私たちのごみと気候変動のつながり	節水することの大切さ	気候変動に関連してなぜエネルギー資源が問題となるのか？	食べ物のどのような運び方が気候変動問題に貢献するか？地域の食材の大切さ	
10-20分 イントロ	・Go Green Club の紹介（探検ブック、修了証） ・基本的なルールを決定 ・気候って何？ ・なぜそれが変動するの？その影響は？	・宝探し ・ごみは何のこと？（家庭用）ごみ処理機とは？ ・ごみの埋立て地とごみの問題	・ゆかいな牧場（Old McDonald had a farm）英語の童謡のメロディーのうた ・私たちは何のために水を使うの？ ・世界に広がる貴水の不足 ・気候変動が水に与える影響 ・水をきれいに保つことの必要性	・私たちのエネルギーはどこから来るの？ ・再生エネルギーと再生できないエネルギーの違いは何？ ・省エネルギーの大切	・食べ物のどこから来るの？ ・フードマイル（food miles）とは何？	・ホワイトボード上でのインタラクティブなゲーム－子ども用エコロジカルフットプリント
30-40分 メイン活動	・気候変動の原因、影響、可能な解決方法を話し合いながら、世界地図の大きなジグソーパズルをする。 ・ゲーム：ひなわりを加えた Stuck in the Mud	・リサイクル・リレー	・水についてのすごろくスタイルのレース	・省エネルギー・ポストカードを作ろう	・Giant floor：地図あそび ・キンダーエッグチョコの旅を発見てみよう	・子どもたちは好きなテーマを一つ選び プレゼンテーションの準備をする。
15分 全員で話し合い	・話し合いと振り返り	・ごみのリデュース、リユース、リサイクルの仕方を振り返る	・節水と水をきれいに保つ方法を振り返る	・省エネルギーの仕方を振り返る	・フードマイルの減らし方を振り返る	・（気候の木の）インタラクティブな ディスプレイを作る－学校の他の子どもたちも木の上でエコの情報を結びつけたりできるようにしておく。
5分：次週へ向けて宿題等	・グリーン探検ブックの表紙をリサイクル用品を見つけて飾る	・家でエネルギーを使う5つのことを見つけてくる	・自分の好きな食べ物がどこから来ているか何か食べ物の包み紙を持ってくる	・どのくらい頻繁に、なんのために水に使うか書く ↓[*2] ＋PLA1（参加型学習活動1）	・私たち環境への負荷を減らせる方法を5つ考え ↓[*2] ＋PLA2（参加型学習活動2）	

注：[*1] BPECスタッフ（ボランティアの大学院生も含む）により、イギリス環境食糧省（Defra）等の資料を参照して作られたプログラム。
[*2] 大学としたが、4回目と5回目のセッションの最後の5～10分のところで、当初の活動のかわりに参加型学習活動を組み込むこととした。

第 6 章　行動変容につながる学びと評価を考える　　*129*

写真 6-2　気候の木（Climate Tree）
注：Go Green の初回に子どもたちが参加して作った作品．赤い紙に気候変動の原因，青い紙に気候変動がもたらす影響，緑色の葉っぱの紙に，気候変動を防ぐ解決策が書かれている．大きな木の幹と芝生は，あらかじめ BPEC スタッフが白い大きな紙に書いて準備しておいたもの．
出所：2007年2月マレイケ撮影．

スタッフと企画して行うものとした．

　しかし，この案は，時間的に不可能であるとの理由で即座に却下された．Go Green は，既に全6回構成のプログラム（表6-1）として各回の内容も含めて学校に了承されており，45〜60分という，ほぼ1回分の時間をこのPLAに充てることは出来ないとのことであった．

　現場目線による軌道修正

　一方で，学習した子どもたちが，Go Green によってどの程度，行動を変えているのかを確かめたい，というプログラム考案者の立場から自身の評価ニーズに気付き始めたマレイケは，このPLAの当初案に興味を示した．そして，Go Green のプログラムでは，各回の最後の5分を予習または復習の時間に充

ているため，この時間帯に，PLA に類することはできるかもしれない，とし，次のような代替案を考えてくれた．

　時間短縮をすべく，アイディアを子どもたちに書き出してもらう想定であった部分を，Go Green の初回に子どもたちが皆で作った「気候の木（Climate Tree）」（写真 6‑2）というアートワークを思い出させながら（場合によっては，子どもたちにアイディアを言わせながら），BPEC スタッフが書き出すこととした．これを 5 分程度で行い，残りの 5 分程度で子どもたちにシールの投票をさせることとした．また，この PLA は BPEC スタッフが行い，子どもたちの投票結果を BPEC に持ち帰り，翌日以降に筆者とともにその結果を分析し，さらにその知見を元に，次週の企画をする流れとした．

(4) 評価の実施と分析

参加型学習活動（1 回目）の実施

　参加型学習活動（1 回目）（PLA1）は，Go Green で学んだ子どもたちが気候変動についての知識を得て，それによって態度や行動に変化をもたらしているかを振り返ってもらい，BPEC スタッフがその様子を把握するとともに，子どもたちに Go Green で学んだことを共有する機会を与えるという目的で行った（具体的な手順は表 6‑2 および写真 6‑3 を参照）．

実施結果の共有

　マレイケから筆者に PLA1 の主な結果として報告されたのは次の 5 点であった．

① 「リサイクル」「湯船の代わりにシャワーを使う」「歯磨きの間に水を出しっ放しにしない」の 3 つのアイディアは，子どもたちの態度と行動のそれぞれにおいて，また，「1 人で」と「誰かと一緒に」のいずれにおいても高い支持を得た．

② 「コンポスト（生ごみを堆肥へ）」というアイディアは，子どもたちの行動において，「誰かと一緒に」行うこととして，高い支持を得た．

③ 「（貯めておいた）雨水で植物に水をやる」は，庭師の母親を持つ女の子が態度と行動につき，「1 人で」「誰かと一緒に」の両方について投票した．もう 1 人，別の女の子は，態度について，「誰かと一緒に」行う

第 6 章　行動変容につながる学びと評価を考える　　*131*

表 6-2　参加型学習活動 1（PLA1）：シール投票の手順

1．目的

学習者が Go Green で学んだ気候変動についての知識，態度，行動を知るとともに，彼らに Go Green で学んだことを共有する機会を与える．

2．準備するもの

- 「気候変動を防ぐために 1 人で何ができる？」「気候変動を防ぐために誰かと一緒に何ができる？」という質問と，投票スペースを設けた大きな紙を 2 セット（写真 6-3 参照）．
- 1 人当たり12枚の丸いシール（男女に各 2 色を 6 枚ずつ）．
- BPEC スタッフが用いるマジック，紙を壁に掲示するテープなど．

3．手順

(1)　BPEC スタッフが「気候変動を防ぐための解決方法にはこんなことがありました．皆で気候の木の葉っぱに書いたよね？」と子どもたちに記憶の想起を促しながら，大きな紙の左側に，子どもたちが Go Green の初回に出したアイディアを書き出す．これをもう 1 枚の大きな紙にも写して 2 セット同じものを作る．

(2)　続いて 1 枚の大きな紙を皆の前に掲示し，「どの解決方法が大事だと思う？　そして自分 1 人でこれをすること？　それとも誰かと一緒にすることかな？　1 人でするのか誰かと一緒にするのか，それぞれ大事なことを 3 つまで選んで，そのアイディアの横にシールを貼ってみてね」と言って子どもたちに態度についての投票を促す．女の子は黄色のシールを 3 枚×2セット，男の子は赤のシールを 3 枚×2セットまで使って投票する．

(3)　続いて 2 枚目の大きな紙を皆の前に貼り出し，「どの解決方法を既にやってみたかな？」「1 人でやったかな？　他の人と一緒にやったかな？　実際にやったことにシールを貼ってね」と言って子どもたちに行動についての投票を促す．女の子は緑色のシールを 3 枚×2セット，男の子は青色のシールを 3 枚×2セットまで使って投票する．

2 回の投票を通じて，子どもたちは他の子どもたちの投票状況も知ることができる．スタッフは，2 枚の投票結果が貼られた大きな紙を BPEC に持ち帰る．

写真 6-3(1)　PLA1の 1 回目の投票結果　　写真 6-3(2)　PLA1の 2 回目の投票結果

注：左側のアイディアは BPEC スタッフによって子どもたちから引き出されたもの．
　　上から順に「コンポスト」「リサイクル」「湯船の代わりにシャワーを使う」「歯磨きをする間水を止める」「学校まで歩いて行く」「学校まで自転車で行く」「雨水で植物に水をやる」．
出所：2007年 2 月筆者撮影．

こととして投票した．
④ 参加した子ども8人（男2・女6）全員が，少なくとも4つの行動に投票した．
⑤ 参加した子ども全員が，以前の学習で「気候の木」にこれらのアイディアを書いたことを覚えていた．

共同分析と次回への提案

　これらの主な結果の報告を受けた後，さらに筆者からマレイケに，PLA1を実施するプロセスで気づいた点などについてもたずねたところ，まず，2度目の投票を子どもたちに促した際に予想外の混乱が見られた点が挙がった．子どもたちは，実際に行動していることをたずねた2度目の投票と大事であると思っていることをたずねた1度目の投票とどこが違うのかわからないという混乱を示したという．つまり，彼らにとっては，大事だと思うことと行動することが重なっていたのである．この混乱自体から，大事だと思う価値観と行動することとが結びついていることが読み取れる点を確認した．

　また，2回の投票結果に関する共通点，相違点などをともに確認したところ，「コンポスト」以外のアイディアについては，子どもたちの態度と行動に対する投票が一致しており，彼らの行動は，態度に支えられていると見受けられた一方，「コンポスト」は「誰かと一緒に」行動することとして高い支持を得たが，態度についてはあまり支持が得られていなかった．この点につき，「コンポスト」は，「リサイクル」とともに学校によって推進されており，特に「コンポスト」には，必要とされる器具もあることから，周りの大人の存在等が子どもたちの行動を促しているのかもしれないとマレイケが指摘した．

　なお，「雨水で植物に水をやる」というアイディアは，「気候の木」を作るときに庭師の母親を持つ子どもが出したものであったが，子どもたちにとってだけでなく，BPECスタッフにとっても新鮮な，（子どもの母親の知見に基づく）学びとなったアイディアであった点も，補足的に説明してくれた．

　最後に，次回のPLAにつながるような指摘もあった．子どもたちは投票に使ったシールが大好きで，この参加型学習活動に喜んで参加しているように見えた．このことは良い半面，子どもによっては，別の子どもに倣い，シールをただ貼りたいという理由で隣に並べて貼っていた子もいたように見えたという．次回は，投票箱を用意するなどして，他の子どもの投票結果が見えない工夫を

してみると良いかもしれないとのことであった.

(5) 2回目の評価の実施と分析
参加型学習活動（2回目）の実施

参加型学習活動（2回目）(PLA2) は，子どもたちに Go Green での学習経験に基づいた行動をとっているかどうかを確認してもらい，それを BPEC スタッフが把握するという目的で行った（具体的な手順は表6-3および写真6-4を参照）．

実施結果の共有

マレイケから筆者に PLA2 の主な結果として報告されたのは，次の3点であった．

① 「水を大事に使う」「電気を消す」ことを「1人で」，「地域の食品を買う」ことを「誰かと一緒に」行うことについては，参加した5人の子ども全員が実践していると答えた．
② 「コンピュータの電源を切る」「包装なしで食べ物を買う」ことを「誰かと一緒に」行うことも，5人中4人の子どもたちが実践していると答えた．
③ 参加した5人の子どもたち全員が Go Green で学んだ気候変動を防ぐアイディアをいくつか紙に書き出すことができた．

共同分析と結論

これらの主な結果の報告のあと，PLA1のときと同様，PLA2の実施プロセスにおける気づきなどについてマレイケにたずねたところ，PLA1の投票時に見られたような混乱はなく，今回は他の子どもたちの投票行動に影響されることなく各自による投票が行われたように見られたという点の指摘があった．

さらに，参加した5人の子どもたち全員が始めている「水を大事に使う」こと，「電気を消す」ことは，1人でできることであり，「地域の食品を買う」ことは，ブライトンの小学生の子どもたちにとっては親と一緒に行うのが自然であり，妥当な投票結果と思われるとの視点も共有した．

また，子どもたちは，投票箱から連想されるアイスクリームや投票に使ったポップコーンが食べたくなったというような気持ちを生き生きと表現しながら，

134　第Ⅱ部　参加型評価の実践

表6-3　参加型学習活動2（PLA2）：ポップコーン投票の手順

1．目的
学習者がGo Greenでの学習経験に基づく行動を確認し，スタッフがそれを把握する．
2．準備するもの*
・13個の投票箱．うち6個には「1人で」，6個には「誰かと一緒に」，1個には「余り（surplus）」とふたに表示する（オーガニック・アイスクリームの空き箱を使用）． ・1人当たり12回の投票に使う物（オーガニック・ポップコーンの種を使用）． ・学習者が用いるマジックと紙（葉っぱの形の紙を使用）．
3．手順
(1) BPECスタッフが子どもたちに，気候変動問題の解決策のアイディアを葉っぱの紙1枚に1つ書くようにお願いする．それらの重複を除き，6種類のアイディアを選ぶ． (2) あらかじめ用意した投票箱を，「1人で」「誰かと一緒に」各1個を一組にして，計6組にし，葉っぱの紙のアイディアを1つずつ添える． (3) 子どもたちにBPECスタッフが「もう既に何かやってみた？」と質問し，「もし1人でやっていたらこちらの箱，誰かと一緒にやったのならこちらの箱に投票してね」と説明して投票を促す．投票できずに手元に余ったポップコーンがあれば，「余り」の箱に入れてもらう． 投票が終わったらBPECスタッフが投票箱をそのまま持ち帰る．子どもたちは，投票により自分の行動を再確認できるが，他の子どもたちの投票状況をその場で正確に知ることはない．

注：*オーガニック食品の空き箱，葉っぱの形の紙などを用いたのは，Go Greenの学習内容に関連付けながら子どもたちが楽しく取り組める工夫をしたいというBPECスタッフとともに考案したことによる．

写真6-4(1)　PLA2で用いた投票箱　　　写真6-4(2)　PLA2の投票結果*

注：*投票結果は，BPECスタッフが事務所に持ち帰った投票箱を事後に開けて紙の上に整理して並べたもの．子どもたちが書いたアイディアは上から順に，①コンピュータの電源を切る，②水を大事に使う，③カーテンを閉める，④包装なしで食べ物を買う，⑤電気を消す，⑥地域の食品を買う．
出所：2007年2月筆者撮影．

PLA2に喜んで参加しているように見えたという．子どもたちの集中力を得るためにも，楽しさの演出は重要なポイントであることを再確認したという感想も聞かせてくれた．

　結論として，マレイケと筆者は，PLA2では，参加できた子どもたちが5人と少なかった点は残念であったものの，それらの全員がGo Greenで学んだ知識を書き出すことが出来たこと，3つのことを実践していると答えたこと（かつ，これら3つの実践は，前回のPLA1で導き出された，大事であると思う価値観に基づき実践していると見なせるであろうこと）を確認できた．これらのことから，BPECは，Go Greenのプログラムの実施によって，学習者が一定の知識と態度を身に付け，生活の中で望ましい行動を始めるようなESDを提供していると見なすことができるだろうという共通認識に達した．

(6) 評価結果の活用

BPEC スタッフへのフィードバック

　この2回にわたる参加型学習活動（PLA）を通じた評価については，マレイケからこのGo Green開発に携わった他のスタッフに，次週のミーティングの場において口頭で報告された．筆者が同席して確認した範囲では，子どもたちの行動変容につながる学びをもたらしているという評価結果について，スタッフが自信を得て，非常に喜んでいたのが印象的であった．さらに約1カ月後には，筆者がまとめた調査レポートをマレイケに電子ファイルで提出し，BPECの共有コンピュータに保存してスタッフ誰もが見られるようにするとともに，助成団体への報告等に自由に使ってもらえるようにした．

BPEC スタッフによる対外報告へ

　それから約半年後，2007年10月に，ブライトン・アンド・ホーヴ・シティが主催したサステイナビリティ会議のテーマがESDだったことから，BPECは，自分たちが地域に提供しているESDのケース・スタディとして，Go Greenプログラムについて報告する機会を得た．PLAを用いた今回の事例は，そのGo Greenプログラムの評価をどのようにしているか，という部分に写真を用いて使われている［Wallis 2007: 44］．この会議は，PLAを実施する際に想定していなかったものであるが，一定の評価結果が得られていたため，適切なタイミングで自信を持ってそれを活用することができた，と言うことになろう．

なお，この会議の開催については，ユネスコ英国国内委員会が2008年5月にまとめた ESD の実施状況調査において，イングランド南東部の地方（local）レベルでの特筆すべき事例として言及されている［UNESCO 2008: 64］．

3　考察：参加型評価と参加型学習

(1)　参加型評価の視点からみた本事例

　ここからは，まず本事例を参加型評価という切り口で見ていきたい．具体的には，さまざまな参加型評価にも共通すると考えられる2つの特徴，「利害関係者が評価活動に関わる評価」，および「評価プロセスを活用して改善・変革を促す評価」［源 2008: 99］の視点から本事例を見ると，次のようなことが言える．

　評価活動への関与の仕方：誰が評価するのか？
　まず，本事例における登場人物（筆者を含む）が評価活動にどのように関わったのかについて，それぞれの役割を整理してみる．

　筆者は，本事例の評価活動において，評価ツールの素案を BPEC スタッフに提示し，BPEC 側の自己評価ニーズの掘り起こしに関与しながら，実際の評価ツールと実施の流れを彼らとともに考案し，事後の分析を協働して行った．評価ツールの素案は，一種の評価技術であり，それを BPEC 側に提供した点では評価専門家の役割を果たしている．また協働状態を促進するファシリテーターのような役割も果たした．次に，BEPC スタッフは，評価ツールの考案から評価の実施，事後の分析までを主体的に筆者とともに行った．特に，PLA（参加型学習活動）の素案の修正では，「気候の木」というそれまでの学習内容を評価ツールの一部にするという，筆者にとっては想定外のアイディアにより，限られた時間内での評価を可能にした．PLA 実施においては，子どもたちに評価ツールである PLA への参加を促すファシリテーターの役割も果たした．これらの一連の流れから，BPEC スタッフは，筆者と協働して評価活動に参加した「利害関係者」といえる［源 2008: 100］．

　他方，子どもたちについてみると，本事例では，子どもたちに Go Green のプログラムの評価のために PLA を行う，といった説明を十分には行う余裕がなかった．子どもたちは，2回の投票を通じて Go Green による学習成果につ

いての情報を提供したことにはなるが，評価の設計や投票結果の解釈に主体的には関わっていない．それらの点から，子どもたちはあくまで学習者としてPLAに参加しており，評価活動に利害関係者として参加したとはいえ，評価の「情報源としての参加」にとどまるということになろう［源 2008: 108］．

評価プロセスによる改善：何のために評価するのか？

続いて，参加型評価の2つ目の特徴として，本事例における評価プロセスによるプログラム改善の側面を見てみる．前提としては，6週間という限定された期間の学習プログラムの実施中，2週間というさらに限定された期間に2回の評価活動を行ったのみであり，プログラム自体の改善につなげるまでの波及力は期待できなかった．しかし，限定的にではあれ，次に述べるような改善につながる取り組みが見られた．

まず，筆者は，PLAの素案を提示した段階で，Go Greenがその目的に掲げたように子どもたちに望ましい行動変容をもたらしているかどうかを確認するための評価を，そのプログラムの改善のために行うという視点を提供した．これは，少なくともプログラムの改善のためのベクトルの始点を置いたことにはなるだろう．

BPECスタッフは，評価ツールを筆者と協働して考案するプロセスで自己評価ニーズを見出すに至った．自己評価の目的は，BPECが開発したGo Greenプログラムの有効性を開発者として確認したいということであり，そこには改善に向かうベクトルを見出せる．そして，筆者と協働するプロセスでそのベクトルが引き出されたともいえる．

他方，子どもたちは，評価対象としてのGo Greenプログラムの改善を促す意識を持って評価プロセスに参加したわけではない．しかし，特にPLA1においては，2回の投票の意味の違いが分からないという反応を示すことで，PLA2の手法を再検討する材料を提供した．つまり，評価のための情報である投票結果を生み出す投票の仕方についての疑問を，BPECスタッフに提示することにより，評価プロセスの見直しに関与したとみることができる．

(2) 参加型学習（ESDプログラム）の視点から見た本事例

もう1つ，本事例ではそもそも，学習者として参加する子どもたちの行動変容を目指し，双方向的な学習活動で構成される，Go Greenという行動志向型

の参加型学習（ESD プログラム）の一部に PLA という評価ツールを組み込んだ．つまり，参加型学習の一部となるような PLA を行った．この観点から，参加型学習としての PLA 実施のプロセスに本事例の登場人物がどのような役割で関わり，どのような学びを得たかを考えてみたい．

まず，主役の子どもたちは，PLA のプロセスにおいて，主体的な学習者として参加し，彼ら自身の学びに基づく行動変容を確認する．特に，お互いの行動変容を確認し合う PLA1 では，そのことを通じて，お互いの行動変容を促進し合う可能性があるとも考えられる．言い換えれば，子どもたちが PLA1 という評価のための学習活動に参加し，Go Green プログラムの目的（行動変容）について確認し合うことで，当該目的が目指す学習成果における改善―― Go Green プログラムの有効性の向上――を生み出す可能性があるといえる．

続いて，BPEC スタッフは，PLA にファシリテーターとして関わった．この PLA では，子どもたちだけでなく，ファシリテーター役の BPEC スタッフも，子どもを通じて得られた庭師の母親の知見や，楽しく集中する子どもたちの様子から得られた新たな気づきなど，多くの学びを得ていたように見受けられた．

最後に，筆者は，PLA の実施自体には直接関わっておらず，BPEC スタッフからの報告で様子を知る，いわば間接的な観察者として PLA 実施に関与した．このため，学びについても間接的なものにとどまっている[3]．

(3) 対話を通じた学びあいという共通項

ここまで，参加型評価および参加型学習というそれぞれの切り口で，本事例における登場人物の関与の仕方などを概観してきた．そのポイントをまとめたものが表 6-4 である．本事例は，このように参加型評価と参加型学習の 2 つの側面を持つ．各側面において，筆者，BPEC スタッフ，子どもたちの三者の関わり方が少しずつ異なるため，比較する際にも複数の論点があり得る．しかしながら，主たる共通項に焦点を当てるとすれば，いずれの側面から見ても，双方向的なやりとり，すなわち対話が発生するプロセスにおいて，発見，疑問，確認などを通じた学びあいが起こっていることを指摘できる．

たとえば，参加型評価の側面では，筆者がファシリテーター役，BPEC スタッフが利害関係者として協働する場で自己評価ニーズが発見される．PLA 実施においては，子どもたちは情報源としての参加にとどまるものの，特に

第6章 行動変容につながる学びと評価を考える

表6-4 評価と学習の各側面における3者の役割

	筆　者	BPECスタッフ	子どもたち
評価活動への関与の仕方	評価の素案を提供・協働状態を促進＝ファシリテーター	協働して評価に関与＝利害関係者	情報源としての参加にとどまる
評価プロセスを用いた改善	改善のための評価というベクトルの始点を置く	改善のための自己評価ニーズを発見	投票方法への疑問の提示＝評価プロセスにおける改善への萌芽
参加型学習（ESDプログラム）への関与の仕方	（間接的な）観察者	ファシリテーター	主体的な学習者
参加型学習（ESDプログラム）プロセスにおける学び	スタッフと子どもたちのやりとりを通じた間接的な学び（→事後，ボランティア・スタッフとしての参加へ）	子どもたちの反応を通じた学び　筆者に報告する際の振り返りにおける学び	双方向的な学びあいにより行動変容を促進＝学習成果の向上

PLA1では2回の投票の違いが分からないという疑問を提示することで，その後の協働分析の場での重要な気づき――価値観と行動のつながり――を確認しあう学びの材料をBPECスタッフと筆者に与えたことになる．

　参加型学習の側面から見た場合，特に，投票結果を皆で共有しながら行うPLA1において，子どもたちがお互いの行動変容を確認しながら学びあうことになる．ファシリテーター役としてその場にいるBPECスタッフは，子どもたちの学びあいの様子から得られる新たな学びがある．その場にいない筆者は，後日BPECスタッフから報告を受けるなかで，BPECスタッフの振り返り作業をともに確認することができた．

　こうした対話を通じた学びあいというプロセスを通じ，自分1人の学習では想定し得ない発見，疑問，確認などから得られる想定外の収穫を―しかも本事例では，さらに「喜んで」「楽しみながら」――対話の相手とともに分かち合える．このことが，評価であれ学習であれ，参加者の当事者意識や責任感を高め，評価対象や学習内容への理解を深め，その評価や学習の目的が行動変容を志向するものであれば，そうした行動変容やそれにつながる態度の変容を促進し合うことにもつながるのではないだろうか．

　評価のプロセスが利害関係者間における学習プロセスとして作用し，利害関係者の意識，態度，行動変容につながることが参加型評価の大きな特徴であることは既に指摘されている［源 2008: 102］．本事例では，その評価のプロセス

のうち，とりわけ双方向的な対話が生まれる部分で学びが起こっており，それは行動変容につながる学びを目指した参加型学習（ESDプログラム）の特徴とも共通する点を確認できた．このことから，ESDのような行動変容を志向する学習プログラムの評価には，参加型評価を用いることで，望ましい行動変容をさらに促進するような相乗効果をもたらし得るとも考えられる．

おわりに
―― ESD 評価における，本事例の応用・発展可能性 ――

　ESD は，2015年以降，国連 ESD の10年の後継枠組みとして，2019年までの5年を見越したグローバル・アクション・プログラム（GAP）という枠組みのもと，世界各地で引き続き推進されることとなった．ESD の評価については，国連 ESD の10年の最終報告書でも残された課題の1つとして言及され，ESDプログラムを複数のレベルで評価する必要性が指摘されている．具体的なアプローチとしては，次の4つの例示がある．すなわち，① 学習成果を測定するための大規模な評価，② 国の教育的優先課題により即した形での全国（学力）評価，③ 学校や機関ごとに（ESDの）実践や提供を改善するための評価，④ 教室における特定の教授法を評価し教員をエンパワーするような，形成的評価活動の開発である［UNESCO 2014: 184］．

　本章で紹介した事例は，2007年時点の英国の一都市，ブライトンで行った一例にすぎない．しかし，放課後クラブとはいえ，学校の教室という場での特定のプログラムの実践を（教授法を含めて）対象とし，その学習プロセスを用いて評価し，有効性を確認することでプログラムを提供している NGO スタッフが自信を得て喜ぶことにつながった．つまり，これを学校教育課程の文脈に置き替えて考えれば，教室で行われる特定の授業を対象とし，ファシリテーター役で評価に関わる第三者が教員と協働し，授業のプロセスに評価ツールとしての参加型学習活動を組み込むような形で評価を行い，授業の有効性を確認することができれば，教員が自信を得てエンパワーされることにつながる可能性がある．その場合，この最終報告書に示された4番目の例に近いということもできる．

　もっとも，そうした見方は，学校教育の中で行われている ESD プログラムの実践について，類似の評価が数多く試みられ検証されるまでは，推察の域を

出ない．評価事例数を蓄積するためには，ファシリテーター役の人員確保や，ESDプログラムの計画段階から評価プロセスをプログラムの活動に組み込むことなども必要である．たとえば，教員養成課程や教員免許状更新講習等に，学校におけるESDプログラム実践を題材とした評価実習や参加型評価のためのファシリテーター育成講座等を必修科目として取り入れるなどして，ESD評価に携わる人材育成を行っていくことも要請されよう．

　筆者は，本事例を通じて，参加型評価の実践は「楽しい」，文献からではピンとこない参加型評価の面白さや充実感は「考えすぎるより，やってみることで初めてわかる」，という実感を得たし，その感触は，今なお忘れ難い．チェンバースは自著で次のようにも述べている．「参加型手法が与えてくれる機会は，永遠に開かれている．より良きものへの革新や変化を起こす爽快感，面白み，充実感は，決して終わることはない」［Chambers 2008: 189］．

　ここまで読んでくださった方に，この事例の楽しい雰囲気が少しでも伝わり，類似の試みに取り組むきっかけの1つとしていただければ，この上ない喜びである．

注
1） 英国の正式名称は，グレートブリテン及び北アイルランド連合王国（Great Britain and Northern Ireland）であり，イングランド，ウェールズ，スコットランドから成るグレートブリテン及び北アイルランドで構成される．
2） 2007年当時，筆者はサセックス大学大学院の「国際教育」修士課程（2015年現在のコース名は，「国際教育および開発」）で学んでいた．調査と評価の手法を学ぶ必修科目や，開発学研究所（IDS）所属のチェンバース自身による全学向けのワークショップでも，彼の参加型手法を学ぶ機会があった．
3） ただし，魅力的なESDプログラムを提供しているBPECスタッフに共感し，調査後，帰国までの約半年，BPECの活動にボランティアとして参加した．つまり，間接的にではあれ，PLA実施に関与した筆者自身においても，持続可能な社会の構築につながるような行動の変容が生まれたといえる．

第7章

学校全体のエンパワーメントを促す学校評価

池田 琴恵

はじめに

(1) 学校評価とは

教育現場でも「評価」を活用して教育実践や学校組織経営の改善を目指す動きは導入されており，その1つとして学校評価が挙げられる．

学校評価とは，2007年に学校教育法および学校教育法施行規則において，「学校の教育活動及び学校運営の状況について評価を行い，その結果に基づき学校運営の改善を図るための必要な措置を講ずることにより，その教育水準の向上に努めなければならない」と示されたことに基づいて行われる学校主体の評価活動である．各校での学校評価の実施にあたっては学校評価ガイドライン［文部科学省 2006; 2008; 2010］という解説が文部科学省によって作成・公開されており，学校評価は学校運営の改善と発展を目指し，① 学校の組織的・継続的改善，② 保護者・地域との連携協力と参画，③ 設置者による改善措置の3つを大きな目的としている［文部科学省 2010: 2］．また，その方向性として目標管理型の評価の手法が示されている．さらに学校評価の実施手法について，内部評価に位置づけられる学校の管理職や教職員が行う自己評価と，外部評価に位置づけられる保護者，地域住民や地域企業・有識者による学校関係者評価，評価学や教育学などの専門家による第三者評価が挙げられている［文部科学省 2010: 3］．

(2) 学校評価の課題

多くの学校が学校評価は学校改善に有益なものであると信じて真摯に取り組む一方で，現状では多くの学校で校長や副校長・教頭といった管理職や学校評価の担当になった主任が，1人で教職員や保護者，児童生徒へのアンケートを

計画・実施し，膨大なデータや情報と格闘し，確証がもてないまま評定をつけるという「評価」が行われている．その結果，管理職や学校評価担当者にとって評価の作業にかかる負担感やその結果に対する徒労感が生じてしまう．さらにこうしたアンケート型のやり方においては，学校評価担当者や管理職以外の大多数の学校教員は計画した教育活動を実施したかしなかったかというアンケートに回答する形式がよく見られ，教育活動の評価というよりも，教員の取り組みに対する評価となっている．また，保護者や地域の方が回答するアンケートも教育効果ではなく個々の教育活動に対する意見が求められ，こうした方法は教育活動を実施する教員が評価される形となり，教員の評価に対する不安や恐れが生じる可能性がある．

　学校評価の実施に伴う管理職・担当者の徒労感，教員の評価不安が高まれば，日々教育活動を行う学校にとって学校評価が山積する課題の１つになり，なんとか形だけ整えて締め切りに間に合わせるものとなるという悪循環を生み出してしまう．

　では，学校評価が本来の目的を果たし，学校にとって意義あるものになるためには何が必要なのだろうか．筆者が学校評価の実施に関する課題を校長らに聞いてみると，大きく２つの課題が見えてくる．まず，何が適切な目標なのか，評価項目の設定はどのようにしたらよいのか，さらに評価の妥当性や信頼性，客観性といった評価の手法や方法に関する課題である．この課題を解決していくための１つの方法は，「評価活動」への自信がもてるよう学校評価に関する知識とスキルを身につけることであろう．そして，もう１つの課題は，教員が評価に対して抱く抵抗感や当事者意識の希薄さという課題である．教員にとって評価結果が自分の実感と異なるにも関わらず問題点ばかりを指摘するものであれば，評価への不安や懸念が増し，自分や学校の教育活動によい影響をもたらすものと感じられないだろう．しかし言い換えれば，実際に各学校で日々の教育活動を運営している教員が，学校評価を通じて自分の教育活動について発見と挑戦ができるようになれば，学校評価の過程や結果にもっと積極的に関わろうとするはずである．

　この２つの課題に対応していくには，管理職や担当者だけで行う評価ではなく，学校教職員全員が主体となって参加し，協働して評価を行う方略を用いる必要がある．つまり学校評価も教育プログラムの実施主体である教員を中心とした参加型評価で行うことが求められているといえよう．特に学校評価におい

ては，学校の管理職や教員が自ら評価を行う必要があるため，プログラム実施および評価に関わるキャパシティ・ビルディングを体系的に行うエンパワーメント評価と呼ばれるアプローチと手法に着目した．

1 エンパワーメント評価と学校評価

(1) エンパワーメント評価とその実践ツール：Getting To Outcomes™

エンパワーメント評価とは，「プログラムのステークホルダーらが自分たちでプログラムの計画，実施，評価ができるようキャパシティを高めることで，プログラムが成果をおさめる可能性を高めることを目的とした評価アプローチ」[Wandersman, Snell-Johns and Lentz et al. 2005: 28] と定義されている．エンパワーメント評価の特長はプログラムの実施者や受益者，資金提供者などの関係者が自ら評価することで，プログラムに対する所有感を高め，関係者自ら改善を図っていく点にある．

こうしたエンパワーメント評価の理念を実現していくための手法の1つとして10ステップモデルとして知られる Getting To Outcome™[1] (以下 GTO™) と名付けられたツール [Chinman, Imm, and Wandersman 2004] がある．GTOは，プログラムの実施者が自らプログラムの計画・実施・評価が体系的に実施できる[2]よう構造化されており，10ステップモデルとも呼ばれるように，1）ニーズと資源，2）目標設定，3）ベストプラクティス，4）適合，5）能力，6）計画，7）実施／プロセス評価，8）アウトカム評価，9）質の向上，10）継続／維持という10個のステップ（表7-1）が示されている．そしてこの10個のステップを循環的に行っていくことでプログラムの成功を導こうとするものである．このツールは，各ステップで取り組むべき内容が解説されたマニュアル，各ステップの実施において使用するワークシートによって構成されている．

しかし，マニュアルとワークシートを手にしただけで，十分なキャパシティが身につくわけではない．そこでGTO活用のためのサポートシステムとしてGTOシステム [Wandersman 2009: 3-21] が開発された．GTOシステム（図7-1）は，GTOのツール（マニュアル・ワークシート）を，使用者である組織やコミュニティのメンバーが本来の意味や方法を正しく理解したうえで実施できるよう支援する，組織と技術支援者（Technical Assistant: 以下TA）の協働システムである．GTOシステムでは，各組織の現在のキャパシティ（能力や資源）の

第7章 学校全体のエンパワーメントを促す学校評価

表7-1　GTOステップにおけるアカウンタビリティのための10の質問

Q1　ニーズと資源
　　そのコミュニティの重要なニーズと状況は何か？
Q2　目標
　　目標，ターゲットとなる人々，目的（期待される結果）は何か？
Q3　ベスト・プラクティス
　　どの科学的根拠を持ったモデルや，ベストプラクティスのプログラムがその目標を達成するために有効か？
Q4　適合
　　選択されたプログラムをコミュニティの文脈に適合させるために何をしなければならないか？
Q5　能力
　　計画を進めるにあたって，どのような組織の能力が必要とされているか？
Q6　計画
　　そのプログラムの計画はどのようなものか？
Q7　プロセス評価
　　プログラムや先導的実践の質をどのように評価するか？
Q8　アウトカム評価
　　プログラムはどのような効果をもたらしたのか？
Q9　継続的な質の向上
　　継続的なプログラムの質の向上のための方略をどのように組み込むか？
Q10　維持
　　プログラムが効果的であった場合，そのプログラムをどのように維持・継続するか？

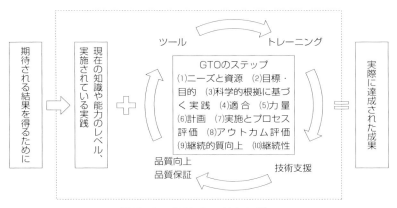

図7-1　GTOシステムモデル

出所：Wandersman [2009].

レベルに合わせて,ツールの改変,トレーニング(研修)の実施,実施過程での技術的な支援という専門的サポートを通じてGTO活用の質を保証していくことを仮定している.

GTOは開発当初,薬物乱用予防を目的として構成されていたが,こうしたGTOシステムが機能することで,その後10のステップを核として,10代の妊娠予防［Lesesne, Lewis and White *et al.* 2008: 379-92］,児童虐待予防［Saul, Duffy and Wandersman *et al.* 2008: 197-205］など,それぞれの目的に合わせて内容が修正されて活用されている.

本章では,このGTOを学校評価に適用した学校評価GTO［池田・池田 2015: 3-16］を活用し,実践を行ってきた小学校の事例を紹介する.

(2) 学校評価GTOの特長

学校評価の実施主体は学校であり,評価の対象も学校であることから学校評価は学校自身が自ら評価を行う自己評価である.そのため評価を実際に計画していくのは学校の管理職である校長や副校長/教頭,教職員であり,学校評価を実施する管理職や教職員が学校評価の知識と技術を身に付け,自らの学校を自らの決定のもとで改善していく主体的な取り組みを促進することが必要であると考えた.そしてこれまでエンパワーメント評価の手法であるGTOとGTOシステムを用いることが効果的であろうと述べてきた.

本章で学校評価に適用することとした「学校評価GTO」にはいくつかの特長があるが,その中から以下に3点ほど挙げる.

1つは目標の明確化である.学校で取り組まれているさまざまな教育活動には,恒例や慣例になってしまった取り組みも多く,その目標が曖昧になってしまうことがよくある.その結果,「○○という取り組みをすること」自体が目標となってしまうと,その取り組みによって児童生徒にどのような成長や変化がもたらされるのかということを意識しにくくなる.このように取り組みを実施することを目標とするのではなく,児童生徒や保護者,地域にもたらされる効果や期待する変化を目標として設定すること,そしてそうした目標を設定するためのプロセスがステップとして設定されている点が,学校評価GTOの特長の1つである.

2つ目の特長は,プロセス評価とアウトカム評価を区別することである.プロセス評価とは取り組み内容を評価し,アウトカム評価とは目標が達成されて

いるのか，どのような効果がもたらされたのかを評価する．学校評価ガイドラインにも取り組みに着目した評価，成果に着目した評価を適切に設定することが必要であるとしている．この2つの評価を区別することは単純に評価の視点というだけではなく，何を改善しなければならないのかという視点を得るために重要である．たとえば計画通りに取り組みが行われたにも関わらず，アウトカム評価で期待していた効果が得られなければ取り組み自体を見直す必要があることがわかり，計画通りに取り組みが進まなくて効果が得られなかった場合には，計画通りに進まない原因をプロセス評価によって探ることができる．

さらに，目標の設定から取り組みの計画，評価，そして改善までを10のステップで体系的に関連付けている点である．これによって評価だけが独立して行われるのではなく，自らが設定した目標に向かって教育活動を進め，改善を図っていく学校経営とリンクしていくものとなる．この体系化によって評価という取り組みが教育活動をよい方向へ導く一連の取り組みとして位置づけられるようになる．

本章では，「学校」の一部で行われる評価ではなく，これまでアンケートの回答者であった「学校の人々」が主体的に評価に参加することに成功した事例を紹介し，その分析を通じて参加型評価を成功に導く要因とその効果を検討する．

2　GTOを用いた学校評価の事例
　　　──丸海小学校（仮名）──

(1) 学校の特徴と実施までの経緯

本事例の学校は，中国地方の小学校である．学校規模は児童数が約360名，教員数が約20名の中規模校である．近隣には広い公園や大きな総合病院，神社などがある住宅地である．

実践開始当時，校長は50代半ばの男性であり，丸海小学校での勤務は初年度であった．開始当時の校長経験は4年目，校長として赴任した小学校は2校目であった．もともと勉強熱心で新たな取り組みを導入することに意欲的であった校長が，他校で行われていた筆者らによる学校評価の支援を受けた実践を聞き，関心をもったことから，校長が紹介を通じて，筆者にGTOを活用したいと申し出たことから始まった．

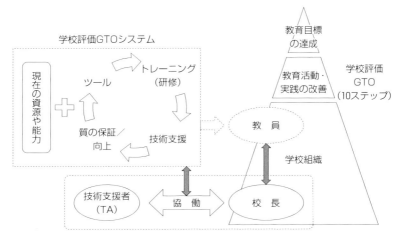

図7-2 本実践における学校評価GTOシステム：TAと学校との関係性

丸海小学校での実践は2009年4月から開始された．そのうち，学校評価に対する支援を筆者らが行ったのは2009年から2012年3月までの3年間であった．支援の開始当初はGTOマニュアルをベースとして，筆者らが開発した学校評価版GTOツール（マニュアル・ワークシート）を提供した．また，この学校評価版GTOツールを活用できるようGTOシステムを参考にして，TAによる学校評価の実践支援を進めた．本実践におけるTAと学校との関係性およびGTO，GTOシステムの位置づけを図7-2に示した．

(2)実践の経過と影響

実践過程の概略を表7-2に示した．4年間の実践は大きくその時期の特性ごとに分けて導入期，模索期，発展期，定着期とした．

導入期

まず，学校評価GTOを丸海小学校に導入することは校長が決定した．その後，学校全体で学校評価に取り組んでいくために，まず学校評価に対する共通認識をつくることを目的として，学校評価および学校評価GTOの研修を行うこととした．研修では，学校評価ガイドラインに示されている概要，およびGTOの10ステップについての基礎的な知識を講義形式で説明した．スライド

表7-2　丸海小学校での5年間の実践経過の概略

時期		校長	学校全体（教職員）
導入期	1年目	4月：研究説明，研修の実施についての打ち合わせ 10月：児童・保護者用のアンケートについて検討中との報告	7月：TAが全教員を対象に研修を実施「何か新しいことが始まるらしい」
模索期		2月：2年目のGTOを活用した学校評価の実施方法の議論と改善策の提案（用語の難しさ，ツールの使いづらさ，GTOの枠組みや考え方に対する抵抗感など）	
発展期	2年目	3〜4月：各チームが活用できる計画シートを校長との話し合いにて開発．（TAが原案を作成し，校長が修正するやり取りを繰り返し行った） 7月：校長からチームが記入した計画シートを受け取る，校長へのコメントのフィードバック 12月：TAから校長にプロセスとアウトカムを把握していくための評価シートの提案→校長の了承があり，そのまま実施 2月：校長が作成した学校評価報告書を受け取る	5月：開発された計画シートを構成された5チーム（4人／チーム）に配布し，各チームでのミーティングを実施 11月：校長からワークシートに関してのフィードバックを行う 12月：プロセス・アウトカム評価のための評価シートを実施
	3年目	4月：ワークシートを本年度も継続的に使うことがTAに伝えられる．TAからは，前年度の経過に基づいて書き方や改善案を提示する．	5月：ワークシートが実施・回収される 7月：TAによる校内研修が行われる 9月：教員の間で書き方などを教え合う姿がみられる
定着期	4年目	3月：TAは終了	3月：学校評価報告書が作成される 4月：ワークシートの実施が恒例となり，独自の教育活動が次々と開発される
	5年目		4月：人事異動にて，これまでの学校評価の方法に慣れている教員が半数になる チームリーダーの教員が着任した教員に自主的に計画シートの使い方を教える
	6年目	異動先の学校でも同様の方略を用いて学校経営を進める． 教頭が新たな改良を加えた実践を始める．	

資料に加え，学校評価 GTO のマニュアルとワークシートを全教員に配布した．この研修は最初の研修ということもあり，校長と TA で相談し，夏休み期間中に約 1 時間という短時間で実施する簡易なものであった．校長を含む丸海小学校のほぼ全教員が参加し，研修後のアンケートでは19名中18名が「研修は役に立った」と回答している一方で，「GTO を自分の学校でも活用できそうだ」と思った教員は19名中12名，「活用したい」と思った教員は19名中14名であった．これは，大部分の学校評価を実践する上で GTO や評価の理論にかかわる知識は役立つと思えた一方で，自分の学校で活用するという意識づけを全員に行うことはできていなかったことを示している．とはいえ，大部分の教員が何か新しいことを始めることに関心を持っていた様子であった．

研修後，校長からは「管理職にとっては非常に興味深く，教頭も関心を持っているが，教員にとっては日々の学級経営や校務分掌に追加した仕事のようになってしまうかもしれない」と負担への対応という課題もあることが伝えられた．さらに，評価に関わる専門用語の多さや GTO に付属されているワークシートへの使いづらさがあることが伝えられた．

模索期

学校評価 GTO に関する研修の終了後，具体的に，どのように今後丸海小学校で学校評価を進めていくかを校長と話し合った．しかし，年度当初に校長が提案して進めてきた方法を年度途中の 7 月という時期に大幅に修正することは混乱を招くため，1 年目には学校の教育目標や組織体制を改編することはできなかった．そのため，1 年目は全面的な導入は見送り，校長と TA との間でやり取りを進めるのみとし，できるところからやってみようということになった．

このやり取りの中で，校長と TA の間にある意識のズレが明らかとなってくる．学校評価 GTO を導入するにあたり，他校での実践について「先生に学校目標や自分の経営手法が伝わってやりやすくなった」と聞いていた校長は，こうした効果を期待して導入したいと思っていた．つまり，校長の期待は学校評価 GTO の導入によって学校評価の方法がわかるようになることや，学校評価 GTO のステップに従って学校経営自体を改善していくことではなく，校長の学校経営意図や経営手法が GTO という枠組みによって教職員に理解しやすくなることを期待するものであった．

また，この過程で2008年に文部科学省によって発刊された学校評価ガイドラインにある目標を設定して進んでいく目標管理型の学校評価と，ガイドライン発刊以前に進められていた全教育活動について網羅的にチェックを行う網羅型の学校評価との狭間で葛藤があることも語られた．この段階でようやく校長の期待とTAの認識のズレ，校長の経営手法とGTOの方法とのズレが生じていることが分かったのである．

　そこで，校長がGTO導入にあたってどのようなことを目指しているのかを再確認し，TAに求めること，できることは何かを改めて議論することとなった．校長とTAの認識のズレを意識し，TAから，校長は網羅型の学校評価を行い，各目標の担当や分掌の先生にはGTOを使った目標管理型の学校評価をやってみてはどうだろうかという提案をした．GTOの枠組みを取り入れつつも，丸海小学校独自のやり方を開発していくことが話し合いの中で決定していった．

　丸海小学校独自のやり方を開発するにあたって，まず1年目に実施された学校評価のアンケート項目をみながら，アンケートで何を聞いていたのか，どのような取り組みが学校にあるのかなどを学校の教育目標に照らしながら校長と整理していった．この話し合いの中で校長は，教員の中の数名が自主的にアンケートの結果を解釈してみたり，前年の得点と比較してみたりした教員や，GTOに関してその後どうなったのかと聞いてきた教員がおり，学校の教員の中で研修が思っていたよりも記憶に残っていたこと，学校評価に関心を持っている雰囲気ができてきたことなどが報告され，校長自身が教員の主体性を尊重したいという経営方針があったことなどが語られた．

　こうした話し合いの中で，校長は「そうか，そういうことがやりたかったんだ．先生方にとっても，自分たちが新しい，自分たちの学校の独自の方法を使ってやるということは自信につながるだろう」と話し，「チームを編成しよう」，「丸海小メソッドと名付けよう」などと，次々とアイディアを起案することとなった．

発展期

　当該校に合ったやり方を模索していく過程で，教員が学校評価に主体的に参加できるために必要な評価のツールは何かを校長と検討した．短い研修やマニュアルでは多忙な教員には負担になってしまうこと，一目見てわかるようなも

チーム計画シート

このチームの学校内での役割（担当）	
担当者名	
このチームのビジョン （思い描く児童・学校の姿）	
リスク要因 （ビジョンの達成を阻害する現在の状況）	・ ・ ・
保護要因 （ビジョンの達成に活用できること・状況）	・ ・ ・

| 目　標
（目指す変化）
（取組によって誰がどうなることを期待しているのか？） | 対象集団
（誰が？） | |
| | 目　標
（どうなるか？） | |

具体的取組 （目標を達成するために何をするのか？）	・ ・
プロセス評価計画 （取り組みは計画通りにできたか？を判断するために集めるデータ／資料）	・ ・
アウトカム評価計画 （目標は達成できたか？を判断するために集めるデータ／資料）	・

図7-3　チーム計画シート

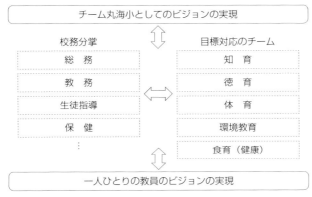

図7-4　丸海小学校の校内チーム編成表

のがよいことなどを聞き，既存の GTO ワークシートをもとに A4 用紙 1 ページで書き込める簡易版の計画シート（図 7-3）を作成することとなった．

2 年目の 4 月初旬に TA が校長に計画シートの下案を送付したところ，「ニーズ」や「リスク」，「ターゲット」など，学校で用いられる意味と評価としての専門的な用法での意味が若干異なる用語や，「ゴール」や「目標」など意味の違いが分かりづらい用語があり，現場の教員が書き込みづらいのではないかという指摘を受けた．校長からの指摘に沿って修正したものを送付したところ，さらに校長から分かりやすいのはこういう形ではないだろうかと編集したものが届けられた．こうしたやり取りの過程で修正しきれない用語もあったため，各ステップについて，簡単な説明と学校評価版 GTO マニュアルのどのページを参照したらよいかを記した A4 用紙 2 枚の簡易説明文を作成した．約 1 カ月の間に繰り返し修正を加え，4 月末に取り組みを始めることが決定した．

校長が TA と協働し，GTO を自らの学校運営の方略に適合させ，独自の計画シートを開発していくという過程で，主導者である校長自身の GTO および作成された計画シートへの所有感や愛着が高まっていった．

計画シートを実施した後には，校長と TA とで検討をしながら，追加として評価のためのワークシートを時期をみて準備していこうということで，校長と合意した．

教員による計画シートの記入過程では，校長が校務分掌とは別に，学校教育目標の構造に対応した 5 つのチームを編成した．1 チームは 4 ～ 5 名で構成さ

れ，チームごとに計画シートを完成させることとなった．学校運営におけるワークシート活用の意味づけとチーム編成，チームと学校目標との関連をまとめて図にしたもの（図7-4）を校長が作成・配布し，教員に説明した．この学校目標と関連付けられたチーム編成により，教員にとって学校の業務遂行ではなく期待する児童の状態の変化（成長）が目標となり，教育活動の効果に主眼をおく評価可能性が高まったと考えられる．

　その後，丸海小学校では各チームが集まって話し合い，計画シートに記入をしていった．この時点での教員の反応は「忙しくてやっていられません」という人も，「面白いですね」と興味をもって積極的に取り組む人も半々くらいであった．管理職である教頭はチーム編成には組み込まれていなかったが，新しい学校評価の形だと興味をもっている様子であった．校長と教頭といった管理職に比べて，教員は一部に積極的な者もいるものの，大半は指示に従う形で取り組む時期であったことが見られる．

　一方，計画シートの活用の2年目（実践3年目）になると，「この校長はこの方略でいくのだ」ということが教員に理解され，また，計画シートに関心が高かった教員は評価によって自分の教育活動の児童への効果が可視化できたことで，実感が伴うようになった．加えて，校長の励ましや褒めるといった日々の声かけによって評価への興味がさらに高まっていった．

　ここで，校長から依頼があり，改めて学校評価GTOおよび計画シートの活用について研修を行うこととなった．すでに1年間使用した計画シートについては，教員も関心が高く，1回目の研修とは研修への意識も大きく異なっていたと感じられた．研修といった直接的に対面しての関わりを持つことで，教員にとってどのように使用されるのかが理解でき，どのように記入していけばよいかの手順が再確認できたようであった．

　また，それぞれのチームがどのようなことを計画しているのかが共通の計画シートを通じて共有されることで，学校組織としてお互いが何をしているのか理解できる状況ができあがった．そして，計画シート導入1年目（実践2年目）では消極的であった教員も，校長のサポートと周囲の教員のやる気に影響され，また異動してきた教員に計画シートの使い方を教える役割となったことも影響し，徐々にその流れの中で積極的に取り組むようになっていった．

第7章　学校全体のエンパワーメントを促す学校評価　　155

写真7-1　丸海小学校の研究冊子：児童会で学校改善プログラムの開発を行う教育活動

定着・展開期

4年目ともなると，計画シートの活用自体は定着してきた．そこでTAの支援自体は終了し，その後の経過を見守ることとした．計画シートの活用だけでなく，その意味やコツも蓄積されてきた4年目に作成された計画シートでは，各チームの明確な目標のもとで新たな活動（イノベーション）がさまざまに企画されるようになった．

新たに取り入れられた教育活動の中でも，評価も含むGTOのプロセスを子どもたち自身が活用して学校をよりよくするための企画をたてるという特別活動は，学校評価として行ってきたワークシートのプロセスを児童たちの生活の中でも行っていくプロジェクト型の活動であった．この活動では，児童会活動を中心とし，各学級での話し合いを通じて児童らが学校のビジョンを設定し，生活目標としての具体的な行動目標をたて，各委員会が活動を企画した．児童らが教材となるようなビデオや行事を作成したり，アンケートを作成したり，経過を記録したり，うまくいかないときには話し合いを自主的に企画して改善を図るなど，大人顔負けの企画運営を行った．まさに学校を変えていく取り組みとして児童自身も関わっていくものである．こうした取り組みの成功について，担当チームの教員らは「児童の行動の変化が目に見えるものから取り組む

ことで，自分たちの呼びかけにより全校の様子が変わっていくのを実感することができた」と記録しており，「こうした児童主体の取り組みは，自分たちの学校生活を自分たちで変えることができるという期待感を持たせることができた」とまとめている．

さらには，各チームの取り組みをまとめた研究冊子（**写真 7 - 1**）を作成するなどという自発的な教員の活動が始まった．

異動の課題

4年目から5年目にかけての人事異動では，異動年数の規定により，教職員の3分の1近くが異動となる状況が発生した．計画シートの活用自体は継続されたものの，これまで計画シートの作成をリードしていた教員らが異動となったことにより，その内容の濃さは期待しているほどのものではなくなってしまったことが校長から語られた．しかし，計画シートの作成過程では，これまで経験のある教員がチームリーダーとなり，新しく赴任してきた教員に使い方や考え方，書き方を主体的に教える姿が見られた．これは校長が指示したものではなく，教員の自発的な活動であった．こうした事象から，計画シートが校長の手を離れ，教員の中に内在化し，自律的に取り組めるようになっていることがわかる．

5年目から6年目にかけては，校長自身が異動となり，丸海小学校での実践は校長の異動先の小学校に新たに導入されることとなる．

3　考　　察
——「私の学校」の改善をもたらし，活力ある学校となるために必要な参加型の学校評価の要素——

この約4年間の学校評価GTOの実践に基づいて，学校評価が学校のキャパシティ・ビルディングおよびエンパワーメントをもたらす過程を図7-5に示した．まずこのプロセスには，学校評価を新たな方法（学校評価GTO）で行うための知識習得だけでなく，これまでのイメージや方法とすり合わせを行っていく適合過程があった．ここで丸海小学校独自のワークシートが開発される．

こうして開発されたワークシートを用いた実践が行われていく過程で，学校目標に対応したチーム編成が行われ，教員主導による教育活動の運営へと進ん

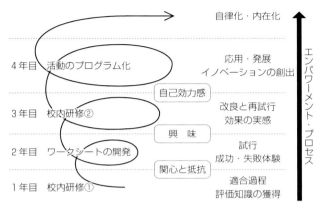

図7-5 学校評価における参加型(エンパワーメント)評価の構造

でいく．しかしこの過程ではうまくいくチームもあれば，そうではないチームもある．こうした成功や失敗も，学校評価GTOという共通の枠組みで何が良かったのか，何が足りなかったのかを考えることによって視点が定まり，校長・教員相互のコミュニケーションが進むことへとつながった．そして校長や教員同士で作り上げた教育活動とその評価結果は自分たちの実感の裏付けとなるだけでなく，明確な達成感へとつながるものとなる．こうして自分たちがやったことに対する効力感(自己効力感)を得て，さらに改善へのモチベーションを高め，評価の応用・発展を行うようになる．たとえば，児童の特別活動として学校評価GTOのプロセスを活用した児童会活動を行ったように，学校評価としてだけではなく，その他の活動へと展開していったのである．こうなれば，学校評価GTOのプロセスは個々人の中に内在化し，自律的な活用へとつながっていく．

こうしたプロセスはまさに，エンパワーメントのプロセスである．つまり，学校評価が自分には関係ないものであったところから，やらなければならないもの，そして評価を使うことで自分の教育活動をよりよいものにすることができるようになり，積極的に評価を活用して新たな教育活動の実践へと意欲を高めていったのである．

ここで，この丸海小学校の事例にみられるような，教員が学校評価の主体となり，学校経営の一員となることを促した要因について振り返る．

学校に合った評価の方略

　学校は目標を明瞭化しくい組織と言われている．しかし評価を行うには，まず目標が重要である．GTOでは，目標とアウトカム評価，取り組み計画・実施とプロセス評価という2つの評価を明確に切り離し，成果と過程をみることによって改善を導き出す．丸海小学校の実践からも，学校教育目標に対応した校内のチーム編成をすることで，目標と評価を対応させることができ，チームの達成感ややりがいが高まっている様子がみられた．

　学校評価を効果的なものとするためには，これまで難しいとされてきた学校教育における明確な目標の設定のプロセス，そして，成果と実践過程の評価を区別するアウトカム・プロセス評価の視点をもつことが重要である．そして，これらの目標設定から実践，評価，改善までが個別のものではなく，一連のものであると理解されるような体系的な枠組みも必要である．

校長の学校経営姿勢

　学校評価や学校経営について，教員を参加させよう，その主体としようとする校長の学校経営姿勢がなければ，丸海小学校での取り組みは発展していかなかったであろう．校長が教員自身に自分の学校に対する責任と意欲が持てるよう，学校における意思決定のプロセスに参加させようとする姿勢自体が必要であったと考えられる．

　しかしこれは単純に，教員を学校経営組織の一員に位置づければいい，発言を求めればよいといった簡単なことではない．丸海小学校の校長をみていると，教員が学校経営にポジティブに作用するような意見を出せるまでの校長の下支えが，いかに重要であったかがわかる．たとえば，教員の適性や専門的な職能向上の希望，教育観を見極め関わること，よい取り組みに気づき褒めること，新たな取り組みに消極的な教員も励まし続けること，時機を見極めて導入を進めること，議論できる材料と枠組みを準備すること，そして聞くだけでなく提案することなど，教員個々人が自分は学校を動かしている一員であると意識できるような工夫が数えきれないほどみられた．

　こうした評価手法やシステムや組織体制ではない，校長の「教員が主体となる学校全体での学校経営」を目指す姿勢とその達成のために行う日々の職務や教員への関わりがなければ，参加型で学校評価を進めていくことはできなかっただろう．

教員の役割の明確化・校内システム

　丸海小学校の組織編成の特徴は，管理的側面のある校務分掌の構造とは異なる，学校の教育目標に応じたチーム編成（図7-4）を行ったことである．もちろん校務分掌も本来的には改善に結びつくのであるが，たとえば「教務主任は，校長の監督を受け，教育計画の立案その他の教務に関する事項について連絡調整及び指導，助言にあたる（学校教育法施行規則第22条3項）」とあるように，その業務によって対応しなければならない教育目標は網羅的で1つの教育目標と結びつきにくい．一方で，学校教育目標に対応したチームでは，教員が子どもたちのどの成長発達・教育的側面に自分たちのチームが責任をもっているのかを明確にできる．それぞれの教員が学校で担う役割と責任を明確にしたことは，評価結果に対しても自分自身のことであるという認識が持てることにつながったと考えられる．

　学校にはもともと，校務分掌という組織体制がある．この校務分掌ももちろん学校の教育目標を達成するための校内業務を教員が分担して行うものである．しかし，学校の業務には目標に応じた教育実践ばかりではなく，教育活動を円滑に進めていくためのさまざまな業務がある．たとえば教務では，定められた授業時間に基づく時間割の編成や休校になった場合の時間数の確保といった業務がある．こうしたやるべき業務と各校の重点目標を達成するために新たな取り組みを取り入れる業務を同じ担当者がやれば，当然やるべきことが優先される．そこで，組織編成自体を大きく区別したことは大きい．もちろん，校務分掌と目標対応のチームとは連動しており，どの教員も分掌とチームの2つの役割を持つわけであるが，それぞれの教員が担う役割が具体的かつ明確になっている．

　こうした組織編成と教員の学校における1年間の役割を明確化することで，途方もない負担感から，自分がやったことの成果がみえる達成感へと転換することができたと考えられる．

学校内での共通用語・概念・枠組みの共有

　これまで学校評価は管理職が行うものであるという認識から，自分たちで行うという認識への変化が起こるためには，自分たちがどのように学校評価をすすめていくのかという枠組みや共通の用語・概念をもつことが必要であった．つまり，1人の専門家や担当者ではなく，その学校の教員全員が学校評価をで

きる状況になることが必要だった.
　このために，計画シートや簡易マニュアル，研修は有効であったと考えられる．最初は評価の専門用語に対する難しさも感じられ，言葉の置き換えや誤認も起こる．しかし，GTOや計画シートに基づいて教育実践を遂行していくうちに，その専門用語の意味が体験的に理解できるようになっている．さらに，新たな用語と枠組みを学校全体で共有できたとき，相手の言わんとしていることが枠組みの中で捉えられるようになった．

学校の状況に合わせた新規実践の段階的導入

　学校では，年度というサイクルに合わせて見送ることができない教育活動や業務が山積している．教員は学校評価だけではなく，日々の児童生徒の教育や保護者・地域との関わり，種々の書類作業や環境整備，研修など，多岐にわたる業務を抱えている．その多忙感が広がっている中で，新しい学校評価の手法を一気に導入し，定着させるのは無理がある．丸海小学校の事例からは，1年目には管理職の理解および教職員への意識づけ，2年目には学校の組織編成の見直し，3年目に教員主導の自律的な改善がみられ，4年目になって教員に内在化した評価の活用の発展がみられた．このように1回の研修や1年という短い関わりではなく，段階的に学校の状況に合わせて評価の手法を定着させていく必要があることが，本事例からも重要であることが示唆された．

実践過程における専門的支援

　これまでに述べてきた手法，校長の姿勢，校内システム，段階的な導入に加え，新たな方法を取り入れるにあたっては，その手法の専門家の支援を受けることも効果的である．こういえば自画自賛のようであるが，丸海小学校で行ったような支援は，まさに校長との協働の過程であった．支援者がツールやステップ，評価手法についての知識や技術を提供することは必要であるが，それを押し付けるのではなく，その学校のことを真摯に知ろうとし，よりよくしていこうという姿勢が必要である．
　つまり参加型評価やエンパワーメント評価というアプローチを理解し，個別の学校の状況に合わせた評価の手法を模索し，実践支援を継続的に行っていくことである．こうしたファシリテーターとしての役割が支援者（TA）にも求められる．

おわりに

(1) 学校評価をエンパワーメント評価(参加型評価)でやることの意義と効果

最後に,学校評価をエンパワーメント評価で行ったことによる効果を振り返り,その意義について考えてみたい.

教員の主体性の向上

学校で日常の教育活動を行うのは教員である.評価の結果,教育活動を改善するのも教員である.評価の内容が教員の知りたいことであること,評価の結果として子どもや学校の変化を感じ取れることによって,教員自身の達成感ややりがいが刺激され,効力感や有能感も持てるであろう.まさに個人レベルで,エンパワーメントが起こり,主体性が向上すると考えられる.

教員のコミュニケーションの活性化

専門職である教員の価値観や理念・理想の違いは,教員間のコミュニケーションを発展させ,新たなアイディアを生む可能性も大きいが,一方で組織内の摩擦となる危険もある.相手がなぜその取り組みを価値あるものとして捉えているのか,うまく共有することができないことが一因であろう.ここで,学校評価に用いる共通言語をもつことの意義は大きい.GTOに基づく計画シートという共通の枠組みは,なぜそうした活動や取り組みをこの学校でやるべきなのか,その目的・目標を考える機会になる.そして共に作った納得いく目標によって,組織内で同じ目標に向かう協働体制ができあがるというわけである.

学校の教育活動の改善

丸海小学校では,実際に教育活動が年々革新されていくようになる.一度できあがった効果的と思われる取り組みは,ともするとその取り組みを毎年やるだけの形骸化を招く恐れもあるが,丸海小学校では「来年はどうしたらよいか」が,教員間で主体的に話し合われるようになっている.評価が自分たちの手の中にあるということは,改善も自分たちの手の中にある,ということなのであろう.

評価活動の波及

「評価は専門家だけのものではない」．エンパワーメント評価はそのような反省も含めて発展してきた．丸海小学校においては，"評価"という営みが管理職や担当者だけのものではなくなり，教員に拡がり，定着していった．さらに，GTOの効果を実感した教員は，児童の活動の中でのGTOの活用を試みるまでになっている．こうしたGTOの拡がりによって，子どもたちがこれから自分たちの生活や社会を改善していこうとする力を養う，そんな教育活動としての効果も期待できるのではないだろうか．

(2) うまくいかないときに考えられること

実は，これまでにGTOを用いて実践した学校のすべてがうまくいったわけではない．途中で支援を中断せざるをえなかった事例もあれば，実践は継続したもののすべての要素が達成されたわけではなかった事例もある．こうした事例は，途中で他の方法に関心が移ったり，大きなイベントを抱えてしまったり，人事異動に耐えられなかったりした．

GTOの生みの親であるWandersman教授に，「GTOはたくさんの人に愛されている．だがGTOで進めるのは決して楽なことではないし，簡単なことでもない．やりたくない人にまで無理強いするようなものではない」と言われたことを思い出す．こうした評価のアプローチを導入するには，学校の状況に応じて時機を待つのも大切なことであろう．

謝辞

本章の執筆にあたり，実践にご協力いただきました校長先生には，改めて原稿についてご意見をいただきました．また，学校評価の実践におきましても，校長先生をはじめ，教職員の皆様，学校関係者の皆様に多大なるご尽力をいただきました．ここに記して感謝申し上げます．

注
1) Getting To OutcomesおよびGTOはRANDとUniversity of South Carolinaの商標である．
2) GTOでは評価の実施はプログラム実施者に限らず，参加者や資金提供者，評価専門家など広くプログラム関係者による実施が可能と書かれているが，評価を計画するのはプログラム実施者を想定した構成になっている．

第8章

行政の健康づくり事業における参加型評価の活用

崎村詩織

はじめに

　本章では，行政と住民協働による参加型評価の事例として，2009年度から東京都品川区で実施している健康づくり事業「健康大学しながわ」で実施した参加型評価について取り上げる．

　日本の健康政策は，第二次世界大戦後，感染症対策や母子保健対策を中心に展開された．高度経済成長期には，国民皆保険皆年金の創設等の社会保障の増大，医療制度の確立や医療技術の飛躍的な進歩により国民の健康水準は飛躍的に改善し，日本人の平均寿命は世界一の座を占めるようになった．しかし，年齢構成や疾病構造の急激な変化により，生活習慣病等の慢性疾患患者が増加したことから医療費が増大し，1970年代以降の健康政策は，医療費を抑制するため疾患予防対策として「健康づくり」が重視されるようになった．その後も，予想以上のスピードで進む少子高齢化や治癒困難な慢性疾患の増加などを背景に，2001年の「医療制度改革大綱」には，健康づくりや疾病予防の積極的推進に向けた早急な法的基盤を含む環境整備が示され，2002年には健康増進法が誕生し，健康増進に努めることは，法律によって国民や自治体の責務となった［杉山 2007: 37］．

　自治体が住民の「健康づくり」を達成するためには，地域特性に合った健康政策に基づき，多くの住民に対し質の高い健康づくり事業やサービスを実施していく必要がある．そのためには，既存の健康づくり事業を適正に評価し，事業を改善していく仕組みが必要となる．現在，多くの自治体で行政評価を実施しているが，田中［2009］によると，その評価対象は「事務事業」が主であり，すべての事務事業に対して業績指標と業績目標を設定し，その目標を達成できたかどうかを事後的に検証する手法が一般的である．そして，行政評価を主に

実施するのは自治体内部の行政職員自身であり，主要な評価者は事務事業の直接的な担当者やその上司である場合が多い．それゆえ現行の行政評価では，膨大な量の事務事業を担当者が自己評価することになり，行政関係者にとっては「いかに評価をスケジュール通り実施するか」が主要な関心事であり，評価結果を「事業改善につなげる」までに至りにくい．そもそも，その評価方法はアウトプットの目標値の測定が中心であるため，各事業の無駄な予算を見直すことには有効であるが，評価結果を政策の質的改善や事業内容の見直しに活用するのは困難である．

　また，横浜市の協働推進の基本指針［2012］によると，かつては行政が多くの公共の領域で公平で均一的なサービスを提供してきたが，少子高齢化や人口減少，単身者世帯の増加等により家族や地域のあり方が変わっていく中で，地域で発生する課題は複雑化・多様化しており，さまざまな主体が協働で課題解決に取り組むことが必要となっている．特に，「子育て支援」「健康づくり」「防災」などの分野については，行政と地域主体（住民）が協働（公民協働）することにより，最も高い生産性が実現できるという．しかし，むやみに地域主体同士が関係性を構築しても，効果的な公民協働は生まれ難く，地域主体を地域の課題解決にうまく巻き込んでいく仕組みが必要である．現在，多くの自治体では，「健康づくり」分野について住民に健康づくり推進委員・ヘルスサポーターといった役割を任命し，公民協働で地域の健康づくり活動を実施していく体制を整えているが，実際は，住民組織の事務局の多くが行政機関内にあり，活動経費のほとんどが行政の補助によるなど行政依存が強く，住民の主体的な活動ができているとは言い難い状況である［二宮 2000: 46］．

　「健康大学しながわ」の開始当時，筆者は行政の保健師として事業を担当していたが，現行の行政評価だけでは「評価結果が事業の改善に反映される」ことが不十分であり，事業評価を事業改善に反映させ事業の質の向上につなげる新たな仕組みが必要であると感じていた．また，公民協働でお互いに主体性を発揮しながら効果的な事業展開ができるような体制づくりを模索していた中，参加型評価の理論と出会った．参加型評価は，評価過程自体が評価に参加した利害関係者に与える影響を重視し，評価過程を活用して改善・変革を促す評価である［源 2007: 75］と知り，この参加型評価は，事業改善に有効で公民協働が可能になるツールだと確信した．特に健康づくり事業は，参加型評価に「なじむ」と直感したため，本プログラムを対象に参加型評価を実施するに至った．

本章では，「健康大学しながわ」の事例をとおし，健康づくり事業における参加型評価導入の適応可能性とその有効性について検討したい．また，行政評価における参加型評価の実施事例はまだ少ないことから，行政で参加型評価に取り組む際の利点や留意点も合わせて提示する．

1　健康政策の特性と参加型評価に期待される効果

本節では，健康政策の特性と課題を整理し，参加型評価の特長から，健康政策における参加型評価に期待される効果について整理する．

(1) 健康政策の特性と課題

まず，現在の日本の健康政策の特性と，自治体における課題を3つに整理した（表8-1）．

第一の特性に，「ヘルスプロモーション」と呼ばれる健康戦略がある．前述のとおり，1970年代以降の健康政策は，医療費を抑制するため「健康づくり」が重視されるようになったが，当時，社会保障費の増大は日本だけの問題ではなく，OECD諸国全てに共通する課題であった．そのような中，1988年にWHO（世界保健機構）は，21世紀の新しい健康戦略である「ヘルスプロモーション」を提唱した．このヘルスプロモーションは，健康政策の世界的潮流となり，日本でも厚生労働省が2000年からヘルスプロモーションを軸にした健康政策「健康日本21（21世紀の国民健康づくり運動）」を策定した．その後，全国各自治体が「地域版健康日本21」を策定し，それに基づき健康政策が実施されている．

ヘルスプロモーションとは，「人々が自らの健康とその決定要因をコントロ

表8-1　健康政策の特性と課題

健康政策の特性	自治体における課題
健康を地域社会全体で育むヘルスプロモーション	住民参加が不十分
国主導の画一的でターゲットが特定された健康政策	地域戦略の欠如
	細分化されすぎた対策
事業範囲の広さと関係機関の多様性	連携が困難
	遂行責任が欠落

ールし，改善することができるようにするプロセス」と定義されており，具体的行動分野として，① 健康な公共政策づくり，② 健康を支援する環境づくり，③ 地域活動の強化（住民参加の促進），④ 個人技術の開発，⑤ ヘルスサービスの方向転換の 5 つがあげられる［島内 1990］．ヘルスプロモーションは，健康を地域社会全体で育んでいく視点を重視しており，形骸化した住民参加ではなく，健康政策の計画・実施・評価の過程に住民が参画する，住民・行政・専門家の協働的参加活動が求められている［仲間 2003: 115］．したがって，ヘルスプロモーションの推進には，住民参加や公民協働の促進が必須となるが，前述のとおり，自治体における住民参加（公民協働）は，十分に進んでいるとは言い難い現状である．

　第二の特性に，国主導の画一的な健康政策がある．自治体には，国の計画に基づいた多種多様な保健福祉計画の策定が義務づけられており［藤内 2009: 502-507］，自治体は，目まぐるしく変わる国の保健福祉計画への対応に追われ，地域特性にあった健康政策の立案をする余裕がなく，国主導の画一的な健康政策を遂行するに留まっている．つまり，健康政策には地域戦略が欠如しているのである．加えて，国の健康政策は，ターゲットが細分化され，対策が個別に展開されている．たとえば，2000年から始まった国の健康政策である「健康日本21」ではターゲットを栄養，運動，休養，たばこ，アルコール，歯の健康，糖尿病，循環器病，がんの 9 分野に特定している．その後も国の健康政策は，「メタボリックシンドローム」「新型インフルエンザ」「うつ・自殺」等のターゲット毎に政策が立案され続けている［厚生労働省 2007: 24-26］．現在，自治体では，国の示す対策の実施にあたり担当課は細分化され，各課が十分な連携なく事業を行っている現状がある．しかし，疾病や健康問題は統合的な原因により生じるため，ターゲットの細分化が有効であるとは限らない．また，健康課題やニーズも複雑・多様化しており，細分化した対策だけでは対応しきれない状況にあると思われる［﨑村 2011: 3］．今後，自治体が健康政策を戦略化し，成果を上げるためには，「地域の健康課題の全体を一括で捉えてアウトカムを設定し，住民の健康度を上げていく」という視点が重要である．

　第三の特性に，健康政策に基づき実施される事業や提供するサービスの「事業範囲の広さ」がある．前述のとおり，健康政策の歴史は感染症対策および母子保健対策から始まり，医療体制の整備から疾病予防と，健康政策の対象が年々多様化している．一方で，事業対象となった分野は，事業範囲から消える

ことなく残り続けているため，事業およびサービスの種類は増えている．東京都の健康政策を例に挙げると，健診や健康相談，医療の整備，リハビリや療養の相談等の「健康被害への対応」に関することから，健康づくり活動の場の整備，人材育成，情報提供，健康学習の機会の提供，地域健康づくり活動の育成・支援，健康な環境づくり等の「個人や地域の健康増進」に関することまでが事業範囲となっており［東京都衛生局 1997: 97-103］，住民の健康問題が複雑・多様化する中，その範囲はますます増加すると予測される．そして，事業範囲がきわめて広いことから，関わる行政機関及び関係団体が多種多様であり，関係者が多様性であることも健康政策の特性である．多様な関係機関と連携するためには，組織間での調整に相当な努力が必要となる．筆者の職場でも，連携が困難であったり，遂行責任が不在になるなど調整に多くの問題を抱えている現状がある．

　以上の健康政策の特性から，行政が健康政策そして，健康政策に基づき実施される健康づくり事業を効果的に展開するためには，① 住民参加が不十分，② 地域戦略の欠如，③ 細分化されすぎた対策，④ 関係機関との連携の困難さ，⑤ 遂行責任の不在などの困難な課題を抱えていることがわかる．しかし，これらの課題解決にこそ，参加型評価を有効に活用できる可能性があると考える．

(2) **参加型評価の特長**

　次に，現行の行政評価に対して，参加型評価の特長を整理する．

　山谷［2012］によると現行の行政評価は，予算要求や査定，定員管理要求に対する査定，事務事業の見直し，次年度重点施策・方針の策定，総合計画等の進行管理，トップの政策方針の達成状況を測るツールとして活用されることが多いという．特に，ほとんどの自治体が実施している事務事業の評価では，予算ベースの事業を評価対象とし，予算の大きさに比べそれに見合う成果が見られるかどうかを評価し，ムダな支出の発見・排除のために活用されることが主な狙いとなっている．この手法は，事業の廃止や事業予算の削減には効果があるが，事業は上位の政策目的を実現する手段の1つにすぎないため，地域社会の課題解決に向けた政策の質的改善にはつながり難く，事務事業の評価をとおして政策全体の有効性を問うことには限界がある．

　一方，参加型評価は，プロジェクト・スタッフやプロジェクト参加者等の主要な関係者が評価プロセスに主体的に関わり，これらの人々の見方や考え方を

取り入れることを重視しており，評価自体が主観的な要素を持つことになる．しかし，その評価過程で，関係者が「対話」と「合意形成」を繰り返すことより，プロジェクトに対する帰属意識が高められる．「評価の過程」が参加者にとっての学習の場となり，エンパワーメントやオーナーシップ（当事者意識）の醸成に効果的であるとされている［Fetterman 2001；源 2014］．また，従来の評価では評価結果が重視されていたのに対し，参加型評価は評価に参加するプロセスが重視される．評価の過程で評価参加者の評価能力が向上するため，プロジェクト・スタッフを主体とした継続的，定期的な評価が実施可能となり，結果として，プロジェクトの実施能力が向上する点がメリットであり，プロジェクトの改善には適した評価であるといえる［Yeh 2000；三好・田中 2001: 70］．

(3) 健康政策における参加型評価に期待される効果

前段では健康政策の特性と課題，そして参加型評価のメリットを整理したが，それらを踏まえて健康政策分野における参加型評価に期待される効果を検討したい．**表8-2**は，**表8-1**で示した健康政策の特性・課題に対して，参加型評価を導入することによって期待される効果を整理したものである．

第1に，ヘルスプロモーション推進への効果が期待できる．前述のとおり，健康政策の世界的潮流であるヘルスプロモーションは，住民，行政，健康に関連する専門家の協働的参加活動が求められており，住民参加の促進が必須となっている．参加型評価では，評価活動への参加の機会を通じ，住民がより多くの種類や量の情報にアクセス可能になる．また，他の関係者との対話を通じて，地域社会における他者との関係性の下で「地域主体」としての意識や自覚を高めたり，自らの役割を再認識して能力を向上できる機会が増す［森田 2011: 98］．

表8-2　健康政策の特性と参加型評価の導入により期待される効果

健康政策の特性	自治体の課題	参加型評価の導入により期待される効果
健康を地域社会全体で育むヘルスプロモーション	住民参加の促進	オーナーシップ（当事者意識）の向上
国主導の画一的でターゲットが特定された健康政策	地域戦略の欠如	健康政策の戦略化への効果
	細分化されすぎた対策	
事業範囲の広さと関係機関の多様性	連携の困難さ	協働促進への効果
	遂行責任の不在	

つまり，参加型評価によって関係者の情報・知識の共有化や「オーナーシップ（当事者意識）の向上」が期待でき，長期的には，住民参加，ヘルスプロモーションの推進に大きく寄与すると考える．

第2に，健康政策の戦略化への効果が期待できる．前述のとおり健康政策の課題として，地域戦略の欠如，細分化したターゲット対策の限界が挙げられた．古川・北大路［2004］によると，政策を戦略化する上で最も重要なことは，アウトカム（目的）を特定し，目的・手段体系（プロセス）を整合性や合理性のある形に整理することであるという．参加型評価では，成果を達成するために必要な具体的な活動内容を論理的に検討，策定するためのツールとして，ロジックモデルを活用している．ロジックモデルは，事業の目指すもの（アウトカム）とそれを達成するための戦略や具体的な活動内容を含み，政策の体系を「投入 → 活動のプロセス → その結果（アウトプット）→ 介入の成果（アウトカム）の「手段—目的」の関係で可視化するツールである．このロジックモデルは，事業単位の評価だけでなく，政策目的（アウトカム）を実現するための一連の取り組み（＝政策体系）にも用いることができる．よって，現在，細分化されたターゲット別に実施している健康政策について，参加型評価の中でロジックモデルを作成する過程で，「全体を一括で捉えてアウトカムを設定し住民の健康度を上げていく」ことが可能となり，健康政策の戦略化が図れると考える．

第3に，行政と住民（関係者）の協働促進への効果が期待できる．健康政策は事業範囲が膨大ゆえに関係者も多種多様であり，関係者の連携の困難さや遂行責任の不在も課題の1つであった．前述のとおり，参加型評価は，プロジェクト・スタッフやプロジェクト参加者等の主要な関係者の評価への参加と，ワークショップ等での合意形成を基本としている．つまり，評価の過程で関係者間のコミュニケーションが図られ，そのプログラムの目的（アウトカム）を共有することで，評価プロセスやその結果に対する理解が深まり，行政と住民が共により大きな成果を出すために積極的協働が図れるようになると考えられるのである．

以上の理由から，参加型評価が健康政策および健康政策にも基づき実施される健康づくり事業になじみ，有効であろうと考えられた．次節では，実際に行政と住民の協働で行った「健康大学しながわ」の評価事例を取り上げ，健康づくり事業における参加型評価の適応可能性を考察する．

2 「健康大学しながわ」における参加型評価の実際

(1) 事例の概要

　品川区は，東京都の南東部に位置し，北は港区・渋谷区，西は目黒区，南は大田区に隣接している．人口は約38万人（2016年4月1日現在）で，増加傾向にある．

　品川区では，2009年度に健康づくり事業の1つとして「健康大学しながわプログラム」（以下，プログラム）を開校した．区では以前から単発の健康講座を多数実施してきたが，参加者はリピーターが多く，徐々に参加数が減少していく状況にあった．そこで，ヘルスプロモーションの理念に基づき，健康づくりを「個人の生活習慣の改善」と限定して捉えるのではなく，事業に参加した人たちが「地域で主体的に健康づくり活動を実施できる」ことを目指す本プログラムの開校に至った．プログラム参加者（以下，学生）は，健康づくり活動に関心があり原則全日程参加できる区内在住の方とし，広報等を活用し募集した．2009年度一期生の応募数は171名，選考により56名が入学し50名が卒業した．

　プログラム開校当初のカリキュラムは，①健康に関する知識（栄養，運動，歯科，病気予防等）を座学で学ぶ一般公開講座（5回），②ファシリテーター養成講座を基礎としたワークショップ（5回），③運動実技を体験する「運動の理論と実践講座」（10回）の3つの講座（計20回）から構成されていた．なお，一般公開講座のみ，学生以外の区民へも公開された講座であった．

(2) 参加型評価実施までの道のり

　本プログラムは，区の長期計画に記載されている事業であり，5か年の長期継続実施が予定されていた．開校当時，担当者として，プログラムを継続的かつ効果的に実施していくためには，参加者の意見を直接プログラムに反映させることが不可欠であると感じていた．本プログラムに限らず自治体の健康政策に基づく事業は，保健師・管理栄養士・歯科衛生士等の医療専門職が企画し実施することが多いが，医療専門職が考えた内容は必ずしも住民のニーズと一致していないのではないかという危惧があった．また，内容を一から構築した新規事業であったので，「地域で主体的に健康づくり活動を実施できる」という目的（アウトカム）を達成できるプログラムになっているのか不安もあった．

しかし，当時実施していた既存の事業評価は，参加人数等のアウトプットや参加者の満足度が重視されており，プログラムの実施過程（プロセス）やその効果の評価は実施していなかった．そのため，参加者の意見を事業改善に反映させたり，評価結果を事業改善に生かすことができず，事業の質的改善が難しい現状であった．これに対して，参加型評価は，プロジェクト・スタッフやプログラム参加者等の主要な利害関係者を評価に参加させることによって，彼らのプログラムに対する主体的な対応の促進，評価能力の向上により直接的にプログラムの改善をはかる効果があるとされており［三好・田中 2001: 69］，参加者の意見を反映させプログラム改善を図るには，参加型評価の導入が有効であると考えた．

　本来は，プログラムの活動から独立した形で「事業評価」として参加型評価の導入を目指したいところであったが，実際には，実施する予算がなく実施する時間も限られている状況であった．そこで，参加型評価の効果として期待される「オーナーシップ（当事者意識）の向上」に着目し，プログラム修了後に実施予定であった「企画運営委員養成講座」（修了生に企画運営委員としてプログラムの運営に携わってもらうための講座）に組み入れることを提案した．しかし，本プログラムは，事務担当者に加えて，保健師，管理栄養士，歯科衛生士等，多くの関係者がいたため，参加型評価を同講座に組み込むことに対する合意形成に時間がかかった．「参加型評価」という言葉は行政ではなじみが薄くイメージし難いという問題もあり，当初は，参加型評価で本当にオーナーシップ（当事者意識）が高まるのかという懐疑的な見方もあった．そこで，事前に評価専門家に参加型評価に関するレクチャーを依頼し[1]，参加型評価の有効性や効果を説明した．レクチャーに参加したスタッフからは，「やってみなければわからない所もあるが，プログラムが良くなるならやってみるよう」という前向きな反応があり実施に至った．

　振り返って考えるに，参加型評価の実施に至った大きな要因は，担当者の「参加型評価がこのプログラムの事業評価に有効だ」という確信からくる，使命感（ミッション）と熱意（パッション）であったと思われる．最初の一歩は，関係者が「納得」したというより「とりあえずやってみるか」というものであった．

(3) 参加型評価実施の枠組み

本プログラムにおける参加型評価は，プログラムの実施主体である行政スタッフ（行政側）とプログラム修了生（住民側）の参加によって，プログラム修了約2カ月後に，連続した2日間（計7時間程度）で実施された．参加者は，行政スタッフ8名（管理職，事務職，保健師，管理栄養士，歯科衛生士）と企画運営委員の活動を希望する修了生11名の計19名であった．加えて，評価専門家がファシリテーターとして，評価ワークショップを担当した．ファシリテーターとは，単なる司会進行や講師とは違い，学習者・参加者の知識や経験を引き出しながら円滑かつ効率的に会議やワークショップ，あるいは人々のさまざまな社会活動などの促進・援助をする人［後藤：2004］である．一般的に評価参加者の評価能力が十分でない参加型評価では，評価者専門家は評価の実施方法の知識や手続きを促進するファシリテーターとしての役割が求められる［三好・田中 2001: 68］．

本事例における参加型評価の目的は，① 次年度以降の「プログラムの改善」と，② 修了生の「オーナーシップ（当事者意識）」を高めプログラムや地域の健康づくり活動に積極的に関わるきっかけにすること，とした．評価の分類でいうと，「プログラム評価」であり，「協働型評価」であると言える．源［2008］によると，協働型評価とは，評価専門家と利害関係者が対等な関係で全員の協働作業として評価を行うことが特徴であるという．異なった意見や対立を評価という共通の場をとおして合意形成を図り，プログラム改善に向けての建設的な評価を行うことができるとされている．

(4) 参加型評価実施の流れと役割分担

本プログラムにおける参加型評価は，① 事前準備，② 評価ワークショップ，③ 次年度のプログラム改善の3段階で行った．評価ワークショップは，a．プログラムのアウトカム・内容の共有化（ロジックモデルの作成），b．ロジックモデルに基づいた評価設問の検討，c．参加者に重要だと認識された評価設問に関する課題の抽出とカテゴリー化，d．カテゴリー別の改善策の検討の4つの段階で構成された．

参加型評価の役割分担は，事前準備は行政スタッフ主体で行ったが，ワークショップの場では，行政と住民双方がすべての時間を共有し実施した．評価専門家は，参加型評価を円滑に実施していくためのファシリテーションを担当し，

表8-3 参加型評価の流れ

段階	時期	活動内容	具体的な活動	役割分担 行政	役割分担 住民	役割分担 評価専門家
①事前準備	実施一カ月前	事前学習	行政スタッフに対し，参加型評価の目的・意義を伝える．	◎	—	◎
		地域情報の収集	事業の実施状況や参加者のアンケート結果，地域の健康に関するデータの収集	◎	—	○
		実施条件の決定	参加の条件，内容，日程案の決定	◎	—	○
②評価ワークショップ	一日目	アウトカムの共有化	最終アウトカム，中間アウトカムの共有	◎	◎	◎
		プログラムの内容の共有化	プログラムがどのような組み立てと理論で成り立っているかを確認	◎	◎	◎
		評価設問の決定	双方の立場からプログラムに関する関心事や問題意識を提示する．	◎	◎	◎
	二日目	課題の抽出	アウトカムに対するプログラムの課題を提示する．	◎	◎	◎
		課題のカテゴリー化	双方が納得するプログラムの課題を整理する．	◎	◎	◎
		改善策の検討	参加者による改善策の提案と共有	◎	◎	◎
③改善	一カ月後	新たなロジックモデルの構築	翌年度のプログラムをワークショップで提示された改善策を取り入れ改定する．	◎	—	—

注：◎主に関与，○補助的に関与，—関与なし．

異なった認識を持つ行政側・住民側の合意形成を図るために，ワークショップ全体において重要な役割を担った．本事例の成功は，評価専門家のファシリテーションスキルに寄与するところが多い．参加型評価の流れと参加者の役割分担をまとめたものを表8-3に示す．

(5) 評価ワークショップでの議論
評価ワークショップ1日目

ワークショップ1日目は，行政・住民側双方の探りあいの雰囲気で始まった．行政と住民が一緒に評価をする経験がなく，行政側は「住民と本音で話していいの？」，住民側は「そもそもロジックモデルって何？」という戸惑いが前面に出ていた．しかし，ファシリテーターの的確なリードで，徐々に活発な議論ができるようになった．参加型評価のワークショップ手法では，全員の意見が

平等に議論の対象となるため，一部の人の意見が多く反映されるような場面はなく，全員で議論を展開することができた．

　第一段階のロジックモデルの作成では，行政側と住民側のプログラムの目的（アウトカム）に対する認識の違いが明らかとなり，双方の意見交換と合意形成にかなりの時間が費やされた．行政側はプログラムの目的（中間アウトカム）を「参加者（修了生）が地域で健康づくり活動を主体的に展開できるようになること」と考えており，プログラムをとおしてアウトカムを参加者に伝えてきた自負があった．しかし，修了生にはアウトカムが全く伝わっておらず，「そんなつもりで参加していないし，そんなこと学んでいない！」，「自分の健康ためが参加の理由」という率直な意見が聞かれた．しかし，ロジックモデルを整理していく過程で住民側から，「意識はしていなかったが，一緒に考えてみると行政の思いがわかった．確かに『修了生が地域で健康づくり活動を主体的に展開できるようになる』はプログラムの目的だ！」との発言があり，アウトカムの共有に至った．ここで共有された区の健康政策全体のアウトカム（最終アウトカム）は「区内に健康な人が多くなる」，中間アウトカムは「健康づくり活動に参加する区民が増える」であり，プログラムのロジックモデルは図8−1のように整理された．

　第二段階のロジックモデルに基づいた評価設問の検討では，評価参加者が異なった立場からプログラムに対する関心事や問題意識を提示する機会となった．評価設問とは評価をとおして明らかにしたい事柄に対する問いかけである．住民側から，「このアウトカムであれば評価設問はこうであるべきだがプログラム内容が足りない」というような厳しい意見も聞かれ，さらに活発な意見交換の場となったが，評価専門家の適切なファシリテーションの効用もあり，双方が衝突することなく，和やかな雰囲気で議論が行われた．

評価ワークショップ2日目

　2日目のワークショップは，第三段階の評価設問に関する評価と課題の抽出（カテゴリー化）および第四段階のカテゴリー別の改善策を検討した．

　源［2011］によると，参加型評価を特徴づけるものは，参加者の外側からもたらされた評価基準ではなく，ワークショップにおける対話をとおして関係者間で「納得」した評価基準に基づく評価である点であり，評価基準と比較が自己満足で終わることなく「妥当な」範囲に落ち着くには，行政側と住民側の双

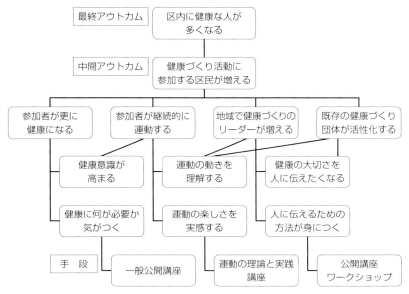

図8-1　評価ワークショップにおいて合意された「健康大学しながわ」
（2009年度）のロジックモデル

方の監視が必要になるという．本事例のワークショップでも，住民側からの厳しい視点，行政だけではわからなかった指摘が多くあり，住民側が監視の役割を果たしていた．プログラムの課題としては，① 各講座の目的が不明確，② 企画の趣旨説明が不十分，③ 実施体制に不備がある等の意見が出された．

改善策は，課題を抽出する段階で双方から自発的に提示された．具体的には，① アウトカムに沿って講座内容を整理・充実する，② 医療専門職によるゼミ形式の講座を実施する，③ 運動講座の内容を絞る，④ 募集時や入学時に目的を明確に伝える，等の提示があった．先ほど，「妥当な」評価に落ち着くには住民側の監視の目が必要と述べたが，改善策に関しても，住民側の厳しい指摘がありながらも，最終的には双方「合意」ができる「妥当」な範囲に落ち着いた．

3　参加型評価の効果検証

本節では，本プログラムにおける参加型評価の効果について，(1)プログラム

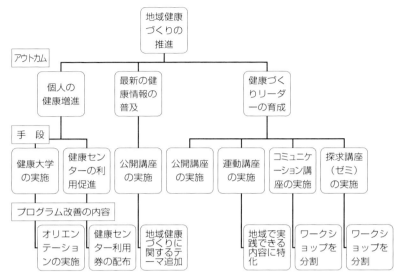

図 8-2 参加型評価結果を受けた後の「健康大学しながわ」(2010年度)の
ロジックモデルとプログラム改善内容

改善の容易さ，(2)参加者の認識の変化とオーナーシップ（当事者意識）の向上の2つの観点から考察する．

(1) プログラム改善の容易さ

参加型評価の導入の目的の1つは，次年度以降のプログラムの改善に結びつけることであった．参加型評価の結果を受け，2010年度プログラムのアウトカムを「健康づくり活動に参加する区民が増える」＝「地域健康づくりの推進」とし，ロジックモデルを再構築し，目的に沿ったプログラムとなるように，内容や実施体制を改善した（図8-2）．具体的には，公開講座のテーマに地域の健康づくりを追加し，ワークショップは，地域で活動するために必要なスキルを学ぶ「コミュニケーション講座」とゼミ形式の「健康探求講座」に分割，運動講座は，地域で活動する際に必要な運動の知識と方法に焦点を絞る等の工夫をした．また，中間アウトカムが学生に伝わっていないという指摘もあったことから，募集要項にプログラムのアウトカムを明記したり，オリエンテーションを実施する等の実施体制の改善を図った．その他，地域の健康づくりに関する

社会資源の利用を促進するため，区立健康センターの利用券を配布した．これらの改善内容の多くが，参加型評価の結果出された改善策と一致しており，評価結果の活用度合が高かった．また，改訂された2010年度プログラムの出席率が極めて高かったことから，講座内容が充実し，住民ニーズにあったプログラムに改善されたとも推察される．

当時の担当者としての実感は，参加型評価の過程で関係者がプログラムのアウトカムや課題を「共有」し「納得」していたため，事業改善に対する合意形成がスムーズにでき，改善も容易であった．今までプログラム改善といえばトップの意向または一部のスタッフ主導による事業見直しが多かったが，今回は，関係者全員が「アウトカムに向かって積極的に改善して行こう！」という雰囲気になっていた．つまり，参加型評価において，アウトカムの明確化と共有という関係者間の理解の促進がプログラム自体の改善促進に貢献したと考えられる．

(2) 参加者の認識の変化とオーナーシップ（当事者意識）の向上

参加型評価直後に参加者の認識の変化を探るため，評価に参加したことによるプログラムに対する印象や捉え方の変化の有無等について5段階評点によるアンケート調査を実施した（表8-4）．その結果，「いろいろな意見を聞くことができた」，「目標が明確になった」，「事業に対する理解が深まった」，「他の人から学ぶことが多かった」，「企画運営に携わる意欲が高まった」といった認識の平均値が高く，学び合いと態度の変容が起きていたことがわかっている．また，この5段階評点結果については行政側の平均値のほうが住民側より高いという特徴がみられた．これは，行政側はもともと参加型評価に対して懐疑的な見方があった上に，住民と一緒に評価することで，住民側から「過剰な要望」が出てくることに対して不安が高かった．しかし，結果として「妥当」な改善策が多く出たことに対し，驚きと期待以上の成果に対する喜び，達成感のようなものを感じ，認識の変化が高くなったと考えられる．

住民側の評価参加者については，プログラムに対する認識の変化が関わり方の変化にもつながっている．2009年度の評価に参加した住民は全員，2010年度のプログラムに企画運営委員として事業運営に積極的に携わり，その多くは2014年度も企画運営委員として活動している．企画運営委員からは，一緒に事業運営をしている中で，「参加型評価で，（本プログラムが）素晴らしいプログラムだと感じた」「（本プログラムが）大好きになった」，「自分たちもできるこ

表8-4 参加型評価後の認識の変化
（平均値） N=19

色々な意見を聞くことができた	4.32
目標が明確になった	4.21
問題点が明確になった	4.16
事業に対する理解が深まった	4.21
事業に対する思いを共有できた	4.11
他の人から学ぶことが多かった	4.26
改善策を十分に話し合えた	3.74
改善策を来年度に生かせる	4.11
事業との関わり方が明確になった	4.00
参加者間で一体感が生まれた	3.79
意見を言いやすい雰囲気だった	4.37
企画運営に携わる意欲が向上した	4.26

注：とてもそう思う（5点），そう思う（4点），どちらともいえない（3点），そう思わない（2点），全くそう思わない（1点）

とは協力したい」という声が多く聞かれた．このことから，参加型評価の過程がプログラムに対する愛着や帰属意識を高め，オーナーシップ（当事者意識）の向上につながったと推察される．

また，本プログラムのアウトカムは，地域で健康づくり活動を主体的に行える人材を育成することである．ワークショップでは，アウトカムは行政と住民の間で共有されていなかったことが明らかとなったが，参加型評価に参加した修了生を中心に，地域で自主的活動を行うグループが複数組織され，積極的に活動している．具体的には，紙芝居健康教育グループやオリジナル健康体操（しながら体操）を普及するグループ，指体操で脳トレや口腔ケアの有効性を伝えるグループなど，区内各地で年間数十回の活動をしている．これは，参加型評価の過程が修了生のプログラムに対するオーナーシップ（当事者意識）を高め，事業運営に積極的に関わり続けるようになっただけでなく，プログラムのアウトカム「地域で健康づくり活動を主体的に行える人材の育成」に対してのオーナーシップ（当事者意識）も高まり，地域の健康づくり活動をはじめるきっかけや動機づけになったことを示唆しているのではないだろうか．

第 8 章　行政の健康づくり事業における参加型評価の活用　　179

4　健康づくり事業における参加型評価の有効性

　本事例における参加型評価のプロセスの効用について検証するため，源［2011: 12］は2010年11月に，関係者へフォーカス・グループ・ディスカッション（FGD）を実施した．本節では，FGD の結果を踏まえ健康づくり事業における参加型評価の適応・有効性について，健康政策分野において参加型評価の導入によって期待できると考えられた，① プログラムの戦略化への効果，② 行政と住民の協働促進への効果の 2 つの面から考察する．

(1)　プログラムの戦略化への効果

　前段で，自治体の健康政策は地域戦略が欠如しており，健康政策を戦略化するには，目的（アウトカム）を特定し，目的・手段体系（プロセス）を整合性や合理性のある形に整理することが重要であると述べた．参加型評価では，成果を達成するために必要な具体的な活動内容を論理的に検討，策定するためのツールとして，ロジックモデルを活用している．ロジックモデルは，目標および目的・手段体系を明確化できるだけでなく，全体像の図示により，プログラムを俯瞰でき，かつ情報共有もできるため，高度な戦略化をしやすくなる［W. K. Kellogg Foundation 2001］．本事例においても参加型評価を実施した際に，ワークショップでロジックモデルを作成し，目的（アウトカム）と手段を体系化した．参加型評価後，行政と住民双方から，「アウトカムの明確化」がなされたことで，講座そのものの改善につながっているという発言が多く聞かれた．実際に，2010年度のプログラム改善内容の多くが，参加型評価の結果と一致しており，評価結果の活用度合が高く，プログラムの戦略化へ参加型評価の効果があったと考えられる．

　一方で，源［2011］によると「既存の健康づくり体制への不満／連携の必要性」，「役所の役割についての再考／役所の縦割りの弊害」等のプログラムを超える健康政策全体の形成に関する意見が多く出されていたという．これは，プログラムの最終アウトカムを「区内に健康な人が多くなる」と明確にしたことにより，品川区の健康政策全体の不備や健康づくり事業の実施体制の不満などが明らかになったためである．

　品川区では，健康増進法に基づく健康増進計画として，平成15年 3 月に「区

民健康づくりプラン品川」を策定し，特に「成人」と「親と子」に着目した施策体系を実施してきた．健康づくり施策に関しては，区内13地区に健康づくり推進委員会を組織し，地域で健康づくり活動を展開する体制づくりが主な事業計画であった．プラン品川に基づき，体操教室等の事業が各地域で実施される等，地域主体の健康づくり活動を進める中，更なる区民の健康づくり推進体制の充実の一施策として，「健康大学しながわ」を開校した．しかし，健康づくり推進委員会は本庁が担当し，本プログラムは出先機関である保健センターが担当するという縦割りの実施体制であった．本プログラムは，地域で健康づくり活動を主体的に行える人材を育成することをアウトカムとしていたが，主管課の違う健康づくり推進委員会との連携が不透明であったため，「健康政策全体の不備／役所の縦割り」に対する意見が多く出たのではないか．つまり，参加型評価の過程でロジックモデルを作成したことで，アウトカムや現状，課題が共有でき，「健康大学しながわ」という一施策の範囲を超え，健康政策全体の再検討や戦略化が必要だと認識するきっかけとなったと考えられる．

(2) 行政と住民の協働促進への効果

横浜市［2012］によると，協働は，まず，関わる主体が「これは協働で取り組む事業である」という共通認識を持つ必要があり，協働を進めるプロセスでは，事業を実施する主体同士が協働の必要性や事業目的，役割分担などを対等な立場でよく話し合い，合意を得て進めることが大切であるとしている．源［2011］によるFGDでは，住民側からは双方の垣根（行政を「お上」として捉えていたこと）が取れたこと，また行政側からは自分たちが気付かずに上から目線で，あるいは専門家としての自負から講座を実施してきたという率直な反省の弁等が聞かれたという．また，参加型評価の印象として，「行政と住民との協働の手段」，「意見共有のプロセス」，「双方の距離が縮んだこと」という意見も出たという．これは，参加型評価の過程が，参加者同士の対等・平等に意見を述べる場となり，行政側・住民側双方に信頼関係が生まれ，協働促進への効果があったと考えられる．

ただし，本事例の参加者の選定については「希望者」あるいは「将来的に企画運営に携わりたい人」を募ったために，もともと協働への意識の高い人であることは否めない．しかし，「とりあえず参加してみてから今後の関わり方を決める」，「仲間が参加するから参加してみる」という評価参加者は参加型評価

がきっかけになり，企画運営委員として積極的にかかわるようになり，2014年度現在もプログラムの運営に関わり続けている事実もある．また，筆者が事業担当として関わる中で，評価参加者から「役所の人とこんなに話せるようなってびっくりしていた」，「自分たちの意見を聞いてもらえるのはうれしい」，「役所の人が頑張っているから自分たちも協力したいと思っている」，「（プログラムの）立ち上げから，役所と一緒に頑張っている」という発言をたくさん聞いてきた．これらから，参加型評価の過程において，「意見の共有」や「場の共有」といった行政と住民との「接近」が図られ，関係者の信頼関係が構築され，協働運営の「原動力」になった可能性が高いと考えられる．

おわりに
――行政における参加型評価の実践への示唆――

　本章では，行政の健康づくり事業における参加型評価の適用可能性について，「健康大学しながわ」の事例を基に考察した．健康づくり事業は，母子保健や介護予防事業などの住民1人ひとりの健康を実現するために健康政策に基づき実施される施策（事業）の1つである．よって，考察結果は，健康づくり事業にのみならず，健康政策全体にも適応できると考えられる．

　結語として，まず行政における参加型評価導入の利点を2つ挙げたい．

　第1に，参加型評価は行政スタッフと住民（利害関係者）が安全に対等に議論できる場となる．筆者自身，行政スタッフとして，住民らによる区の事業に対する一方的かつ過剰な要望に苦慮することも多い．しかし，ロジックモデルを使いアウトカムを共有することから始める参加型評価では，共有した「アウトカム」を達成するための「手段」を現状と照らし合わせて議論していく．そのため，過剰な要望が出たとしても，「アウトカム」の達成のために必要か？という議論の中で，実はアウトカム達成のための手段にそぐわないと判断されることも多い．かつ，「手段」は行政だけでなく評価参加者全員が当事者として何ができるかという視点で議論されるため，建設的な意見交換の場となり，具体的かつ現実的な提言がなされる可能性が高い．

　第2に，参加型評価の過程で，事業に対する愛着や使命感が増す点である．本事例では参加型評価を3カ年（3期生まで）継続して実施した．筆者および担当スタッフの実感として，参加型評価に参加した1～3期生は，「健康大学

しながわが大好き」という方が多く，「私たちの健康大学だから」とプログラムに愛着を持った人が，参加型評価を実施していない4期生以降より多いと感じている．また，目的達成に対する使命感が強く，本プログラムの運営協力以外にも地域で健康づくり活動を積極的に実施している人が多い．以前，筆者が地域で健康づくり推進活動を実施しているグループにアンケートを実施したところ，活動の活性化要因は，ミッションの共有，コミュニティ感覚，楽しさ，地域の巻き込み，愛着，組織風土，自己満足感，周囲からの支援の9つであった[2]．参加型評価の過程で得られた事業への愛着や目的達成への使命感が，地域の健康づくり活動を積極的に実施する原動力になっている可能性が高い．

最後に，行政において参加型評価を実施する上での課題と留意点を2つ提示したい．

第1に評価に費やす時間の問題がある．参加型評価は，継続的に，ある程度の時間をかけて行うことに意味があり，参加型評価そのものを事業の中に内在化する仕組みが効果的である［源 2007: 83-84］．しかし，参加型評価のワークショップを実行するには，多くの関係者が多くの時間を共有する必要があり，多岐にわたる政策に基づき膨大な事業を行っている自治体では，時間の確保は大きな課題である．本事例の参加型評価が3カ年で終了した理由も，時間の負担感の問題が大きかった．時間を要する評価ゆえ，行政スタッフが参加型評価に時間を費やす価値があると認識しない限り，参加型評価は形骸的なものになり，負担感だけが増大する可能性もある．

第2に，参加型評価の結果が事業改善に活用されるためには，参加型評価が行政評価の1つとして認められ，行政評価の中に組み込まれる必要がある．本事例は，プログラムの修了後講座の一環としての参加型評価であり，行政評価として実施した評価ではない．そのため，評価結果の活用については，組織的に保障されたものではなく，予算制度とのつながりもない．本事例では3回の参加型評価で，プログラムのロジックモデルが整理され戦略化できたことで，プログラム内容の改善は図れたが，参加型評価を重ねていくと最終アウトカムの達成のためには，プログラムのレベルを超えた健康政策や全体の実施体制の改善が必要という評価結果が出てくるようになった．しかし，参加型評価が行政評価として実施されていないため，庁内全体として評価結果が有効であると判断されず，プログラムを超えた提言については十分に活用されなかった．そのため，行政側も住民側も参加型評価に対する満足度や改善に対するインパク

トが減少し，評価にかかる時間に対する負担感が増加してしまったのである．行政組織としてトップが参加型評価を有効な評価手法だと認識し制度化し，組織全体で前向きに活用していくという風土がなければ，参加型評価は行政組織には浸透していかないと危惧する．

　本章冒頭で，参加型評価に出会った際に，事業改善に有効で住民との協働が可能になるツールだと確信したと述べたが，その思いは現在も変わらない．本事例の示唆を踏まえ，今後も参加型評価の試行実績を積み上げていく中で，行政組織での参加型評価の本格導入に尽力していきたいと考える．

謝辞

　本章執筆にあたり，品川区のスタッフおよび住民の皆様にこの場を借りて改めてお礼申しあげます．

　注
　1）　本事例の評価専門家は源由理子氏（明治大学公共政策大学院ガバナンス研究科）に依頼した．
　2）　順天堂大学大学院スポーツ健康科学研究科修士論文「都市の健康づくり推進活動の活性化に関する研究」(2008)．

第9章

知識創造プロセスを活用した公共セクターのイノベーション
――豊岡市の「協働型プログラム評価」の実践事例を通じて――

真 野　　毅

は じ め に

　前例踏襲主義や事なかれ主義のお役所仕事と揶揄される行政は，イノベーションとは遠い存在であると認識されている．しかし，この行政における中央集権型の官僚体制による統治は，公共管理（Old Public Administration: OPA）と呼ばれ，公共を統治するもっとも効率的なシステムとして導入されたイノベーションであった．OPAは，国王や党派の情実に左右されてきた政府の意思決定を，公平で民主的なものにするために19世紀後期にできた新しい組織の仕組みである．官僚制が目指したのは，1つの目的達成に向けて，効率的に，長期的に安定したサービスが提供できる組織の実現である．達成すべき目標に向けて，遵守すべき規則や手順に基づき，命令の一元化が貫徹されたヒエラルキー構造の中の役割や地位に応じて，分与された仕事を執行する組織がもっとも効率的であると考えられた．

　OPAは，戦後の高度成長期の画一的な社会インフラの構築と福祉国家の実現にその効率性を発揮したが，1970年代以降，官僚制度の限界が目立ってきた．官僚として規律を遵守することを過剰に叩きこまれた結果，合理的政策実行のための手段であった規則の遵守そのものが目的化してしまい，行政職員の杓子定規的な対応が生まれる．規則を守ることが「目的」となってしまい，何のためにその規律ができたかを考えないが故に柔軟な対応ができなくなってしまうのである．また，行き過ぎた分業体制は，自部門の利益しか考えない，セクショナリズムを生むことになる．

　さらに，法的な強制力で税収が得られる行政においては，市場での競争がな

く，外部環境の変化に鈍感で，放漫経営に陥りやすい．仕事の量に関わらず，役人の人数は増加するという「パーキンソンの法則」により，組織が肥大する．手厚い社会福祉制度など行政の機能の拡大は，先進国において膨大な財政支出をもたらし，財政赤字を拡大させた．その結果，福祉国家主義から，自由な市場活動を保障し，「小さな政府」を目指すべきであるという新自由主義の考えが急速に広がった．このような環境変化の中で，アングロサクソン諸国を中心に1980年代から1990年代にかけて，行政改革活動が拡大した．これらの活動を総称して，新公共経営（New Public Management: NPM）と呼んでいる［Hood 1991］．NPM とは，大きな環境変化の中で，行政に民間企業の経営手法を導入し，行政部門の効率化・活性化を目的としたイノベーションである．NPM の基本理念は，① 業績・成果による統制，② 市場メカニズムの活用，③ 顧客主義への転換，④ ヒエラルキーの簡素化の4つの要素に整理できるが，本質的なものは①および②で，特に①は「契約型システム」への転換を意味しており，NPM 論の核心と考えられている［大住 2005a: 92］．NPM の定義は，国や地域によって違い，時代とともに変化しており，いろいろな類型が存在している．英国・ニュージーランドで始まった古典的 NPM の特徴の1つは，NPM の「契約型システム」に基づき，政府の機能を「政策の立案」と「政策の執行」に分離し，執行部門の業務の標準化を進めたことである．標準化により，執行部門の業務への新たな参入を可能にし，業績測定を行い，競争による効率化を可能とした．

　しかし，執行部門の効率化だけでは地域の多様なニーズに対応できず，1998年にブレア政権になるとアウトカムや価値に適合した公共サービスの再構築が必要と考えられるようになる．こうしたなかで，特に住民に近い地方自治体において，多様化した地域のニーズを知っている地域のアクターとの協働が必要となり，NPM は市民協働型に変化してきている［大住 2005: 95-96］．このようなガバナンス体制は，行政は奉仕者として市民と協働のガバナンスを形成する体制であるという観点から，ステファン・オズボーンによって，NPM とは別に，「新公共ガバナンス」（New Public Governance: NPG）と命名されている［Osborne 2010］．日本においても，NPM 型の事務事業評価の限界が指摘されるなか，NPG 型ガバナンス体制の推進につながる「新しい公共」宣言が2010年に内閣府によって発表された．ガバメント（統治）からガバナンス（協治）へのパラダイムの転換である．行政だけで公共を担うのではなく，地域を構成する

多様なアクターによって担われる「新しい公共」の時代への変化である。「新しい公共」とは、「人々の支え合いと活気のある社会をつくることに向けたさまざまな当事者の自発的な協働の場」[内閣府 2010]と定義されている[1]。少子高齢化、人口減少の時代の流れのなか、財政の縮小と福祉の拡大を求められる地方自治体にとって、「新しい公共」の再構築が有効な解決策の１つであるのは明らかである。しかしながら、行政にも市民にも、右肩上がりの時代の「公共の仕事は行政が行う」という発想が強く残っており、NPG 型ガバナンス体制への転換は容易ではない。

このような背景のなか、兵庫県豊岡市においては、行政改革の一貫として導入された事務事業評価が凍結され、「協働型プログラム評価」が導入された。事務事業評価は、導入初期のコスト削減効果に留まり、経過とともに成果が薄れ、作業の割に職員の負担感も大きく、職員の意識改革につながらなかったからである。「協働型プログラム評価」は、地域のアクターと戦略を考える話し合いの場である「ワークショップ」を通じて、政策やプログラムの改善を行う「参加型評価」である。行政内部の効率化を狙った OPA や、市場での競争による効率化を狙った NPM とは違い、多様なアクターが政策立案や執行に積極的に参加していく民主的なプロセスを通じて、行政サービスの品質向上を進める NPG に対応した評価を目指している。本章では、豊岡市における「協働型プログラム評価」の実践事例を通じて、地方自治体における政策に多様なアクターが加わることで、新たな知識が創造されることを明らかにする。具体的には、この後で解説する「知識創造プロセス理論」を活用して、「協働型プログラム評価」において知識が創造されるプロセスを明らかにし、「協働型プログラム評価」が多様なアクターによって協治される新しい公共の実現に貢献できることを検証する。

1　公共セクターにおけるイノベーション
―― NPG 型イノベーションへの道 ――

(1)　イノベーションの概念

イノベーションを最初に理論化したのは、経済学者のシュンペーターである。経済成長の原動力となる革新としてイノベーションを捉え、景気循環を説明した。シュンペーターは、イノベーションを「新市場の開拓、新仕入先の開拓、

新組織の構築・再編成など，既存の仕組みの新しい組み合わせを含んだ新結合」と定義している［Schumpeter 1926: 邦訳（上）182-184］．彼は，この新結合を実現するイノベーションの実行者を「企業者」と呼び，イノベーションの源泉として企業家を捉えた．企業者は，通常の経済活動のなかにおける「慣行の軌道」を打破し，新結合を遂行する存在なのである．企業者は，この慣行の軌道を打破するために，さまざまな困難に立ち向かう必要がある．これらの困難に立ち向かう企業家の主体的な行動により，イノベーションが起こるとシュンペーターは考えたのである．

　その後，経営学者ドラッカーは，経営学の視点からイノベーションが企業の成長に必要不可欠であることを説いている．彼は，シュンペーターのイノベーションに関する概念を組織活動に取り込み，「イノベーションは技術に限らない．モノである必要さえない．それどころか社会に与える影響力において，新聞や保険をはじめとする社会的イノベーションに匹敵するものはない」と社会的なイノベーションにも焦点をあてた［Drucker 1985: 邦訳 10］．特に，彼は工業化社会から情報化社会へのパラダイムの変化を「知識社会」の到来と捉えた．そして「知識社会」において企業にとって基幹となる生産要素は，資本でも土地でも労働でもなく，「知識」であり，「知識労働者」が生産要素として中心的役割を果たすと考えたのである［Drucker 1993: 邦訳 7-10］．ドラッカーは，知識社会の到来により，企業の成長には，知識労働者によるイノベーションが欠かせないことを説いたのである．

　組織の内部におけるクローズド・イノベーションに対して，組織内部と外部のアイディアを有機的に結び付けて価値を創造するオープン・イノベーションの重要性が明らかになってきている［Chesbrough 2006］．チェスブロウは，インテル，シスコ，マイクロソフトのような変化のスピードが速い市場で成功している企業は，自社が持つ知識だけに頼るのではなく，積極的に外部の知識や能力を組み合わせることでイノベーションを実現していることを明らかにした．イノベーションは，組織の内部だけでなく，組織の外部との協働による知識創造も重要と認識されるようになってきているのである．さらに，1990年代から，民間企業が事業を通じて社会的な課題を解決しようというソーシャル・イノベーションという新しい発想も生まれてきている［谷本ら 2013: 5］．

　このように，イノベーションとは，技術に限らず，社会的システムのイノベーションを含む概念であり，組織の内だけでなく組織の外部を含むものへ，さ

表9-1 各ガバナンス体制におけるイノベーションの構成要素

	公共管理 TPA (OPA)	新公共経営 NPM	新公共ガバナンス NPG
システム	官僚主義	市場主義	ネットワーク
ガバナンスの原則	階級組織	競争	協働
フォーカス	公共サービスの供給と品質	公共サービスの効率化経営プロセス	多次元問題解決
知識	政治的プロ	マネジメント 民間セクター	多次元の知識：政治，プロ，民間セクター，市民社会，その他
政治家の役割	ビジョンのある政治家	メタ・ガバナー	メタ・ガバナー利害関係の調整
行政の役割	専門家として政治的アイディアを精練し，実行	ハイブリッド・マネジャーとして民間セクターからのアイディアを発展させ，精練し，実行する	ネットワークの相互作用を運営し，専門家として参加する
市民の役割	顧客：手続きに参加	客：公共サービスへ個人の嗜好をインプット	公共サービスの協働経営者

出所：Waldorff, Kristesen & Ebbesen［2014］をもとに筆者翻訳．

らに企業中心から公共セクターも含む概念へ拡大してきている．公共セクターへの民間企業等の積極的な参加により，行政と民間企業等の協働が公共セクターのイノベーションの推進力になることを期待されているのである．

(2) 各ガバナンス改革におけるイノベーションの構成要素

ガバナンス体制のシステムが，OPAでは行政内部の階級組織を通じた官僚主義，NPMでは民間セクターの市場を活用した市場主義，そして，NPGでは多様なアクターの協働を通じたネットワークへと，大きな変革を遂げてきている．表9-1は，この大きな変革のなかで，それぞれのガバナンス体制下で起こるイノベーションの構成要素には根本的な違いが生まれていることを示している［Waldorff, Kristesen and Ebbesen 2014］．

OPAにおいては，ビジョンのある政治家がイノベーションの担い手となる．行政は，公共セクターの専門家として，政治家のアイディアを洗練し，市民である顧客に，より良い品質の公共サービスを実施していく．NPMにおいては，行政がイノベーションの担い手として，執行部門の業務への新たな参入を促し，競争により公共サービスの効率化を進めた．さらに，執行部門に対して業績測

定を行い，今まで "Plan-Do" の繰り返しで，規則遵守という観点からの「手続き」の確認に留まっていた事後チェックだけでなく，それぞれの事業がどれだけ成果をあげたかという業績の評価が導入されることになった．これにより，行政へのPDCAのマネジメント・サイクル（経営プロセス）を形成することが可能になった．市民は，OPAと同じ公共サービスの顧客という立場であるが，個人の好みをインプットすることで，公共サービスの選択が可能となった．

　NPGでは，イノベーションの担い手も，個人としての企業家だけによるものではなく，多様なアクターが協働でイノベーションを担い，地域全体のアウトカム（成果）を実現することを目指している．NPGにおけるイノベーションとは，ネットワーク化した多様なアクターとの協働による地域の課題解決である．政治家が多様なアクターの利害調整を行い，行政はそのネットワークの相互作用を運営する専門家として参加し，市民を含む多様なアクターと協働によるイノベーションを期待している．市民を公共サービスを受けるだけの「顧客」として見なしていたNPMに対して，NPGは市民を公共の所有者であり，かつ協働経営者と見なしている．公共サービスの効果は，サービス供給者の業務改善だけではなく，サービス利用者や地域社会の対応によって左右されるからである．たとえば，地域の災害時の被害者の数を減少させるというアウトカムを達成するには，市役所や消防署などの公共機関だけでなく，消防団や防災組織による共助，そして市民の「自分の命は自分で守る」という自助意識が必要となる．NPGにおいては，防災に関連する多様なアクターがそれぞれの立場から議論し，地域として戦略を立て，アクターが合意した内容に従ってそれぞれの立場で協働する地域を構築することが重要となる．消防隊員をいくら鍛えても，逃げない市民や逃げ道を知らない市民ばかりでは，災害時の被害者の数を減らすことはできないからである．

(3) **NPMの課題と限界：NPG型イノベーションを阻むもの**

　NPMにおいて，政策の立案と執行の分離により，執行部門の業務を標準化し，作業を簡単にマニュアル化できる場合は，執行部門の業務を公募し，競争を持ち込み，さらに業績測定を導入することで効率化が可能となる．しかし，立案と執行の2つの組織間の仕事の内容を契約で規定できない場合，その調整コストが大きくなる．そして，執行部門の現場での裁量を認めなければ，執行部門ではモチベーションが落ち，執行部門の生産性は改善せず，行政部門全体

の効率は低下する［Stewart 1996］．政策立案部門と執行部門の業務の相互作用が低い場合は，両者の関係はマニュアル化でき，民間の市場メカニズムの導入がうまく機能するが，その相互作用が高い業務については，政策立案機関と執行部門の信頼関係が重要となり，市場メカニズムを基本としたNPMの発想だけでは，行政部門の効率化も達成できないのである［McLaughlin, Osborne and Chew 2009］．

業績測定についても過度な活用は弊害となる．たとえば，「男女共同参画の実現」というような地域全体の目的を実現するには，長期の継続した活動が要求されるだけでなく，行政機関以外のアクターの活動が求められる．行政だけに責任を持たせ，目標の達成度に応じて評価をすれば，「セミナーを何回開いた」，「セミナーに何人が集まった」など，行政がコントロール可能なアウトプット業績を「業績評価」として導入するだけに終わってしまう．このような目的管理型評価の問題を，北大路は「短期的・具体的・直接的志向」とよんでいる［北大路 2012: 10］．組織力や地域力のように，中長期的な成果を狙った施策にも手を出さなくなり，貢献度測定が困難な施策，さらには成果が不確実でリスクが高い施策は排除されることになりかねない．業績測定が経営の質向上の手段ではなく，数字の達成が自己目的化するという弊害がおこるのである．

NPMの経営改革思想が，行政と民間との協働を阻害し，NPGへのパラダイムシフトの障害になっていることを，ソレンセンらはNPMの経営改革思想が持つ2つの限界から説明している．「民間セクターの競争が公共にも同じように有効である」というNPMの独断的な主張と，「公共部門の幹部だけが公共セクターの責任を担っている」というNPMの基本的思想の2つである［Sorensen and Torfing 2010: 12］．

ソレンセンらは，「新しく，かつ創造的なアイディアを生み出し執行し普及する，多少とも意図的で積極的なプロセス」をイノベーションと捉え，民間との協働によるイノベーションを阻害するNPMに固有の4つの具体的要因を挙げている．それらは，① 高い効率性への著しい関心，② 公共マネージャーの役割への排他的な焦点化，③ NPMを支配する競争精神と④ 業績の測定へのNPMの過剰な要求である［Sorensen and Torfing 2010: 18-19］．これらは，アンセルらが協働のイノベーションを起こすメカニズムをして必要とする「シナジー」，「学び」や「コミットメント」のプロセスを阻害するからである［Ansell and Torfing 2014］．

(4) NPG型イノベーションプロセスを駆動させるもの

　NPMは，企業家である幹部職員が市場競争を導入することで，民間企業のアイディアを活用してイノベーションを起こせばよかった．しかし，NPGにおける多様なアクターの協働によるイノベーションの達成には，イノベーションのプロセスそのものについて理解が必要となる．協働から生まれるイノベーションは，優秀な企業家が生み出す政策ではなく，多様な現場の知識を組み合わせることにより生成されるイノベーションだからである．

　協働がイノベーションを起こすメカニズムは，「シナジー」と「学び」と「コミットメント」の3つのプロセスから成り立っている［Ansell and Torfing 2014］．「シナジー」は，多様なアクターがイノベイティブなプロジェクトを推し進めるのに，それぞれが持つ能力や資源を結集するプロセスである．アクターは，それぞれの内組織で獲得した能力や資源を持っており，それらを組み合わせることにより，「シナジー」が生まれる．そして多様なアクターの持つ能力や資源から新たな組み合わせから「シナジー」を創出するには，他のアクターとの対話を通じて，アクターの認識が変容するプロセスである「学び」が必要となる．そして，「シナジー」や「学び」を強化し，イノベーションを持続させるには，アクターが当事者意識を持ち，協働のプロセスやその成果に対して「コミットメント」をすることが重要となる．「コミットメント」は，イノベーションに関して協働するグループがコンセンサスを構築し，そのコンセンサスを支持していくプロセスである．

　多様なアクターによるイノベーションは，シュッツがまとめた「ストレンジャー（＝外もの）」という視点から見た，異質な「よそ者」が新しい集団に入ることによって起こる変革プロセスが参考になる［Schutz 1964］．異なった「集団生活の文化の型」で育った「よそ者」にとっては，「接近集団の成員が明々白々と見なしているほとんどあらゆることに，疑問符を付けざるをえない存在となる」［Schutz 1964: 10］．したがって，よそ者は，内集団のメンバーとは違った視点を持ち，その視点が内集団との間で「シナジー」を生むドライバーとなる．ただ，シュッツは，内集団の文化の型を実質的な意味で使い熟せるのは内集団の中で生まれ育った者だけで，よそ者は，内集団との違いについては指摘できても，内集団のメンバーの日常的なものの見方，価値観，行動様式などを律している暗黙知のルールを使い熟せないとしている．つまり，よそ者を通じて起こる内集団の変容は，内集団のメンバーの一部がよそ者のまなざしを通

じて，新たな発想を獲得し，その発想を内集団に啓蒙することによって起こっていると考えられるのである．内集団の「学習」という変容なくして，多様なアクターによるイノベーションは期待できないと考えられるのである．そして，よそ者による内集団の変容を促進するには，内集団がよそ者の発想を認め，内集団がコンセンサスを構築し，そのコンセンサスを支持していく「コミットメント」のプロセスが必要となる．

(5) NPG型イノベーションを後押しする社会の変化：民間企業の戦略観の変化

　行政と企業の関係は，行政は公的サービス，企業は私的な営利サービスという二分化した枠組みの中で考えられてきた．利益を追求する民間企業の経営学の発想が，公益を追求する行政の分野で本格的に活用されるのは，行政部門の肥大化により財政難に陥る1970年代後半の先進国においてである．そうした民間企業の経営手法を活用した行政における経営改革思想がNPMであった．そこで強調されたのは，市場競争で鍛えられた企業のマネジメントは正しく，行政はそれを見習うべきとする一方向的な関係であり，そこに協働という概念は生まれなかった．NPMは，管理する側とされる側，評価する側とされる側という分離の発想が強かったのである．

　しかし，知識社会への移行により，企業の戦略観が大きく変わり，企業と行政とが組織の目的や市場の考え方を共有できるようになってきた．企業戦略論の第一人者であったプラハードは，企業が保有するヒト・モノ・カネを経営資源とした従来の企業組織中心の戦略観には限りがあり，企業組織の枠を超えた人や経験のネットワークを経営資源とした個人中心の戦略観を持つことが重要であると指摘している［Prahalad, Ramaswamy and Venlat 2004］．知識社会では，組織が「商品を取引する場」を市場と考えるのではなく，組織を超えネットワーク化してきた個人の「関係づくりの場」を市場とみなす発想が求められる．市場が個人の「関係づくりの場」になれば，市場が企業も行政も知恵を出し合い共創する場に変わってくる．行政は公的サービス，企業は私的な営利サービスという二分化した概念は薄れ，行政と民間が協働する枠組みが整ってきているのである．NPOに代表される市民の社会活動も活発化し，事業型NPOとして自立可能な新しい公共の担い手として登場しつつある［谷本 2006: 8-10］．行政が企業やNPOと一緒に知恵を出し合う「関係づくりの場」を提供できれ

ば，NPG 型のガバナンス体制の構築が可能になる時代が来ているのである．

2 豊岡市の事例
——参加型評価を活用した協働型プログラム評価の試み——

　行政が，企業や NPO と一緒に知恵を出し合う「関係づくりの場」を提供する手段として参加型評価の活用可能性を確認するため，2010年に市民協働による市の環境経済戦略に関する戦略体系図を策定するワークショップが豊岡市において行われた．このワークショップの参加者へのアンケート調査の結果，「シナジー」や「学び」や「コミットメント」が生まれ，他の戦略テーマについてもワークショップ方式を採用して市民と協働して進めるべきだという意見が強いことが確認できた．事務事業評価は成果に限界が見えてきたので，2012年に凍結が決定され，協働型プログラム評価の導入が市長により決定された．網羅的に全ての事業を評価する事務事業評価の限界に対して，戦略的な政策にフォーカスして多様なアクターとの協働により成果を追求する協働型プログラム評価の方法論とその具体的な導入状況を紹介する．

(1)　事務事業評価の実態
　日本における NPM は，他の先進国より遅れ，1995年に北川知事によって開始された三重県の行政改革で始まった．デビッド・オズボーンとテッド・ゲーブラーが，アメリカの行政機関における新しい改革を「起業家精神を持った行政」という視点でまとめた『行政革命』に強い影響を受けて，三重県での事務事業評価の導入は，職員の意識改革と政策形成能力の向上に優先順位が置かれた［上山・井関 2003: 71］．全ての事務事業に 1 つずつ調書を作成し，自己評価していく事務事業評価の仕組みは，他の地方自治体でも導入が容易だったこともあり，財政縮減に取り組んでいた多くの自治体が参考にし，全国の自治体で広がった．
　しかし，事務事業評価は導入の容易さの反面，行政のマネジメント改革にはつながっていないようである．大住は，行政評価の導入が必ずしも自治体マネジメントに発展しておらず，事務事業評価であれば，マネジメントの Will（意思）が明確でなくても形式的には実施できるので，事務事業評価が抜本的な経営改革に至っていないことを警告している[2]．広島大学行政評価研究会［2007］

表9-2　豊岡市事務事業評価の実施状況

	2008事業		2009事業		2010事業		2011事業	
全事業数	798		777		673		673	
一次評価	798	100%	777	100%	136	20%	138	21%
二次評価	798	100%	236	30%	56	8%	55	8%
A継続	202	25%	56	7%	10	1%	22	3%
B改善小	556	70%	167	21%	40	6%	32	5%
C改善大	36	5%	12	2%	6	1%	1	0%
D休廃止検討	4	1%	1	0%	0	0%	0	0%

注：1次評価：担当部門による評価　2次評価：担当部門以外の評価．
出所：豊岡市HP「事務事業評価」のデータをもとに筆者作成．

の調査では，「実施が目的化している」と答えている自治体が35.3％もある．さらに，63.5％の自治体が「作業の割に負担感が多い」ことを問題とあげており，効果が見えないことが職員の負担感につながっているようである．

2005年に1市5町が合併後，豊岡市では肥大化した財政の健全化を図るために，行政改革の一環として，事務事業評価の導入が決定され，2008年より2011年まで4年間実施された．豊岡市において導入された事務事業評価は，他の多くの市町村と同様に，調書を使い，管理部門である政策調整部が，資源配分を管理する事務事業評価である．事務事業評価は，各事務事業の実施状況を検証し，改善点を明らかにして事業の効率化を図ると同時に効果の小さい事業や役目を終えた事業を整理することを主目的としている．表9-2に示した2008年度から2011年度までの事務事業評価の結果によれば，初年度は，一次評価も，二次評価もすべての事業について評価が行われたが，2009年度には，二次評価は一次評価の30％と減少し，2010年度には一次評価は全事業数の20％，二次評価は8.3％と大幅な減少になっている．大幅な減少の理由は，事務事業評価の事務量が多大で，結果として十分な精査に結び付かないという実態が，2010年度のアンケート調査で明らかになったからである．

評価方法は2段階に分かれる．まず，事務事業を構成する業務レベルで，市の関与・必要性，有効性，効率性の観点からそれぞれの業務を評価する．その後，それらの業務の固まりである事務事業のレベルでの最終的な総合評価で，A（継続），B（改善小），C（改善大），D（休廃止検討）の4つに分類する．それぞれの事務事業は，予算の単位であり，市の総合計画の政策体系上，当該事務事

業がどの施策の手段となるのか，そして，その施策はどの政策の手段となるのか位置づけが明確にされている．2008年には，休廃止検討が1％，大きな改善を要求された事業が5％，小さな改善を要求されたものが70％だったのが，年を追うごとに改善を要求されるものが大幅に減少している．事務事業レベルの評価は，一度点検すれば，それ以上の効果は出てこないという傾向があることが窺われる．政策とは，特定の成果を出すための目的—手段の作戦体系である．政策の目的を明確にして，それを達成するための手段を事前に検討できていなければ，評価する基準が曖昧となり，事後の評価は難しくなり，マネジメントサイクルは回らなくなる．予算の単位として事前に査定された事務事業は，政策を実現するための手段の1つであり，政策達成にそれぞれの事務事業がどのような貢献をしたのかを評価せず，事務事業だけを評価しても，成果の改善に結び付けるには限界があるのである．

　豊岡市では，職員の意識改革も事務事業評価の目的としていた．1つひとつの業務の目的を明確にし，市関与・必要性，有効性，効率性等の観点から評価することは，予算査定と執行の繰り返しの中で，実績や成果の評価を軽視しがちであった市の職員にとって，新しい学習の機会になったと思われる．しかし，事務事業評価の3年目にあたる2010年度に，職員の意識改革の進捗を確認したところ，職員の疲労感・やらされ感が強くなっていることが指摘されている．網羅的に進める事務事業評価の事務量が多大で，結果として十分な精査に結び付かないのである．それに加えて，行革のツールとして管理的な「削減」のイメージが強いため，事後の予算査定の強化という要素が強く，職員の「やらされ感」が強くなっているようである．

(2)　協働型プログラム評価の方法論

　協働型プログラム評価は，事務事業評価のように全ての事務事業を評価するのではなく，トップマネジメントのコミットメントが要求される必要な政策テーマを戦略的に選び，その政策を評価している．戦略的に成果を出さなければならない政策にフォーカスし，リソースを集中させることで，網羅的に行われる事務事業評価の負担感を軽減し，職員のモチベーションと成果達成への意欲を高めることが重要と判断されているのである．さらに，協働型プログラム評価は，「プログラム評価」を評価方式として活用する．地域を構成する多様なアクターが一緒に当事者として評価のプロセスを共有することを重要視する

「参加型評価」の活用によって，NPG型ガバナンス体制へのイノベーション推進を目指しているのである．

プログラム評価の活用

豊岡市の協働型プログラム評価においては，目的達成のための政策体系（＝プログラム）となる目的―手段のロジックモデルを，「戦略体系図」と呼んでおり，「戦略体系図」を改善することが評価の目的となる．政策の最終アウトカム（目指す成果）を上位目的とし，上位目的の達成に向け3～4年の期間で達成すべき中間アウトカムを戦略目的として設定する．その上で，それらの目的を達成するための手段を階層化して検討していく．戦略目的の達成に必要な手段を考え，次にそれらの手段を目的とし，それらの目的を達成するための手段を考えていくのである．その際，各階層の手段で，本当に目的が達成できるのか，その整合性を確認しながら，組み立て，政策の理論的有効性を追求することが重要となる．協働型プログラム評価では，戦略のPDCAマネジメントの全ての段階において評価が行われ，戦略体系図の改善が検討される．特に，戦略体系図の策定を通じて，戦略構造の論理性を理論的に事前評価する「セオリー評価」が重視される．「セオリー評価」では，前述した政策の理論的有効性を追求すると同時に，政策の使命や目的を明確にして，それを達成するための手段を事前に検討することで，評価する基準を明確にできるのである．

さらに，行政で把握できるアウトプット指標を設定するだけでなく，政策の有効度を確認するためのアウトカムの評価指標を設定し，社会調査が実施され，毎年モニタリング調査が行われている．これらの調査結果を使い，市民協働のワークショップを通じて，現場での作戦の実行がうまく機能しているのかを評価する「プロセス評価」を行うと同時に，その作戦そのものの更なる改善が必要かの「セオリー評価」も継続して行われるのである．また，各取り組みの成果を図る上位の「アウトカム評価」も，成果が表れる数年後に行われる予定である．

参加型評価の適用

協働型プログラム評価は，地域のアクターと戦略を考える話し合いの場である「ワークショップ」のなかで，政策やプログラムの改善がステイクホルダーを巻き込んだ参加型評価を通じて行われる．従来型の評価が評価結果による影

響を重視しているのに対し，参加型評価は評価プロセス自体がステイクホルダーへ与える影響を重視した評価方法である［源 2008: 95］．評価者が結果を評価するのではなく，ステイクホルダーが評価結果を共有して改善していくことが重視されるのである．

　ワークショップでは，ワークショップの進行役であるファシリテーター（＝協働促進役）の役割が重要となる．協働推進役のリードにより，多様なアクターが対等な立場で参加できる場が作られ，多様なアイディアや意見を得て，皆が合意する戦略体系図を策定する．市民と一緒に戦略体系図を策定するワークショップは，行政職員を鍛えるのに役立つ．特に，このワークショップを成功させ，よい政策を立案するためには，職員自らが有能な協働推進役になる必要がある．ファシリテーションは，多様なアクターが対等な立場で参加できるワークショップをリードする技術であり，地域のプロデューサーとしての職員のプロフェッショナルなツールとなる．有能な協働促進役の存在により，参加者が当事者意識を持ち，お互い信頼し合い，自由な立場で思う存分議論に参加できる場が生まれ，行政と市民との連携，行政の縦割り組織の横の連携が可能になるからである．市民を，公共サービスを受けるだけの顧客として見なしていたNPMに対して，NPG型ガバナンス体制では，市民は公共の所有者でもあると見なしているのである．

(3) 協働型プログラム評価の活動事例

　「安心・安全のまち」の政策を取り上げ，協働型プログラム評価がNPG型のガバナンスの実現に向け，自治体の経営改革にどのように活用されるのかをみてみよう．

　この政策については，2013年に，防災課の2名の協働促進役と庁外の市民協働マネージャー10名でワークショップが行われている．市民協働マネージャーは，地域の区長，公民館主事，FM放送局DJ，小学校校長，消防団分団長，児童委員，防災士会事務局長，病院職員，警察警備係長，県防災課長と幅広い地域の防災に関係する市民であった．ワークショップ開始時は，既存の行政と市民の関係から行政への要望等もあったが，次第に一緒に戦略を考える対話が始まり，行政だけでは思いつかないアイディアが創出されている．ワークショップ後，完成した戦略体系図は，図9－1のとおりである．上位目的，戦略目的，手段が2桁のもの（手段01）と，その2桁手段を達成するための4桁手段

198　第Ⅱ部　参加型評価の実践

図9-1　安心・安全のまちの戦略体系図（2013年度版）
出所：豊岡市作成資料を参照し，筆者が作成．

（手段0101）までがまとめられた．

　2014年度に行われた社会調査では，18歳以上の豊岡市民3000人を，小学校区毎に階層別抽出によってサンプリングし，調査票を郵送して，1362票の回答を得ている．「安心・安全のまち」については3つの質問がされた．すなわち，① 住んでいる区で，災害時，災害を軽減するために「住民同士の助け合い行動」ができるかどうか，② 区で開催される防災訓練に参加したことがあるかどうか，③ 消火器の設置等，災害に備えて実践しているかどうか，についての確認の3つである．「助け合いの行動がとれる」と感じている市民は約50％であったが，今後この割合を向上させていくには現在の活動で十分かを議論することになる．このような調査結果に加え，自主火災組織の組織率，訓練の実施回数，防災マップの認識率等，多くの行政データが評価指標として活用されている．

　これらの評価指標を用いて，市民協働マネージャーと協働型ワークショップをした後，防災課が重要施策ヒアリングを通じて市長とも議論を行った結果できた2014年度版の戦略体系図を図9-2に示した．6つあった1桁手段が5つにまとめられ，内容も活動として意味のある，わかりやすい表現に変更された．

第9章 知識創造プロセスを活用した公共セクターのイノベーション　199

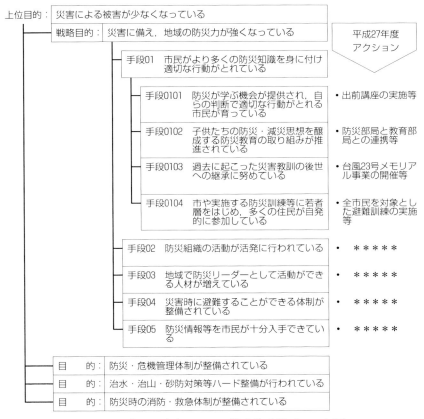

図9-2　安心・安全のまちの戦略体系図（2014度版）
出所：豊岡市平成27年度重要施策説明書資料を参照し，筆者が作成．

　また，4桁手段が活動の表現から，アウトカムの表現に変更され，活動の選択肢が幅広いものにされた．たとえば，図9-1の4桁手段0102は，「防災マップ等の作成」という活動なのでこれ以上の展開はできないが，図9-2の手段0102は，「子供たちの防災・減災思想を女性する防災教育の取り組みが推進されている」とアウトカムの表現に変更され，平成27年度アクションとして，「防災部局と教育委員会との連携等」の活動が新たに展開されている．さらに，防災課だけでなく，市民協働マネージャーとの対話をつうじて，防災課という組織を超えた「教育委員会との連携」が指摘され，事務事業評価では事業の対

象とされない（予算化されない）連携活動のような活動があげられているのである．また，社会調査の結果，若者層の防災訓練不参加の傾向が発見されたので，この課題を認識するために「市が実施する防災訓練等に若者層をはじめ，多くの市民が自発的に参加している」という新たなアウトカムが手段0104に追加されている．このアウトカムを実現するアクションも加えられた．次年度は市民協働マネージャーに若者を加えることも検討すべき課題とされた．

3　知識創造経営モデル

　多様なアクターが一緒に当事者として評価プロセスを共有することで，協働型プログラム評価において，政策のイノベーションが可能となるのであろうか．協働型プログラム評価におけるイノベーションプロセスを分析するには，多様なアクターが協働で新たな知識を創造するメカニズムを理解することが肝要である．協働のイノベーションを可能にする知識創造プロセスのメカニズムを理解するため，この能動的な協働の形成・展開による知識創造プロセスを理論化した知識創造理論を活用する[3]．野中郁次郎らは，知識創造理論を活用して，「関係づくりの場」を市場と考える戦略思考に基づき構築された経営モデルである「知識創造経営」を提唱している［野中・紺野 2012: 44］．知識創造経営は，組織が知識を生み出す知識創造プロセスを基盤にした，ダイナミックな経営コンセプトである［野中・紺野 2012: 44］．知識創造経営の共通項として，野中らは「① 共同体あるいはエコシステムにおける企業や顧客，パートナーなどの関係性を基盤とすること，② その起点としての「場」，すなわち間身体性あるいは相互主観性が生まれる場所があること，③ 目的を追求して意味や価値を形成していこうとする意識に基づく生命論的な人間力」の３つを抽出している［野中・紺野 2012：iv］．知識創造経営の基本コンセプトは，① 関係性を価値に変換する知識創造プロセス，② 場の経営と，③ 思いを実現する実践的三段論法の３つの共通項に整理できる．

(1) 関係性を価値に変革する知識創造プロセス

　既存の知識資産を，これまでになかった関係性によって生み出し，組み合わせ，事業価値に変換することがイノベーションであり，このイノベーションのプロセスを俊敏化させるのが，知識創造プロセスである［野中・紺野 2012: 67］．

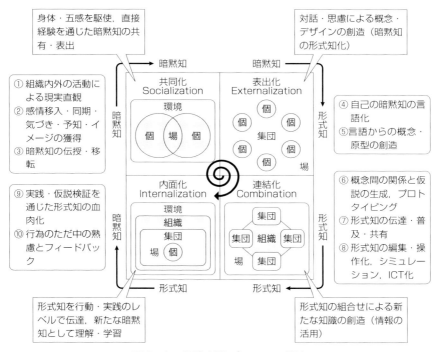

図 9-3　知識創造プロセスの概念

出所：野中・紺野［2012: 78］の図 2-5．

　この知識創造プロセスは暗黙知と形式知の相互変換であり，SECI プロセスと呼ばれる「共同化」「表出化」「連結化」「内面化」の 4 つのプロセスから成り，暗黙知をどのように活性化し，形式化し，活用するかというプロセスが重要と考えられている．ただ，最初に暗黙知の概念を提唱したポランニーは，「暗黙的認識をことごとく排除して，すべての知識を形式化しようとしても，そんな試みは自滅するしかないことを，私は証明できると思う」と全ての暗黙知が形式化できるという近代科学の発想を否定している［Polanyi 1966: 邦訳 44］．人の顔を一瞬で見分けることができる暗黙的認識等は，詳細に言葉に形式化しても伝わらないからである．このような暗黙知の定義に対し，野中らは，暗黙知はまだ言語化されていない知識であり，時間をかければ言語化できる暗黙知はたくさんあると考えている．暗黙知と形式知の関係は氷山にたとえられる．暗黙知と形式知は対立する項ではなく，形式知の背後には膨大な暗黙知があり，

相互補完関係にあることを示している．ワークショップという場における形式知を使った対話は，「意識化」という身体を通じた暗黙知の伝達も伴うと考えればわかり易い．つまり，対話という場で起こる「暗黙知から新たに暗黙知を得る共感の共同化プロセス」を通じて，氷山の下にある双方の暗黙知が変容し，その氷山の下で起こった変容により，氷山の上にある形式知である対話の中で「暗黙知から形式知を得る言語化の表出化プロセス」を可能にすると考えているのである．「共同化」は，頭でなく身体で知覚するプロセスで，「表出化」は，身体で知覚した暗黙知を他者との対話を通じて言語化するプロセス，「連結化」は，言語化されたアイディアを体系化した組織知にするプロセス，「内面化」は，組織知の実践を通じて，新たな現場の暗黙知を得るプロセスという流れとなる．この知識創造プロセスは1回きりのものではなく，日常的にもスパイラル上に繰り返される持続的な組織活動である．知識創造は本質的に未来創造である．まだ見えない未来の価値を現場での対話を通じて洞察することから始まり，目的のために状況に応じて実践し，具現化していく過程をモデル化したものである［野中・紺野 2012: 77-79］．

(2) 場の経営：「対話のおこる場」

　知識創造経営において，知を生み出して活用するには，組織の個々人に身体化された知が集まり，主観を客観化していく実践の「場」が基本単位となる．さまざまな組織やコミュニティにおいて知識創造が行われるのが「場」であり，空間というより場所である．「場」は場同士を結びつける存在としても位置づけられている．また，企業組織の部門間や企業間，企業と共同体などのコミュニティやシステムの境界を共有し，閉塞状態を破る「バウンダリーオブジェクト」としても位置づけられる．相互に対話の起きない内向きの社会や組織では，知識創造は起きない．こうした状況を転換するには，意識的な境界の融合や境界間の創発を生み出さなければならない．このような場の根底に身体性がある．相手をコントロールしようとしたり，命令に従わせようとしたりしても，人や組織は動かない．共通の考え方を持ったり，経験をしたり，一体感を感じることで初めて内発的に人は動き始める．こういったときの根底にあるのが，相互主観性である．フランスの哲学者モーリス・メルロ＝ポンティは，身体を物質としてではなく意識として認識しており，相互主観性の本質は，身体感覚に基づいて相互に浸透することで生まれる関係性，つまり「間身体性」だと解釈し

ている．我々が「場」を媒介に暗黙知を共有するためには，場の中で参加するメンバーの動きや息遣いなどの身体感覚の共有が重要となるのである［野中・紺野 2012: 27-33］．

(3) 思いを実現する実践的三段論法：「問題及び未来志向」

知識創造経営は，アメリカ式の論理分析に基づく経営ではなく，現場での実践の中で得られる実践知に基づく経営である．実践知の知的方法論は，上位の大目的と，現場から見てとりうる手段の吟味と修正のあくなき追求であり，継続である．現場だけでは日常の時空間や個人の経験に制限されてしまうので，常に「上位目的」と「現実手段」の照応を行うような視点が必要とされる［野中・紺野 2012: 124］．企業の目的（大目的）のためにさまざまな手段を組み合わせ，組織現場で創造的実践を引き出す知的方法・プロセスが戦略なのである［野中・紺野 2012: 43］．実践的推論は次のような論理形態を持つ．

> 大前提：「私はある目的を有する」
> 小前提：「これが目的を実践する手段である」
> 結論：「したがって，この行為をすべきである」

これを実践的三段論法とよんでおり，目的があり，そのための手段があったときに，実行すべきか，という判断を行う．即ち「大前提 → 小前提 → 結論」という形で，目的が行為に結び付いていく．経営判断なら，① 大目的の認識，② 戦略・戦術的目的と手段の吟味，③ 統合と実践～試行錯誤というプロセスとなる．つまり，大目的の認識に基づいて，コンセプトや手段の発見（仮説），目的と手段の照応というプロセスを繰り返すことになる［野中・紺野 2012: 128-32］．

4 協働型プログラム評価のイノベーションプロセスの分析

知識創造プロセス理論のイノベーションの定義は，「既存の知識資産を，これまでになかった関係性によって生み出し，組み合わせ，事業価値に変換する」ことであった．この知識創造プロセス理論を活用して，「協働型プログラム評価」において知識が創造されるプロセスを明らかにし，「協働型プログラム評価」が多様なアクターによる協治される新しい公共の実現に貢献できるこ

表9-3 協働型プログラム評価における知識創造プロセスの動き

知識創造プロセス	協働型プログラム評価
① 共同化（身体で知覚するプロセス）	対話ができる場の設定
② 表出化（暗黙知を言語化）	ポストイットによるアイディアの抽出
③ 連結化（個人知を組織知へ）	戦略体系図への展開
④ 内面化（実践による暗黙知獲得）	戦略体系図に基づく実践

出所：筆者作成．

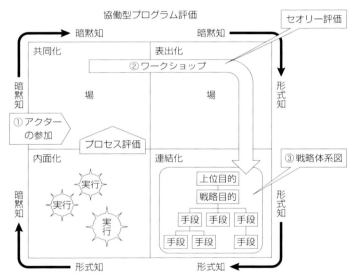

図9-4 知識創造プロセスの視点からみた協働型プログラム評価
出所：野中・紺野［2012: 78］の図2-5に筆者が加筆．

とを検証していく．

(1) 知識創造プロセスの活用

協働型プログラム評価を，多様なアクターによる知識創造プロセスという視点で整理すると，表9-3と図9-4のようにまとめることができる．協働型プログラム評価は，地域の多様なアクターに参加してもらい，行政のメンバーと一緒にワークショップという場で行う．協働型プログラム評価に参加するアク

ターは，関係団体の代表者の集まりではなく，地域の課題を解決したいという思いを持っていることと，選出されたメンバーに多様性があることを重要視している．多様なアクターが現場で培った暗黙知を「共同化」するには，参加した関係者が，自由に意見を述べ合い，お互いに学び合い，より良いアイディアを見つけ出す場を設計する必要がある．ファシリテーターは，皆が対話しやすいよう，円形に座ってもらい，アイスブレーキングを行い，ワークショップの目的の共有と進行方法を伝えていく．この場の設定がうまくいかないと雰囲気が固くなり，これまでの関係性に変化は起こらず，現場で培った暗黙知の「共同化」が難しくなってしまう．

　次に，目的実現に必要な手段を，ポストイットを使ってホワイトボードにリストしていくプロセスを通じて「表出化」を行う．「表出化」は，各アクターがそれぞれの現場体験の中で感じている政策形成に必要なアイディアを抽出していくプロセスである．ポストイットで張り出された他の参加者のアイディアに触発される，他者との対話を通じて，1人では考えつかない新たなアイディアが抽出される．ファシリテーターは，参加者に問いかけながら，リストされたアイディアを活用し，手段と目的のロジックモデルにしていく．このプロセスを通じて，参加者が知覚している（ホワイトボード上の）アイディアを，目的を達成するための手段として，集合的・俯瞰的に見ることで，その背後にあるアイディアの抽出（形式化）が行われるのである．また，行政職員では気づかない現場の暗黙知をよそ者である多様なアクターから抽出することが可能になる．ロジックモデルである戦略体系図の構築は，個人知を組織知にする「連結化」プロセスでもある．「連結化」は，それぞれのアクターが提案したアイディア（個人知）を参加者全員の知識体系（組織知）として集約していくプロセスとなる．行政は，出来上がった戦略体系図に基づき，従来の事業の見直しを行い，効果の上がる事業を選んで執行を行う．地域のアクターは，戦略体系図に基づいた自治体の事業の執行状況を現場で確認したり，事業を手助けしたり，自ら事業を行う．これは，「戦略体系図」に基づき，それぞれが事業を実践するなかで，新たな暗黙知を得る「内面化」プロセスに当たる．このように，協働型プログラム評価は，多様なアクターが，新たな暗黙知を獲得し（共同化），それらの暗黙知を形式知としてリスト化し（表出化），リストした形式知を戦略体系図として組織知化（組織化）し，実行していく（内面化）プロセスに基づく評価である．

(2) 地域の協働を可能にするワークショップ：「場」の活用

(1)で示したように，知識創造プロセスの「共同化」，「表出化」及び「連結化」がワークショップという「場」を活用して行われる．まちづくりにワークショップの手法を活用してきた第一人者である木下によれば，「ワークショップの理論の中核をなすのは，『意識化』という，人の意識の広がりや覚醒，いわば人の認識が変わるということにある．ワークショップの場におけるグループ内の対話により，他者の経験や情報を分かち合い，共に作業する中で課題解決に取り組み，そういった連帯感のようなものから内なる自信も強化されて，人は動きだす．そういう内発的な作用が人を変えていく」［木下 2007: 33］と説明している．「意識化」は，「間身体性」と同質の概念と考えられる．参加者の地域の課題を解決したいという思いが，参加者の動きや息遣いに表れ，ワークショップを通じて「意識化」が可能になる．この「意識化」が，ワークショップ参加者の「学び」を促進すると同時に，参加者の連帯感を強め「コミットメント」を強化させるのである．この「間身体性」により，暗黙知から暗黙知への「共同化」が起こると同時に，膨大な暗黙知の上にある形式知の対話も通じて，氷山のように相互補完関係にある暗黙知の「表出化」も起こると考えられるのである．

各種団体代表が集まる審議会や委員会等の会議方式では，代表する団体としての枠組みの中で提案されている計画への意見の陳述に留まり，このような「意識化」は期待し難い．ワークショップは，参加者が当事者意識を持ち，お互い信頼し合い，自由な立場で思う存分議論に参加できる場となり，行政と市民との連携，行政の縦割り組織の横の連携を強化してくれるのである．

(3) 実践的三段論法を活用した戦略体系図とプログラム評価

協働型プログラム評価の評価対象になる戦略体系図は，実践的三段論法の大前提となる目的と小前提となる手段に当たる．戦略体系図の上位目的や戦略目的を決定するのが「大前提」，その手段を決定するのが「小前提」，そして，戦略体系図に基づき手段を実行するのが「結論」となる．プログラム評価という視点からは，①大目的の認識，②戦略・戦術的目的と手段の吟味が，「セオリー評価」であり，②の「仮説」が現場でうまく機能しているのかの評価が，「プロセス評価」，②の「仮説」が成果に結びついているのかが「作戦効果評価」となる．知識創造経営の実践的三段論法に従い，大目的を明確にし，大目

的実現のためのコンセプトや手段を発見し，実践を通じて，目的と手段の照応というプロセスを繰り返すことになる．事務事業評価が，現在実施している事業の改善や削減を求める事後評価であるのに対し，協働型プログラム評価では，未来の社会のあるべき姿である「大前提」を参加者で議論し，その「大前提」を達成するための手段を検討する「セオリー評価」に重きをおいている．将来成功した「大前提」を最初に描き，その成功した「大前提」を達成するには何をすべきかを考えていくバックキャスティングのプロセスにより，参加者が共通の目的に向かって社会を良くしていこうという思いが高まり，「意識化」が生まれると考えられる．

おわりに

　長年官僚主義の中で培われてきた行政職員の意識改革は簡単ではない．前例踏襲主義や事なかれ主義と揶揄される行政の風土は，市場主義の競争を持ち込んだ NPM による改革だけでは，難しいように思われる．NPG は，行政組織の内部の制度改革だけでなく，行政が開かれた組織とならなければならない．多様性を受け入れられる行政職員と，現場の知識が豊富で地域への思いのある多様なアクターが，政策立案から議論できる場ができれば，双方が学べる．将来実現したい地域の姿を明確にし，その目的を達成するべき手段を多様なメンバーで議論するときに，知識創造が起こる．ワークショップを通じて，参加したメンバーに変容が起こり，それぞれのアクターが現場で獲得した能力や資源が，新たな組み合わせにより，アイディアが創出されるのである．

　「協働型プログラム評価」は，「既存の知識資産を，これまでになかった関係性によって生み出し，組み合わせ，事業価値に変換する」というイノベーションを可能にすることを，知識創造プロセス理論を活用して明らかにしてきた．ただ，行政組織において，多様なアクターを受け入れ，公共セクターのイノベーションに結び付けていける「参加型評価」の事例はまだ少ない．外部の知識を取り入れ，内部の意思決定に結び付けられるプロデューサー型の行政職員が豊富にいるわけではない．また，協働のワークショップに参加できる市民を発掘し，育成していく必要がある．NPG に対応できる市民や行政職員を育成していくには時間がかかるのである．首長の職員育成に対する長期的なコミットメントが求められている．

注
1) 内閣府（2010）「新しい公共」宣言（http://www5.cao.go.jp/npc/pdf/declaration-nihongo.pdf, 2016年6月29日閲覧）.
2) 大住は，マネジメント（経営）とは，「真の経営者の意志・目的を達成するための一連の意思決定・行動」であり事務事業評価レベルでは，経営としての価値判断の必要がないと考えている［大住 2005b］.
3) 本章では，協働型プログラム評価における能動的な協働の形成・展開プロセスを扱っていることから，関係性や学習や協働に関する理論の中から，能動的な協働の形成・展開プロセスを理論化した知識創造プロセスを活用した．知識創造プロセスに関しては多くの批判があるが，野中たちもそうした批判を受け止め，建設的な意見を表明していると同時に，他の研究者らにより新しい視点から知識創造の研究が進んでいる［梶脇 2012］．また，単一組織の中における理論であった知識創造論は，オープン・イノベーションの動きを受け，組織外部の知識活用という視点まで広がっている［谷本・大室・大平ほか 2013: 66］．

終 章

改善と変革のための評価
―― 参加型評価の実践から学ぶ ――

源　由理子

はじめに

　本書の狙いは，参加型評価という比較的新しい評価の潮流を取り上げ，その理論と実践をつなぐことにある．評価は測定結果のみをさすものではない．本書で対象にしたプログラム評価は，評価をとおしていかに社会課題の解決に貢献するための評価情報を提供できるのかといった政治・社会的な現場における実践を視野にいれた応用科学の分野である．したがって，適切に評価を行うためには，測定方法などのスキルに加え，プログラムの論理，データの価値づけ，評価情報の生成と活用などに関する「評価理論」を理解しておく必要があるのだ．

　それらの評価理論は実践を積み重ねることにより，発展をとげてきた．参加型評価のアプローチは1970年以降の「評価知識の活用」や「総合的評価」に重きを置いた評価理論の流れを汲む．その背景には，1960年代の評価研究を中心とした科学的手法による評価情報の提供が，必ずしもプログラムの現場で活用されていないという懸念があった．より活用されるためには，評価専門家とプログラムの利害関係者との距離を縮め，評価活動が関係者の行動変容に結びつくような仕組みを考える必要があるという認識が，評価研究者と実践者の間で広がったのである（第1章参照）．

　「実践から学ぶ」ことは今も続いている．本書には，参加型評価の事例がまだ限られている日本において，利害関係者を巻き込む評価に果敢に取り組んできた6名の研究者・実践家による貴重な事例が収められている．本章ではこれらの実践からの学びを見ていくとともに，関係者間の対話に重きをおく参加型評価を実践する上での留意点について検討を加えたい．そして最後に，改めて参加型評価に対する筆者の期待をまとめ，本書の結びとしたい．

1 実践から学ぶ参加型評価の利点と活用

(1) 継続的対話をとおした価値判断のプロセスから生まれるもの

　第1章でみてきたように，評価は，評価対象となる物事の値打ち（worth）や価値（value）を体系的に明らかにするもので，とりわけ本書で扱うプログラム評価は，プログラムの効果やプロセスを体系的に（あるいは総合的に）判断し，社会の改善に資する手段として活用することを狙いとしている．参加型評価はその価値判断を評価専門家と利害関係者が協働で行う．あるいは評価専門家は技術支援のみで，利害関係者が主体となって行う場合もある．データの価値づけのためには比較基準が必要となるが，あらかじめ設定した水準（たとえば，ランキング，レーティング，スコアリング等）で行うこともあれば，収集したデータをもとに関係者の討議により生み出される結論をもって判断することもある［Julnes 2011: 8-9］．前者が規範的なアプローチ（prescriptive）とすれば，後者は記述的なアプローチ（descriptive）である．参加型評価は利害関係者との「対話の場」の提供を特徴としているように，どちらかというと後者のアプローチを重視する．

　各事例では，参加者との対話をとおした価値づけのプロセスでさまざまな効果が発現していることが報告されている．たとえば，自らが評価をとおしてプログラムに関わることにより主体性の向上につながっていること，異なる価値や考え方を収斂させていくプロセスが双方の学び合いやコミュニケーションの促進につながっていることなどである．また，そのプロセスから生まれる新たな知識やアイディアがその後のプログラムの改善や効果的な実施，あるいは組織強化につながる可能性が高いという報告もある．行政評価の事例では，評価ワークショップという対話の場がそれぞれの主観を客観化していく作業場となり，プログラムの新たな価値を生み出し，知識創造をもたらしたという．知識創造とそれによる社会変革は，新たな専門知識を知ることによって起こるのではなく，「既存の知識財産を，これまでになかった関係性によって生み出し，組み合わせ，事業価値に変換することによって起こる」との指摘は興味深い（第9章参照）．

　ほとんどの事例が複数年にわたり参加型評価を継続しているように，これらの現象は，一時点のみの評価ではなく，継続的な取り組みにより生まれている．

つまり個人や組織の変容をもたらすためには「時間」が必要なのである．その意味では，参加型評価そのものをプログラムの活動の中に組み込むことや，組織の評価戦略の中に位置づけるなどの対応が求められるであろう．一度限りの「形式だけの参加」に終わっては意味がないのである．

(2) 新たな関係性の構築

対話を可能にする空間は，「自由な意見交換」を行える空間でもある．参加する関係者の間には，社会的立場の違いや経験の違いにより，目に見えない上下関係や距離が存在することが多い．その関係性が「対等な関係」となることで，自由な意見交換，すなわち対話が可能になる．精神福祉分野の評価では，福祉のサービス提供側とサービス利用者側にある隔たりが，双方が同じ目標に向かい異なるリソースを持っているという認識が生まれることにより，お互いの視点や価値観に歩み寄る建設的なプロセスが構築されたと報告されている（第5章参照）．学校評価における校長と教員の関係性の変化も同様の事例である（第7章参照）．

また，行政評価の事例では，行政と市民の間の垣根が取り払われ双方の協働促進に貢献しているという．近年，基礎自治体の政策実施においては，市民参加は不可欠な要素である．そこでは，行政の財政難を背景に少ない予算で市民に公共サービスの実施を促すという消極的な協働ではなく，「コミュニティ・コープロダクション」とか「ユーザー・コープロダクション」と呼ばれる積極的協働が必要とされる［Bovaird and Loffler 2009］．つまり，サービス利用者やサービスの恩恵を享受するコミュニティが，行政と共により大きな成果を出すためにそれぞれの資源——資金，時間，知恵，情報など——を提供し合うという協働の形態である．参加型評価のプロセスは，双方の資源を提供し合い，協働でプログラムを形成し，見直し，より大きな成果を生み出すための場となる．そのプロセスで，参加者同士の人間関係構築や，当事者意識・主体性が向上したことが，すべての事例で報告されている．

(3) 評価の共通言語の活用

異なる意見を踏まえた討議のプロセスは，組織内や関係者間の対立や摩擦につながる危険性も秘めている．学校評価の事例では，その危険性の一因として「相手がなぜその取り組みを価値あるものとしてとらえているのか，うまく共

有することができないこと」をあげ，関係者間で共通言語を持ち議論を行うことの重要性を指摘している．学校評価ではGTOの手法を使い，アウトカム評価，プロセス評価といった評価言語から構成される計画シートを使い評価を行っている．この共通言語を使うことによって組織内で同じ目標に向かう協働体制ができたという（第7章参照）．

　行政による健康プログラム評価の事例では，健康政策の戦略を議論するうえで，ロジックモデルを活用することの意義が大きかったと指摘されている（第8章参照）．ロジックモデルは，まず目指すべき最終アウトカム（目的）を明らかにする．多様な参加者間では，何をめざすべきか，あるいはめざしているのかといった認識は異なることが多い．社会における問題の捉え方は多様なのだ．議論をとおして問題や目的の明確化あるいは共有化が図られて初めて，その後の手段の確認や検討が可能になる．ロジックモデルは，ある目的に貢献するための手段は何か，この戦略で本当に目的を達成することができるだろうかという議論を促す道具なのである．行政評価の事例では，ロジックモデルを活用した政策の系図を戦略体系図と名づけ，最終アウトカムを「上位目的」，中間アウトカムを「戦略目的」と呼んでいる．その含意は，中間アウトカムのレベルを，上位目的の戦略的手段と位置づけ，複数ある戦略ごとにロジックモデルによる体系図を形成しようという意図である（第9章参照）．このように評価ツールは，利害関係者間の対話と建設的な議論を可能にする共通言語になる．

(4) 多様な社会科学の手法の活用

　参加型評価はロッシらが提唱したように，プログラムの特性や評価目的に合わせて「あつらえた評価（tailored evaluation）」を設計すべきである．本書の事例も，通常のプログラム評価で広く使われる質問紙調査やインタビュー調査等の社会調査手法に加え，もともと当該分野で使われてきた手法も活用されている．たとえば，精神福祉分野の評価で使われた心理療法である「解決志向アプローチ」や，ESD評価の「参加型学習活動（PLA）」がその例だ．「解決志向アプローチ」はサービス利用者が未来像をより明確にイメージでき，よりポジティブな思考で解決方法を考えることができるため，ロジックモデルの検討に適している（第5章参照）．またPLAでは，関係者がエンパワーメントすること自体を参加型活動として捉えており，参加者の学習プロセスを提供する．ESDの評価では投票結果の違いを共有することで「子どもたちがお互いの行

動変容を確認しながら学びあう」ことになったと報告されている（第6章参照）．「協働的探求（Collaborative inquiry）」に分類される PLA は，サービス利用者を対象とした調査ではなく，ともに調査結果の判断を下すという意味で参加型評価との親和性が高い．これらは，「評価手法」というよりも既存の分野で確立された社会科学の方法論であり，参加型評価の特性を最大限に生かすために活用されている点が興味深い．「評価は手法の応用であり，学際的である」が，それゆえに理論に欠けるのではなく（第1章参照），その学際性こそが評価論の特徴ととらえられるべきであろう．

(5) 評価能力構築（ECB）への期待

参加型評価に期待される効果の1つに，評価に参加した個人もしくは組織の評価能力の構築（Evaluation Capacity Building: ECB）がある［Counsins and Whitmore 1998; Cousins 2003; Counsins and Chouinard 2012 ほか］．国際協力 NGO，学校評価，行政評価の事例には NGO，学校，行政それぞれの組織体が参加型評価の経験をとおして評価を内在化するプロセスが描かれている．国際協力 NGO の事例では，最初は外部専門家が評価技術のトレーニングに加え，「評価の不安を解消するカウンセラー的な役割を含めた丁寧な配慮」を行うことにより，国際協力 NGO スタッフの評価実施能力が向上し，次回の評価では外部の支援がなくても独力で行えるようになったと報告されている（第4章参照）．個人レベルでの能力開発の効果は確かに高い．

それでは組織レベルの評価能力はどうだろうか．組織の評価能力には，評価を実施できる人材のみならず，評価を実施するための資金，組織の意思決定に関する権限，評価の制度化（ルール，手続き）などが含まれる［Boyle and Lemaire eds. 1999］．評価人材を調達でき，実際に参加型評価を行っても，それが政策やプログラムの意思決定に活用されるためには組織環境の整備が不可欠である．健康プログラム評価の事例にあるように，3年間にわたり継続的に参加型評価が行われたとしても，行政組織が参加型評価を有効な評価手法だと認識し，その制度化を含め組織全体で前向きに活用していくという取り組みが伴わなければ，参加型評価は浸透していかないのである（第8章参照）．

1つの組織における評価制度は，評価目的やプログラムの特性に合わせて複数の評価アプローチの選択を可能にするものであることが望ましい．参加型評価は，多様な利害関係者とともに協働で社会的インパクトをもたらすプログラ

ムや，エンパワーメントのアジェンダを含むプログラムの評価に適している．組織全体の評価戦略の中に参加型評価を位置付け，その特長を最大限に活用していく制度化が必要であろう．

2 実践上の留意点
　　　──評価の「対話」を可能にするために──

　参加型評価に対してよく聞かれる批判に，自己評価ゆえに客観性に欠け，自己満足型の評価に陥りやすいという指摘がある．評価の客観性とは，社会調査等の方法で収集したデータを使い，特定の基準や指標水準，あるいはそれまでの経験との比較を行うなどして，いかに偏見（バイアス）を取り除くことができるのかにかかっている．参加型評価の場合は，比較による評価のほかに，「対話」をとおした合意形成のプロセスで偏見を取り除く作用が期待できる．個人の経験に基づく直感や知見による「認識」が，他の人の認識や収集したデータと交わることで，それまで存在したかもしれない偏見を取り除く．合意形成は自分の「認識」に疑念を抱き自らが変化していく──意見の再形成を行う──ことによって可能になるのである．ここではこのような参加型評価の対話プロセスに焦点をあてて，実践上の留意点について検討を加えたい．

　対話による合意形成を前提とした参加型評価では，その対話を促進する人材──ファシリテーターの存在が不可欠である．各事例においても外部専門家や内部スタッフがその役割を担っている．実は，「ファシリテーション」は参加型評価のみならず，従来型評価においても一定の機能をもつ．全米評価学会の専門ジャーナルである *New Directions for Evaluation* で最近組まれた Evaluation and Facilitation（評価とファシリテーション）という特集では，評価におけるファシリテーションの意味やスキルについてさまざまな事例をもとに検討している．同特集によると，評価とファシリテーションの機能は，省察を可能にし（enable reflection），学びを進める（foster learning）という2つの点において共通するという［Fierro, Schwartz and Smart eds. 2016: 8］．参加型評価でなくても，評価専門家と情報源であるステークホルダーとの関係性や，評価情報の活用先であるプログラム・スタッフとの関係性が評価活動に影響を与える．たとえば，情報源が情報提供を拒んだり，不利になりそうな情報を隠蔽したら，偏見を取り除いた評価を行うことは難しい．あるいは，プログラム・スタッフ

と当該評価の意義や目的を共有できなければ，評価のための評価に終わる可能性が高い．双方の間の一定の信頼関係が必要となるのである．

　参加型評価の場合は，対話に重きをおいているため，特にインターパーソナルなコミュニケーションを促進するファシリテーション技術はかかせない．評価の設計，データ収集・分析，価値づけ・解釈，評価情報の報告・共有といった4つのステップをとおし，関係者間の双方向な関わりは継続される．その中でも特に，評価の設計段階におけるプログラム内容の把握と情報共有は「対話」の始まりとして重要だ．異なる知見と価値観をもつ人々が，議論の土台となる評価対象について共に理解を深めるきっかけとなるからだ．ロジックモデルなどのツールを使い，まずは最終アウトカム（課題の情報）を議論し確認することで，目指す方向性を共有する．そしてその課題を解決するための戦略性を確認するというステップを踏む．もし最終アウトカムに合意できないとしたら，そのあとの対話は大変厳しい状態におかれる．

　参加型評価の実践・普及にあたっては，組織内外におけるファシリテーション技術を持つ評価人材の育成に加え，中間支援の機能をもつ評価専門組織（非営利組織等）の存在も必要であろう．それらの人材と組織の整備は，日本に評価文化が根づく原動力になる．

　もう1つの批判として，参加型評価のプロセスで仮に合意形成ができたと思っても，それは合意できない側の排除を生み出していないかという点が指摘される．筆者が参加型評価のファシリテーションをしているときも，合意形成を暗黙のうちに強制してはいないかという自問がいつも頭の片隅にある．ロジックモデル等を使い「論理的」に検討する作法は，ときとして，より複雑な事象を単純化したり，人々の強い思いや経験値をうまく吸収できずに，表面的なモデルを作ってしまう危険性もあるので留意が必要だ．

　参加型評価のプロセスでは，学び合いをとおした認識の変容があり，新たにわかり合うという現象が観察されると同時に，なかなかわかり合えないことがわかる，という現実に直面することも多々ある．関係者間で「わかり合えないことがあることがわかる」という理解に達することは，実はプログラムを効果的に実施していくうえで重要なポイントであると思う．対立の背景には，情報不足あるいは誤解という技術的レベルのものから，人々の根底にある価値観，それまでの人間関係を背景とした相互不信によるものなど多様な要素があるが，これらは，繰り返し参加型評価を実施し，的確な情報を得て，新たな関係性が

構築されることにより好転していくのではないか．そのためには，討議倫理である「情報への公平なアクセス」，「自由な発言」，「相手の意見の尊重」，「自分の意見の再形成」という枠組みを前提とした繰り返しの対話の場が必要なのではないかと考えている．

継続的に対話を続けることが参加型評価の基本であるとしたら，プログラムの活動の1つとして位置付けることが効果的であろう．それによって，評価のためだけの時間軸ではなく，通常の活動との連続性の中で，継続的な見直しが可能になるのではないかと思う．これは内部評価とは違う．当事者である利害関係者とともに行う自己評価である．評価の発意が他者ではなく，自己にあること，すなわち課題に対する当事者意識を持った人々による評価になるのである．

おわりに
──あらためて参加型評価に期待すること──

評価のアプローチは評価の目的とプログラムの特性を踏まえ選択されるべきものであることを繰り返し述べてきた．筆者がはじめて参加型評価を試みたのは，2002年から2005年にかけて，ケニア国における住民参加型の貧困層エンパワーメントプロジェクト（目標：貧困層の生活改善）の評価に従事したときである．今振り返ってみると，プログラムの特性に合わせ，自分なりに評価のアプローチや手法を「あつらえた」初めての評価経験であった．その背景には，開発援助分野で1990年代から主流となっていた成果重視のマネジメント（Results-Based Management: RBM）の考え方では，人々の行動変容を踏まえた彼ら自身による生活改善の現状をうまく評価できないのではという漠然とした不安があった．本来のRBMの主眼はタイミングよく評価結果を使い効果的なプログラム運営を行うというものであるが，あらかじめ設定された指標目標値の測定に過度の関心が注がれ，ともすると測定値を使い評価される側を統制する道具になりがちであった．また，開発援助分野では援助する側の介入期間は限定的で，援助される側の自立を促す機能が求められる．評価するときは，限定的な介入がどのように人々のエンパワーメントに役に立ち，長期的な開発目標（ここでは生活改善）に貢献しているのかを見ていく必要があると考えたのである．

もう１つ直面した懸念は，プログラム・セオリーの活用であった．日本の開発援助の現場では，プログラム・セオリーを活用したプロジェクト・デザイン・マトリックス（PDM）[1]というものが，プロジェクトを計画・実施・評価していくうえで活用されてきた．ただ，PDM のフォーマットの制約上，因果関係を直線的（リニア）に捉えられないエンパワーメントや自立といった現象のロジックを描くことが難しかった．より柔軟にプログラム・セオリーを活用し，しかもそのセオリーが地域の人々の現状を「正確に」反映し，それと同時に人々自身のエンパワーメントに役立つ評価の方法はないだろうかと評価の文献[2]に目を通している中で，参加型評価のアプローチに出会ったのである．

　それ以降，国内外で参加型評価のお手伝いをしてきた．本書に納められている事例からの学びも踏まえ，改めて参加型評価の特長と期待を述べるとしたら，人々の「関係性の構築」をとおしたなんらかの「行動変容」と「改善」，「変革（transformation）」を促す評価であるといえるのではないかと思う．関係性の構築は，サービス提供者と利用者，行政と市民，コミュニティ内（地縁を超えたものも含む）や組織内の多様な人々，組織同士の関係などさまざまな関係性が想定される．近年，さかんに議論されているソーシャルキャピタル論（社会関係資本論）から特徴づけると，人々の中に埋め込まれた関係性が資本となり，それによって生まれる相互信頼や自発的な協力関係によりプログラムが効果的に実施され，何らかの社会の変革をもたらす原動力となるのではないかという期待がある．そしてそれは，長期的な社会変革の道筋を支援する手段の１つとなり得る．

　現代は，異なる資源をもつ多様なアクターが社会的課題の解決に向けてともに社会運営を行う時代である．そのような社会運営を促進する道具の１つとして参加型評価を活用することができるのではないかと考えている．そのためには，それを実施促進する評価人材や評価組織といった専門家集団が必要である．アメリカで生まれた参加型評価（participatory evaluation）という名称は，評価専門家を多く抱えるアメリカの社会の現状を反映して，評価の主体としての「評価専門家」の現場に，他の関係者が「参加する」という意味が含まれている．しかし，参加型評価の狙いである，参加者が評価をとおして自らが社会運営の「主体」あるいは「当事者」に変容したときには，もしかしたら評価に参加するのは「利害関係者」ではなく，評価の専門家集団であるのかもしれない．社会変革の主体は異なる役割をもつ多様なアクターである．参加型評価の専門

家集団には，かれらの発意による評価を支援する伴走者としての役割が求められるのである．

注
1） PDMは「上位目標」，「プロジェクト目標」，「成果」，「活動」，「投入」といったプロジェクト概要と，成果以上に呼応する指標とその目標値，指標測定方法ならびに外部条件（リスク）を落とし込んだ表．国際協力機構（JICA）が実施するプロジェクトの立案，評価に活用されている．
2） 第2章のプログラム・セオリー・モデル（図2-2）を活用し，地域の人々や行政，NGO等の関係者と話し合いながら，人々の意識・行動変容のプロセスとアウトカムを描いていった．そして，それら変容のプロセスを指標化し地域に対する質問紙調査やインタビューをとおしてデータ収集を行い，それらの解釈，価値づけを関係者とともに行っている．

文 献 一 覧

邦文献

アーユス［2003］『国際協力プロジェクト評価』国際開発ジャーナル.
池田琴恵・池田満［2015］「Getting To Outcomes を適用した学校評価ツールの開発」『日本評価研究』15(1).
上原有紀子［2009］「ESD と『国連 ESD の10年』」，ユネスコ・アジア文化センター（ACCU）『ESD 教材活用ガイド：持続可能な未来への希望』ACCU（http://www.accu.or.jp/unescoschool/all.pdf，2015年10月25日閲覧）.
上原有紀子［2014］「『国連持続可能な開発のための教育の10年』後半をめぐる動き：ESD に関するユネスコ世界会議の開催とその先に向けて」『レファレンス』No. 762, 2014. 7.（http://dl.ndl.go.jp/view/download/digidepo_8706778_po_076203.pdf?contentNo=1，2015年10月25日閲覧）.
大島巌他［2015］「実践家参画型福祉プログラム評価の方法論および評価教育法の開発とその有効性の検証」文部科学省科学研究費補助金基盤研究 A（研究代表者：大島巌）.
大住荘四郎［2005a］『NPM による経営革新』学陽書房.
大住荘四郎［2005b］「New Public Management：自治体における戦略マネジメント」『ファイナンシャル・レビュー』2.
尾高邦夫責任編集［1979］『世界の名著61 ウェーバー』中央公論社.
梶脇雄二［2012］「組織における知識の生成と相互作用に関する一考察」『経営学論集』52(1).
河東田博［2007］「障害者差別の歴史と障害者運動」，仲村優一・一番ケ瀬康子・右田紀久恵監修『エンサイクロペディア社会福祉学』中央法規.
北大路信郷［2012］「自治体における施策評価の考え方──評価実務の VMF 向上のために──」『評価クオータリー』2.
木下勇［2007］『ワークショップ～住民主体のまちづくりへの方法論』学芸出版.
草郷孝好［2007］「アクション・リサーチ」，小泉潤二・志水宏吉編『実践的研究のすすめ──人間科学のリアリティ──』有斐閣.
厚生労働省［2007］『平成19年度 厚生労働白書』.
国際協力事業団［2001］「参加型評価とは何か」『国際協力と参加型評価』国際協力事業団.
後藤一美監修［2004］『第3版 国際開発ジャーナル社国際協力用語集』国際開発ジャーナル社.

崎村詩織［2011］「戦略的な健康づくり政策の策定に関する研究」,『明治大学専門職大学院研究論集』4.
佐々木亮［2003］「セオリー評価のトレーニング」, 龍慶昭監修『政策評価トレーニング・ブック7つの論争と7つの提案』多賀出版.
佐々木亮［2010］『評価論理―評価学の基礎』多賀出版.
篠原一［2004］『市民の政治学』岩波書店（岩波新書）.
白木孝二［2014］「ポスト・ソリューション（Post SFA）における私的な温故知新」『家族療法研究』31(3).
杉山章子［2007］「住民による健康増進活動の形成（その3）――沖縄県「佐敷町」における実践から――」,『日本福祉大学社会福祉論集』116.
総務省［2010］「地方公共団体における状勢評価の取り組み状況（http://www.soumu.go.jp/iken/pdf/110316_2.pdf, 2014年4月3日閲覧）.
ソルト・パヤタス［2009］『NGOプロジェクト強化のためのアドバイザー派遣受入団体完了報告書』.
ソルト・パヤタス［2010］『教育支援事業に向けた取り組みから――子どもたちのよりよい未来のために――』.
ソルト・パヤタス［2011］『2010年度 年次報告書』.
ソルト・パヤタス［2012］『2011年度 年次報告書』.
ソルト・パヤタス［2013］『2012年度 年次報告書』.
田尾雅夫［2010］『公共経営論』木鐸社.
高寄昇三［2000］「行政評価システム導入の課題」『会計検査研究』21.
立森久照・伊藤弘人［1999］「日本語版 Client Satisfaction Questionnaire 8項目版の信頼性および妥当性の検討」『精神医学』41.
田中啓［2009］「日本の自治体の行政評価」『分野別自治制度及びその運用に関する説明資料』14.
田中啓［2010］「日本の自治体の行政改革」『分野別自治制度及びその運用に関する説明資料』18.
田中啓［2014］『自治体評価の戦略』東洋経済新報社.
田中博［2010］「フィリピンでのNGO教育事業参加型評価――ファシリテーターの役割とステークホルダーのエンパワーメント――」『日本評価研究』10(1).
田中博［2011］「市民社会におけるNGO/NPOと評価の役割〜マネジメント能力を高め，NGO/NPOの進化を加速させる参加型評価」『日本評価研究』11(1), 80-84.
田中博［2014］「参加型モニタリング・評価手法MSC（Most Significant Change）――バングラデシュNGOでの実践から4つの特色を考察する――」『日本評価研究』14(2).
谷本寛治編［2006］『ソーシャル・エンタープライズ――社会的企業の台頭――』中央経済社.

谷本寛治・大室悦賀・大平修司・土肥将敦・古村公久 [2013] 『ソーシャル・イノベーションの創出と普及』NTT 出版.
地方自治研究機構 [2013] 「市区町村における住民参加方策に関する調査研究」(http://www.rilg.or.jp/004/h24/h24_14_01.pdf, 2014 年 4 月 3 日閲覧).
東京都衛生局 [1997] 『東京ヘルスプロモーション――東京都の健康づくり事業案内――』.
長尾眞文 [2003] 「実用重視型評価の理論と課題」『日本評価研究』3 (2), 57-69.
中野民夫 [2001] 『ワークショップ―新しい学びと創造の場―』岩波書店 (岩波新書).
仲間秀典 [2003] 「ヘルスプロモーションの展開と地域づくり型保健活動:システム(ブレイクスルー)的思考による健康福祉活動」『松本大学研究紀要』創刊号.
西出順郎 [2005] 「行政評価の再構築――理論着眼型評価思考の確立に向けて――」『日本評価学会』5(1).
二宮一枝 [2000] 「住民の生活の質の向上をめざした地域保健活動の展開 (第 1 報) ――住民組織等の実態と住民代表の意向調査――」『岡山大学医学部保健学科紀要』11.
野中猛 [2006] 『精神科リハビリテーション論――リカバリーへの道――』岩崎学術出版社.
野中郁次郎・紺野登 [2012] 『知識創造経営のプリンシパル――賢慮資本主義の実践論――』東洋経済新報社.
福島喜代子 [2005] 『ソーシャルワーク実践スキルの実証的研究 精神障害者の生活支援に焦点をあてて』筒井書房.
福原俊一・鈴鴨よしみ [2004] 『SF-36v2™ 日本語版マニュアル』NPO 健康医療評価研究機構京都.
藤内修二 [2009] 「自治体における健康政策の課題と展望」『公衆衛生』173.
藤島薫 [2014a] 『福祉実践プログラムにおける参加型評価の理論と実践』みらい.
藤島薫 [2014b] 「リカバリー志向の社会福祉実践と参加型評価」『福祉実践プログラムにおける参加型評価の理論と実践』みらい.
藤本拓也 [2006] 「メルロ＝ポンティの間主体性論における存在 Etre について」『東京大学宗教学年報』23.
古川俊一 [2005] 「評価の政策形成と経営への活用と課題――基本へ還れ――」『研究紀要』8.
古川俊一・北大路信郷 [2004] 『公共部門評価の理論と実際』日本加除出版.
源由理子 [2003] 「エンパワーメント評価の特徴と適用の可能性―― Fetterman による『エンパワーメント評価』の理論を中心に――」『日本評価研究』3(2).
源由理子 [2007] 「ノンフォーマル教育援助における参加型評価手法の活用――『利害関係者が評価過程に評価主体として関わること』の意義――」『日本評価研究』7(1).

源由理子［2008］「参加型評価の理論と実践」，三好皓一編『評価論を学ぶ人のために』世界思想社.
源由理子［2011］「地域社会における行政と住民の協働による評価──評価プロセスの活用（Process Use）の観点から──」『日本評価研究』11(1).
源由理子［2014］「地域ガバナンスにおける協働型プログラム評価の試み」『評価クォータリー』30，2-17.
三好皓一［2008］「評価とは何か」，『評価論を学ぶ人のために』，世界思想社.
三好皓一・田中弥生［2001］「参加型評価の将来性─参加型評価の概念と実践についての一考察─」『日本評価研究』1(1).
三好皓一編［2008］『評価論を学ぶ人のために』世界思想社.
茂木尚子［2007］「当事者参加」，仲村優一・一番ヶ瀬康子・右田紀久恵監修『エンサイクロペディア社会福祉学』中央法規出版.
森田智［2011］「日本の市民社会における参加型評価の可能性に関する考察」『日本評価研究』11(1).
文部科学省［2006］『義務教育諸学校における学校評価ガイドライン』.
文部科学省［2008］『学校評価ガイドライン〔改訂〕』.
文部科学省［2010］『学校評価ガイドライン〔平成22年改訂〕』.
山村和宏［2010］「自治体行政評価システムの運用実態と課題」『創造都市研究』6(1).
山谷清志［1997］『政策評価の理論とその展開』晃洋書房.
山谷清志［2000］「評価の多様性と市民──参加型評価の可能性──」，西尾勝編『行政評価の可能性──参加型評価システムの可能性──』行政管理研究センター.
山谷清志［2009］「公共部門における評価──政策評価とNPM型業績測定──」『日本評価研究』9(3).
山谷清志［2012］『政策評価』ミネルヴァ書房.
横浜市［2012］『協働推進の基本指針』横浜市市民局市民活動支援課.
龍慶昭・佐々木亮［2003］「戦略計画と一体になった評価──戦略計画を政策評価にどう活かすか──」『日本評価研究』3(2).

欧文献

Abma, T. A. and E. R. Stake［2001］"Stake's Responsive Evaluation: Core Ideas and Evolution," in J. C. Greene and T. A. Abma eds., *Responsive Evaluation, New Directions for Evaluation*, 92.
Amo, C. and J. B. Cousins［2007］"Going Through the Process: An Examination of Operationalization of Process Use in Empirical Research on Evaluation," in J. B. Cousins ed., *Process Use in Theory, Research, and Practice: New Directions for Evaluation*, 116.
Ansell, C & Torfing, J［2014］"Collaboration and Design: New tools for public inno-

vation," in C. Ansell and J. Torfing eds., *Public Innovation Through Collaboration and Design*, London: Routledge.

Bank-Mikkelsen, N. E. [1976] "Normalization," *FLASH on the Danish National Service for the Mentally Retarded II*, No. 39 (中園康夫訳「ノーマリゼーションの原理」『四国学院大学論集』42, 1978年).

Bovaird, T. and E. Loffler, E. eds. [2009] *Public Management and Governance*, 2nd ed., New York, N. Y.: Routledge.

Boyle, R. and D. Lemaire eds. [1999] *Building Effective Evaluation Capacity: Lessons from Practice*, New Brunswick, N. J.: Transaction Publishers.

BPEC [undated] "History," Brighton Peace & Environment Centre, Brighton, BPEC (http://www.bpec.org/index.php/homepage/history, 2015年10月25日閲覧).

Brisolara, S. [1998] "The History of Participatory Evaluation and Current Debates in the Field," in E. Whitmore ed., *Understanding and Practicing Participatory Evaluation, New Direction for Evaluation*, San Francisco: Jossey-Bass.

Bryk, A. ed. [1983] "Stakeholder-based Evaluation", *New Directions in Program Evaluation*, 17.

Chambers, R. [1995] "Paradigm shifts and the practice of participatory research and development," in N. Nelson and S. Wright eds., *Power and Participatory Development: Theory and Practice*, London: Intermediate Technology Publications (http://opendocs.ids.ac.uk/opendocs/bitstream/handle/123456789/690/rc81.pdf?sequence=1, 2015年10月25日閲覧).

Chambers, R. [2008] *Revolutions in Development Inquiry*, Abingdon: Earthscan (野田直人監訳, 石谷敬太・島津英世・小竹優子・小早川鈴加・野田さえ子訳『開発調査手法の革命と再生――貧しい人々のリアリティを求め続けて――』明石書店, 2011年).

Chen, H. [1990] *Theory-Driven Evaluations*, Newbury Park, Calif.: Sage Publications.

Chen, H., and P. H. Rossi [1983] "Evaluating with Sense: The Theory-driven Approach," *Evaluation Review* 7.

Chesbrough, H. [2006] *Open Business Models: How to Thrive in the New Innovation Landscape*, Boston, MA: Harvard Business School Press (栗原潔訳『オープンビジネスモデル――知財競争時代のイノベーション――』翔泳社, 2007年).

Chiba, R., Miyamoto, Y., and N. Kawakami [2010] "Reliability and Validity of the Japanese version of the Recovery Assessment Scale (RAS) for people with chronic mental illness: Scale development," *International Journal of Nursing Studies*, 47(3).

Chinman, M., Imm, P. and A. Wandersman [2004] *Getting to Outcomes 2004: Pro-*

moting Accountability Through Methods and Tools for Planning, Implementation, and Evaluation, RAND Corporation（井上孝代・伊藤武彦監訳『プログラムを成功に導く GTO の10ステップ——計画・実施・評価のための方法とツール——』風間書房，2010年）．

Cousins, J. B. and E. Whitmore［1998］"Framing Participatory Evaluation," in E. Whitmore ed., *Understanding and Practicing Participatory Evaluation, New Direction for Evaluation,* 80.

Cousins, J. B. and J. A. Chouinard［2012］*Participatory Evaluation Up Close: An integration of research-based knowledge,* Charlotte, N. C.: IAP-Inofrmation Age Publishing.

Cousins, J. B.［2003］"Utilization Effects of Participatory Evaluation," in T. Kellaghan and D. L. Stufflebeam eds., *International Handbook of Educational Evaluation,* Dordrecht; Boston: Kluwer Academic Publishers.

Cousins, J. B.［2005］"Will the Real Empowerment Evaluation Please Stand Up ?: A Critical Friend Perspective," in D. M. Fetterman and A. Wandersman eds., *Empowerment Evaluation Principles in Practice,* New York: The Guilford Press（笹尾敏明訳『エンパワーメント評価の原則と実践——教育，福祉，医療，企業，コミュニティ介入プログラムの改善と活性化に向けて——』風間書房，2014年）．

Croft, A. for Portsmouth LEA［2002］*Progress in learning final project report,* Portsmouth Local Education Authority.

Cronbach, L. J., Ambron S. R., Dornbusch, S. M., Hess R. D. Hornik, R. C., Phillips, D. C. Warler, D. F. and S. S. Weiner［1980］*Toward Reform of Program Evaluation,* San Francisco: Jossey-Bass Publishers.

Denhardt, J. V. and R. B. Denhardt［2003］*The New Public Service: Serving, not Steering,* Armonk, N. Y.: M. E. Sharpe.

Department for Education and Skills（DfES）［2003］*Sustainable development action plan for education and skills,* online, London: DfES（http://www.eauc.org.uk/sorted/sustainable_development_action_plan_for_educati，2015年10月25日閲覧）．

Department for International Development（DFID）［2005］*Monitoring and evaluating information and communication for development（ICD）programmes guidelines,* London, DFID（http://www.idrc.ca/uploads/user-S/11592105581icd-guidelines.pdf，2015年10月25日閲覧）．

Donabedian, A.［1980］*Exploration in Quality Assessment and Monitoring, Vol. 1 Definition of Quality and Approaches to Its Assessment,* Ann Arbor, Mich: Health Administration Press（東尚弘訳『医療の質の定義と評価方法』健康医療評価研究機構，2007年）．

Donaldson, S. I.［2013］*The Future of Evaluation in Society; A tribute to Michael*

Scriven, Charlotte, N. C.: Information Age Publication.

Drucker, P. F. [1985] *Innovation and Entrepreneurship,* London: Heinemann（上田惇生訳『ドラッカー名言集⑤　イノベーションと企業家精神』ダイヤモンド社, 2007年).

Fetterman, D. M. [1996] "Empowerment Evaluation-An Introduction to Theory and Practice," in D. M. Fetterman, S. J. Kaftarian and A. Wandersman eds., *Empowerment Evaluation-Knowledge and Tools for Self-Assessment & Accountability,* Thousand Oaks, Calif.: Sage Publications.

Fetterman, D. M. [2001] *Foundation of Empowerment Evaluation,* Thousand Oaks, Calif.: Sage Publications.

Fetterman, D. M. and A. Wandersman [2005] *Empowerment Evaluation Principles in Practice,* New York: Guilford Press（笹尾敏明監訳, 玉井航太・大内潤子訳『エンパワーメント評価の原則と実践——教育, 福祉, 医療, 企業, コミュニティ介入プログラムの改善と活性化に向けて——』風間書房, 2014年).

Goblin, C. [2013] Participatory Program Evaluation, Children Empowerment Program Terminal Report, Manila: Salt Payatas Foundation Philippines.

Guba, E. G. and Y. S. Lincoln [1989] *Fourth Generation Evaluation,* Thousand Oaks, Calif.: Sage.

Hardina, D. [2002] *Analytical Skills for Community Organization Practice,* New York: Columbia University Press.

Hatry, H. P. [1999] *Performance Measurement: Getting results,* Washington, D. C.: Urban Institute Press（上野宏・上野真城子訳『政策評価入門——結果重視の業績測定——』東洋経済新報社, 2004年).

Heron, J. [1996] *Co-operative Inquiry,* Thousand Oaks, Calif.: Sage Publications.

House, E. R. and K. R. Howe [1999] *Values in Evaluation and Social Research,* Thousand Oaks: SAGE.

House, E. R. and K. R. Howe [2000] "Deliberative Democratic Evaluation", in K. E. Ryan and L. DeStefano eds. *Evaluation as a Democratic Process: Promoting inclusion, dialogue, and deliberation,* 85, San Francisco: Jossey-Bass.

House, E. R. and K. R. Howe [2003] "Deliberative, Democratic Evaluation" in T. Kellaghan, D. L. Stufflebeam and L. A. Wingate eds., *International Handbook of Educational Evaluation,* Boston: Kluwer.

Huckle, J. [2006a] *A UK indicator of education for sustainable development: Report on consultative workshop,* online, London: SDC（http://www.sd-commission.org.uk/publications/downloads/UK_Education_Indicator.pdf, 2015年10月25日閲覧).

Huckle, J. [2006b] *A UK indicator of the impact of formal learning on knowledge and awareness of sustainable development: Proposals from the Sustainable Devel-*

opment Commission (*SDC*), London: SDC (http://john.huckle.org.uk/publications_downloads.jsp, 2015年10月25日閲覧).

Julnes, G. [2012] "Managing Valuation," in G. Julnes, ed., *Promoting Valuation in the Public Interest: Informing Policies for Judging Value in Evaluation, New Direction for Evaluation,* 133.

Lesesne, C. A., Lewis, K. M., White, C. P., Green, D. C., Duffy, J. L. and A. Wandersman [2008] "Promoting science-based approaches to teenpregnancy prevention: Proactively engaging the three systems of interactive systems framework," *American Journal of Community Psychology,* 43.

Mark, M. M. and R. L. Shotland [1985] "Stakeholder-base Evaluation and Value Judgments", *Evaluation Review,* 9.

Mason, C. [2005] *Review of Funding for Education for Sustainable Development,* online, London: Defra & DfES (http://collections.europarchive.org/tna/20080530153425/http://www.sustainable-development.gov.uk/publications/pdf/esd-funding-review.pdf, 2015年10月25日閲覧).

Mathison, S. ed. [2005] *Encyclopedia of Evaluation,* Thousand Oaks, Calif.: Sage publications.

McLaughlin, K., Osborne, S. and C. Chew [2009] "Relationship Marketing, Relational Capital and the Future of Marketing in Public Service Organization," *Public Money and Management,* 29(1).

Megivern, D. M., McMillen, J. C., Proctor, E. K., Striley, C. L. W., Cabassa, L. J., and M. R. Munson [2007] "Quality of Care: Expanding the Social Work Dialogue," *Social Work,* 52(2).

Merleau-Ponty, M. [1964] *Le Visible Et L'invisible,* Paris: Gallimard (滝浦静雄・木田元訳『見えるものと見えないもの』みすず書房, 1989年).

Minzberg, H. [1994] *The Rise and Fall of Strategic Planning,* New York: Free Press (中村元一訳『戦略計画：創造的破壊の時代』産能大学出版部, 1997年).

Nevo, D. [1994a] "Combining Internal and External Evaluation: A case for school-based evaluation", Studies in *Educational Evaluation,* 20.

Nevo, D. [1994b] "Dialogue Evaluation: Combining internal and external evaluation" in D. Nervo ed., *School-based Evaluation: An International Perspective,* 8, Amsterdam: Elesvier.

Nevo, D. [1994c] "Accountability and Capacity Building. Can they live together?" in K. E. Tyan and J. B. Cousins eds., *Sage International Handbook of Educational Evaluation,* Thousand Oaks, CA: SAGE.

O'Sullivan, R. [2004] *Practicing Evaluation: A collaborative approach,* Thousand Oaks, CA: SAGE.

O'Sullivan, R. G. [2010] "Collaborative Evaluation: Creating environments to engage stakeholders in evaluation" in M. Sergone ed., *From Policies to Results: Developing capacities for country monitoring and evaluation systems*, New York: UNICEF.

O'Sullivan, R. G and A. D'Agostino [2002] "Promoting Evaluation Through Collaboration: Findings from community based programs for young children and their families", *Evaluation*, SAGE.

Patton, M. Q. [1994] "Developmental Evaluation," *Evaluation Practice*, 15(3).

Patton, M. Q. [1997] *Utilization-Focused Evaluation*, The New Century Text, 3rd ed. Thousand Oaks, Calif.: Sage Publications(山本泰・長尾眞文編訳『実用重視の事業評価入門』清水弘文堂書房，2001年).

Patton, M. Q. [2002] *Qualitative Research and Evaluation Methods*, 3rd ed. Thousand Oaks, Calif.: Sage Publications

Patton, M. Q. [2011] *Developmental Evaluation: Applying Complexity Concepts to Enhance Innovation and Use*, New York: Guilford

Peter, D. J., and K. B. Insoo [2007] *Interviewing for Solutions*, 3rd ed., Belmont, CA: Thomson Higher Education(桐田弘江・玉真慎子・住谷祐子訳『第3版 解決のための面接技法——ソリューション・フォーカスト・アプローチの手引き——』金剛出版，2008年).

Polanyi, M. [1966] *The tacit dimension*, Chicago: The University of Chicago Press(高橋勇夫訳『暗黙知の次元』筑摩書房，2003年).

Prahalad, C. K. and V. Ramaswamy [2004] *The Future of Competition: Co-Creating Unique Value with Customers*, Boston, Mass.: Harvard Business School Press(有賀裕子訳『コ・イノベーション経営：価値創造の未来に向けて』東洋経済新報社，2013年).

Preskill, H., Suckerman, B. and B. Matthews [2003] "An Exploratory Study of Process Use: Findings and Implications for Future Research," *The American Journal of Evaluation*, 24(4).

Rodrigues-Campos, L. [2005] *Collaborative Evaluation: A step by step model for the evaluator*, Tamerac FL: Llumina Press.

Rossi, P. H., Freeman, H. E., and M. W. Lipsey [2004] *Evaluation: a systematic approach*, 7th ed., Thousand Oaks, Calif.: Sage Publications(大島巌・平岡公一・森俊夫・元永拓郎監訳『プログラム評価の理論と方法——システマティックな対人サービス・政策評価の実践ガイド——』日本評論社，2005年).

Saul, J., Duffy, J., Wandersman, A., Flaspohler, P., Stillman, L., Blachman, M. and R. Dunville [2008] "Bridging science and practice in violence prevention: Addressing ten key challenges," *American Journal of Community Psychology*, 43.

Schon, D. A. [1983] *The Reflective Practitioner-How Professionals Think in Action*, New York: Basic Books.

Schumpeter, J. A. [1926] *Theorie Der Wirtschaftlichen Entwicklung*, 2, Virtue of the authorization of Elizabeth Schumpeter, München; Leipzig: Duncker & Humblot（塩野谷祐一・中山伊知郎・東畑精一訳『経済発展の理論（上・下）』岩波書店，1977年）．

Schutz, A. [1964] *Collected Paper II: Studies in Social Theory*, edited and introduced by Arvid Brodersen (Phaenomenologica 15), The Hague: Martinus Nijoff（桜井厚訳『現象学的社会学の応用』御茶の水書房，1980年）．

Scriven, M. [1991] *Evaluation Thesaurus*, 4th ed. Newbury Park, Calif.: Sage Publications.

Scriven, M. [2003] "Evaluation Theory and Metatheory," in T. Kellaghan and D. Stufflebeam eds., *International Handbook of Educational Evaluation*, Boston: Kluwer.

Scriven, M. [2007] "The Logic of Evaluation," *Evaluation review*, 7.

Shadish, W., Cook, T. D. and L. C. Leviton [1991] *Foundations of Program Evaluation:* Newbury Park, Calif.: Sage Publications.

Shaw, I. [1999] *Qualitative Evaluation*, Sage Publications Thousand Oaks, Calif.: Sage Publications.

Sørensen, E. and J. Torfing [2010] "Collaborative Innovation in Public Sector: An Analytical Framework," the Research Project: Collaborative Innovation in the Public Sector financed by Danish Strategic Research Council.

Stake, R. E. [1975] "To evaluate an art program," in R. E. Stake ed., *Evaluating the art in Education: A responsive approach*, Columbus, Ohio: Merrill.

Stewart, J. [1996] "A Dogma of Our Time-The Separation of Policy-Making and Implementation," Public Money and Management, 16(3).

Susskind, L. E. and Jeffrey L. Cruikshank [2006] *Breaking Robert's Rules: The New Way to Run Your Meeting, Build Consensus, and Get Results*, Oxford: Oxford University Press（城山英明・松浦正浩訳『コンセンサス・ビルディング入門——公共政策の交渉と合意形成の進め方——』有斐閣，2008年）．

Sustainable Development Commission (SDC) [2006] *SD indicators for education: SDC proposal to the DfES and Defra*, London: SDC（http://www.sd-commission.org.uk/publications/downloads/Education_sd_indicators.pdf，2015年10月25日閲覧）．

Sustainable Development Education Panel [1998] *A Report to DfEE/QCA on Education for Sustainable Development in the Schools Sector from the Panel for Education for Sustainable Development*, London: SDE Panel（http://webarchive.

nationalarchives.gov.uk/20080305115859/http:/www.defra.gov.uk/environment/sustainable/educpanel/1998ar/ann4.htm, 2015年10月25日閲覧).

United Nations Educational, Scientific and Cultural Organization (UNESCO) [2008] *Education for Sustainable Development in the UK in 2008; A survey of Action*, Paris: UNESCO.

UNESCO [2014] *Shaping the Future We Want: UN Decade of Education for Sustainable Development (2005-2014) FINAL REPORT*, Paris: UNESCO (http://unesdoc.unesco.org/images/0023/002301/230171e.pdf, 2015年10月25日閲覧).

Waldoroff, S. B., Kristensen, L. S., and B. V. Ebbesen [2014] "The Complexity of Governance: Challenges for public sector innovation," in C. Ansell and J. Torfing eds., *Public Innovation Through Collaboration and Design*, London: Routledge.

Wallis, S. ed. [2007] *Report of the Sixth Annual Sustainability Conference. (held by Sustainability Commission of Brighton & Hove City Council) 12th Oct. 2007 Dorothy Stringer School*, (http://www.brighton-hove.gov.uk/sites/brighton-hove.gov.uk/files/downloads/sustainability/Sustainability_Conference_2007_Report.pdf, 2015年10月25日閲覧).

Wandersman, A. [2009] "Four keys to success (Theory, implementation, evaluation, and resource/system support): High hopes and challenges in participation," *American Journal of Community Psychology*, 43.

Wandersman, A., Snell-Johns, J. and B. E. Lentz et al. [2005] "The Principles of Empowerment," in Fetterman, D. M. and A. Wandersman eds., *Evaluation, Empowerment Evaluation Principles in Practice*, New York: Guilford Press (「エンパワーメント評価の原則」, 笹尾敏明監訳『エンパワーメント評価の原則と実践――教育, 福祉, 医療, 企業, コミュニティ介入プログラムの改善と活性化に向けて――』風間書房, 2014年).

Weiss, C. H. [1998] *Evaluation: Methods for Studying Programs and Policies*, 2nd ed. Upper Saddle River, N. J.: Prentice Hall. (佐々木亮監修, 前川美湖・池田満監訳『入門評価学――政策プログラム研究の方法――』日本評論社, 2014年).

Whitmore, E. ed. [1998] *Understanding and Practicing Participatory Evaluation, New Direction for Evaluation*, American Evaluation Association.

Wholey, J. S. [1986] "Using evaluation to improve government performance," *Evaluation Practice*, 7.

W. K. Kellogg Foundation [2001] *Logic Model Development Guide*, Michigan: W. K. Kellogg Foundation (農林水産奨励会農林水産政策情報センター訳『ロジックモデル策定ガイド』, 2003年).

World Health Organization (世界保健機構) [1988] *Ottawa Charter For Health Promotion*, Geneva: World Health Organization (島内憲夫訳『21世紀の健康戦略2

──ヘルスプロモーション WHO：オタワ憲章──』垣内出版，1990年）．
Wortman, P. M. [1983] "Evaluation research: A methodological perspective," *Annual Review of Psychology,* 34.
Yeh, S. S. [2000] "Improving Educational and Social Programs, A Planned Variation-Cross-Validation Model," *The American Journal of Evaluation,* 21(2).

ウェブ
IASSW: International Association of Schools of Social Work（国際ソーシャルワーク学校連盟，http://www.iassw-aiets.org/，2016年6月29日閲覧）．
IFSW: International Federation of Social Workers（国際ソーシャルワーカー連盟，http://ifsw.org/，2016年6月29日閲覧）．
MANGO, Accountability（http://www.mango.org.uk/guide/accountability，2015年7月16日閲覧）．
University of Minnesota, External or Internal Facilitation ?, Civic Engagement（http://www.extension.umn.edu/community/civic-engagement/designing-meetings/external-internal/，2016年1月6日閲覧）．
第三者評価ガイドライン（http://www.mhlw.go.jp/shingi/2004/06/s0623-13b1.html，2015年2月25日閲覧）．

人名索引

〈カ 行〉

カズンズ,J. B.　17, 21, 33, 60
川喜田二郎　95
キャンベル,D. T.　9-11, 13-15
グーバ,E. G.　19
クロンバック,L. J.　13, 14

〈サ 行〉

サディッシュ,Jr., W. R.　8, 9, 11
シュンペーター,J. A.　186, 187
ショーン,D. A.　57
スクリヴェン,M　5, 7, 9-11, 15, 24, 55
ステイク,R. E.　12, 14, 16, 24

〈タ 行〉

チェスブロウ,H.　187
チェンバース,R.　123, 141
ディ・シェイザー,S.　103
デイビース,R.　111
ドラッカー,P. F.　187

〈ハ 行〉

バーグ,I. K.　103
ハーディナ,D.　19
ハックル,J.　122
パットン,M.　16, 26, 31
ハトリー,H. P.　11
バンク・ミケルセン,N. E.　98
フェッターマン,D.　16, 31, 32
フレイレ,P.　22
ホーリー,J. S.　10-12

〈マ・ヤ行〉

源由理子　123
山谷清志　6

〈ラ 行〉

リンカーン,Y. S.　19
ロッシ,P. H.　7, 13-15, 17

〈ワ 行〉

ワイス,C. H.　10-13, 16
ワンダーズマン,A.　32, 60, 144-146

事項索引

〈アルファベット〉

enlightenment　11
evaluation　4
Gettintg To Outcomes（GTO）　144-146
program　5
value　4

〈ア　行〉

アウトカム　14, 36, 37, 47-53, 169, 174, 176, 179, 181
　　　──・データ　23, 54
　　　──評価　40-42, 45, 54, 60, 61, 212
アウトプット　39, 48, 50, 51
アカウンタビリティ　6, 8, 10, 40
アクションリサーチ　18, 122
新しい公共　185, 186
あつらえた評価　14, 16, 43, 212
アドボカシー　33
アンケート調査　25, 61
ESD　60, 61, 63, 120, 212
　　　──評価　121, 140
意見の再形成　57
意識変容　63
意思決定者　8, 13
偉大なる社会　6
イノベーション　63
因果律　38
インタビュー　50-52, 54, 61, 212
インパクト　10, 11, 53
　　　──・セオリー　36, 37
　　　──評価　10, 13, 40-42, 51, 54
インプット　39
右脳系　59
NPO　27, 44, 45
　　　──の事業評価　3, 45
エビデンス　10
　　　──に基づいた戦略　33
MSC（Most Significant Change）　84, 95
　　　──手法　61

遠位のアウトカム　36
エンパワーメント　18, 25, 27, 29, 30, 32, 45, 46, 53, 64, 69, 71, 72, 88-90, 93, 99, 118, 214, 216, 217
　　　──（型）評価　15, 16, 30-33, 60, 69, 71-73, 90, 144
　　　──の3ステップ　32
　　　──評価の10の原則　32
応答型評価　6, 12, 16, 24
オーナーシップ（当事者意識）　22, 168, 169, 171, 177, 178
回帰分析　51

〈カ　行〉

解決志向アプローチ　60, 61, 103, 104, 212
改善　8, 32, 46, 53, 67-69, 75, 78, 80, 83, 85, 86, 89, 91, 94, 209, 210, 217
　　　──活動　7
介入群　51-53
開発援助分野　216
開発援助プログラム　19
外部評価　24
外部ファシリテーター　68, 69, 73, 74, 77, 79, 80, 84, 85, 87, 89, 91, 93
科学的検証　9
科学的根拠　10
学習　46, 53, 68
　　　──過程　26, 69
　　　──プロセス　22
価値基準　4, 8, 9
価値づけ　9, 54, 55, 210
価値の捉え方　17
価値の理論　8
価値判断　9, 10, 12, 25, 210
学校評価　60-63, 142-143, 211, 212
活用の理論　8
関係性の構築　64, 217
間主観的な空間　29
技術支援者　62
記述的なアプローチ　13, 55, 210

事項索引　*233*

帰属意識　168, 178
帰属性　11, 53
規範的価値基準　13
規範的なアプローチ　13, 55, 210
客観化　210
客観性　3, 7, 29, 214
客観的な情報　45
キャパシティ・ビルディング　28, 29, 118
教育カリキュラム改革　12
教育評価　12
行政データ　61
行政評価　37, 45, 53, 163, 164, 167, 182, 210-212
業績測定　11
協働　31, 210, 211, 213
　——型評価　15, 30, 172
　——型プログラム評価　53, 195-197
　——関係　17
　——作業　57, 62
　——者　44, 53
　——促進　63, 64, 180
　——体制　212
　——的探究　60, 213
共同の作業場　57
近位のアウトカム　36
クロンバックα（信頼係数）　13
グループ・インタビュー　25
形成評価　10, 16, 24, 26, 53
計測　50
継続性　75, 77, 80, 82, 95
経年変化　52
啓蒙アプローチ　11
KJ法　61, 76
ケーススタディ　12
結果　37
合意形成　28, 57, 58, 168, 171, 172, 174, 177, 214, 215
効果の持続性　62
公共管理　184, 188
公共性の形成　27
交渉と調整　14
構成主義　19, 29
行動変容　63, 64, 120-122, 124, 139, 140, 209, 212, 213, 216, 217
公平性　85, 87, 89
公民協働　164, 166
効率性　7, 85, 87, 89, 95
　——評価　40-42
コーチ　22, 57, 59, 63
コーチング　59
ゴールフリー評価　16
国際開発分野　60, 61
国際協力NGO　61, 63
国際協力評価　37
国際協力プロジェクト　62
コミットメントの醸成　45
コミュニケーション　28, 44, 58, 63
コミュニケーション能力　22
コミュニティ・オーナーシップ　33
コミュニティ・コープロダクション　211
コミュニティ開発　18
コミュニティの知見　33
コミュニティの能力強化　22
混合手法　16, 54

〈サ　行〉

最終アウトカム　27, 38, 39, 47, 58, 212
左脳系　59
参加型学習　137-140
　——活動（PLA）　22, 60, 61, 62, 127, 130, 131, 133, 134, 138, 212, 213
参加型手法　60, 121, 123, 124, 141
参加型農村調査（PRA）　22
参加型評価　3, 4　12, 15, 16, 123, 136, 138, 140, 141, 217
　——がもたらす影響　26
　——実践　43
　——のアプローチ　30
　——のエッセンス　62
　——の主な作業　56
　——の台頭　17
　——の定義　21, 22
　——の特徴　21, 22, 29
　——の評価主体　25
　——の評価対象　5
　——の利点　210

──の枠組み　35
参加者の選定　43
参加者の層　44
参加者の代表性　44
参加者への合理的配慮　119
サンプリング方法　50
GTO 手法　60-62, 212
指揮統制　14
事業（の）改善　99, 102, 103, 118, 164, 171, 177, 182
事業評価　5
自己決定能力　71, 73, 77
自己評価　23, 24, 49, 216
自治体の事業評価　61-63
自治体の政策評価　61-63
実験デザイン　10, 11, 13
　　　──手法　9, 11, 16
実施プロセス　23, 24
実証研究　6
実務評価　6
質問紙調査　50, 51, 53, 212
実用型参加型評価　17, 25, 33
実用重視型評価　16, 30-32, 62
品川区　170, 179
指標　27, 48, 49
　　　──の目標値　12
市民参加　19
事務事業　163, 164, 167
　　　──の評価　167
社会エンジニアリングのアプローチ　11
社会関係資本　217
社会正義　8, 18
社会調査　7, 9, 49, 50, 61
　　　──手法　212
社会的介入　5
社会的正義　33
社会的プログラムの理論　8
社会福祉基礎構造改革　97, 99
社会変革　8, 18, 40, 46, 57, 210, 217
住民参加　166, 168
主観性　29, 210
熟議民主主義型評価　30
主体性の向上　61, 63, 210, 211

主体性の促進　99, 102, 103, 118
手法重視の評価　15
純効果　10
準実験デザイン　10, 16
上位目的　212
障害者インターナショナル　98, 99
自立　67, 68, 88, 94
　　　──生活運動　98
　　　──発展性／効果の持続性　62
事例分析　14
新公共ガバナンス　185, 188
新公共経営　185, 188
人事評価　5
信頼性　85, 87, 89
心理統計学　12
心理療法　212
推計統計　50, 51, 53
スクール・ベース評価　30
スコアリング　210
成果　37
　　　──重視の評価　16
　　　──重視のマネジメント　11, 216
政策形成集団　13
政策形成能力　63
政策評価（論）　5, 6, 11
政策分析　16
省察　28, 53, 57
政治的リテラシー　45
（スタッフの）誠実さ　82, 87, 89
精神福祉分野　211, 212
正当性　29
製品評価　5
セオリー重視の評価　14-16
セオリー評価　40-42, 45, 60, 61, 103
説明責任　8, 33
　　　上向き──　69, 76, 86
　　　下向き──　69, 70, 76, 86
潜在的利用者　18
戦略　27
　　　──化　166, 169, 179
　　　──体系図　212
　　　──目的　212
総括評価　10, 16, 24

相関分析　51
総合的評価　14-16, 209
想定利用者　31, 55
ソーシャルキャピタル　217
ソーシャル専門職のグローバル定義　98
測定　8, 12, 49
　　——方法　49
組織（の能力）強化　22, 46, 210
組織計画　36
組織の学び　33
組織評価　5

〈タ　行〉

第三者評価　45
代表性の問題　118
第四世代評価　19
対話（平場の対話）　19, 22, 28, 29, 33, 43, 57, 62, 98, 117-119, 138-140, 209, 210, 214, 215
　　——重視の評価　18
　　——重視のプロセス　19
　　——の場　210
他者評価　24
妥当性　7, 75, 77, 80, 82, 95
地域活動支援センター　60, 61, 63, 100
地域戦略　166, 169, 179
知識創造　8, 40, 63, 210
知識創造プロセス　200, 201
中間アウトカム　39, 212
中立性　82, 85, 87, 89
直接アウトカム　39
直接観察　50
T 検定　51
提言　55
提言策定　31
定性データ　23, 50-54, 61
定性的手法　12, 25
定性分析　16, 54
定性評価　11
定量データ　23, 49-52, 54, 61
定量分析　16, 54
データ収集・分析手法　7, 15, 43, 61, 63, 215
データ収集方法　46, 49, 50, 52
データの価値づけ・解釈　43, 54, 56, 215

データの種類　50
テスト　50
討議　28
　　——倫理　28, 29, 62, 215
統計手法　9, 10, 12
統計データ　13
統計分析　51, 53
統計量　51
当事者　217
　　——意識　22, 25, 26, 45, 63, 211, 216
　　——意識の醸成　29, 31
　　——参加　98
　　——性の広がり　27
統制群　10, 51-53
投入　37
独立型評価　15
トレーナー　29, 32, 56, 59, 63
トレーニング　59, 71, 72, 77, 90

〈ナ　行〉

内在化　67-69, 72, 73, 90, 93, 94
内部妥当性　10, 13
内部統制　54
内部評価　24, 216
内部ファシリテーター　69, 79, 82, 84-87, 89, 91-93
内容分析（コンテンツ分析）　52, 54
納得する価値基準　19
納得性　17
ニーズ　7, 11
　　——評価　9, 40, 45, 60
二項対立　29, 54
能動—反応—適応　31
能力構築　33, 53
ノーマライゼーション　98

〈ハ　行〉

バイアス（偏り）　53, 214
発展型評価　30-32
パフォーマンス・モニタリング　11
伴走車　218
PDCA サイクル　42, 78, 94
比較基準　46, 48, 210

ビジョン　32
批判的友人　33
評価の5つの階層　35, 40, 48
評価学　5, 11
評価計画の策定　48
評価実践の理論　8
評価主体　24, 26, 29
評価情報の報告・共有　43, 55, 56, 215
評価制度　213
評価(の)設計　7, 31, 43, 45, 46, 56, 57, 61, 215
評価設問　12, 14, 46-49, 55
評価専門家　24, 56, 57, 60-64, 171-173
評価専門組織　215
評価知識　10, 54
評価知識の活用　9, 10, 12, 17, 209
評価知識の構築　8-10
評価能力向上　59, 63, 64
評価能力構築　213
評価の参加者　63
評価の専門家集団　217
評価デザイン　46
評価の哲学者　9
評価の内在化　28, 62
評価の目的　8
評価プロセス　17, 22, 26-28, 33, 47, 59, 63, 64
評価文化　63
評価理論　209
評価ワークショップ　22, 23, 43, 50, 57, 58, 61, 62, 210
費用対効果　42
費用対便益　42
貧困との戦い　6
ファシリテーション　48, 58, 59, 62, 214, 215
　——技術　22, 215
ファシリテーター　22, 29, 32, 56-59, 62, 63, 68, 71, 75-82, 84, 87, 88, 91, 93, 94, 172, 214
フィードバック　7, 11, 23, 42
フォーカスグループ・ディスカッション　25, 50
福祉サービスの質評価　102
福祉分野の評価　53
ブライトン平和環境センター　124

プログラム改善　171, 176
プログラム・セオリー　35-37, 52, 58, 217
プログラム・セオリー・モデル　38, 46
プログラムの計画段階　23
プログラムの効果　14
プログラムの効率性　14
プログラムの実施過程　14
プログラムの実施段階　23
プログラムの終了段階　23
プログラムのデザイン　14
プログラムのニーズ　14
プログラムのプロセス　52
プログラム評価　5, 6, 10, 12, 13, 15, 35, 60, 63, 209, 210
プロジェクト・デザイン・マトリックス（PDM）　217
プロセス・セオリー　36, 37
プロセス型（プロジェクト）　67, 68, 74, 96
プロセス評価　40-42, 45, 48, 49, 60, 61, 212
文化人類学　61
ヘルスプロモーション　165, 166, 168, 170
変革　19, 209, 217
変革型参加型評価　18, 25, 33
変化量　54
包摂　33
母集団　51

〈マ　行〉

学びあい　138, 139
マネジメント　6
　——支援　8, 40, 42, 44
ミッション　32
民主的参加　33
無作為抽出　10, 45, 53
メタ評価　16
目標値との比較　52, 54
モチベーション　78, 83, 88
　——の向上　63
最も重大な変化の物語　111
モニタリング・評価手法　61

〈ヤ・ラ・ワ行〉

有効性　7, 75, 77, 80, 81, 95

ユーザー・コープロダクション　211
有用性　29, 31, 68, 85, 86, 89
良い福祉　7
ライフスキル（教育）　79-84, 95
ランキング　210
ランダム化比較実験　53
利害関係者　3, 12, 13, 15, 16, 21, 25-27, 31, 63, 67-72, 78, 82, 85, 88-90
　――評価　30
　――本位　22
リカバリー　99
利用型プログラムへの参加型評価　101-103
評価研究　6
レーティング　210
ロジカル・フレームワーク　37
ロジックモデル　37-39, 47, 58, 63, 75, 77, 78, 80, 86, 103, 108, 169, 174, 176, 179, 181, 212
ワークショップ　74

《執筆者紹介》（執筆順，＊は編著者）

＊源　由理子（みなもと　ゆりこ）[はじめに，第1章，第2章，第3章，終章]
1957年　生まれ
東京工業大学大学院社会理工学研究科人間行動システム専攻博士後期課程修了　博士（学術）
国際協力事業団（現：国際協力機構 JICA），国際開発高等教育機構（FASID）研究員などを経て，
現　在，明治大学公共政策大学院ガバナンス研究科教授
主要業績
「エンパワーメント評価の特徴と適用の可能性」（『日本評価研究』3(2)，2003年）
「ノンフォーマル教育援助における参加型評価手法の活用」（『日本評価研究』7(1)，2007年）
『評価論を学ぶ人のために』（共著，日本思想社，2008年）
「地域ガバナンスにおける協働型プログラム評価の試み」（『評価クォータリー』30，2014年）

田中　博（たなか　ひろし）[第4章]
1963年　生まれ
（社）日タイ経済協力協会，国際交流 NGO スタッフ，（特活）ヒマラヤ保全協会事務局長などを経て，英国サセックス大学国際開発研究所（IDS）Participation, Power and Social Change（MA）コース修了．Masters of Arts．日本評価学会認定資格評価士．
現　在，参加型評価ファシリテーター
主要業績
"The 'Most Significant Change' (MSC) Technique: A Guide to Its Use," Rick Davies and Jess Dart, 2005（『モスト・シグニフィカント・チェンジ（MSC）手法・実施の手引き』（監訳，日本語版 2013年））
「フィリピンでの NGO 教育事業参加型評価──ファシリテーターの役割とステークホルダーのエンパワーメント──」（『日本評価研究』10(1)，2010年）
「市民社会における NGO/NPO と評価の役割──マネジメント能力を高め，NGO/NPO の進化を加速させる参加型評価──」（『日本評価研究』11(1)，2011年）
「参加型モニタリング・評価手法 MSC（Most Significant Change）──バングラデシュ NGO での実践から4つの特色を考察する──」（『日本評価研究』14(2)，2014年）

藤島　薫（ふじしま　かおる）[第5章]
1957年　生まれ
東京福祉大学大学院社会福祉学研究科博士後期課程修了　博士（社会福祉学）
高齢者福祉・障害者福祉の現場勤務の後，大原学園介護福祉士養成施設専任教員，旭川大学保健福祉学部准教授を経て，
現　在，東京福祉大学社会福祉学部准教授
主要業績
「訪問介護サービス利用者満足度の援助関係──援助内容モデルによる分析──」（『介護福祉学』13，2006年）
『福祉実践プログラムにおける　参加型評価の理論と実践』（みらい，2014年）
『地域福祉の理論と方法』（共著，みらい，2014年）

上原 有紀子（うえはら ゆきこ）[第 6 章]
　1972年　生まれ
　英国サセックス大学大学院国際教育修士課程修了　修士（人文学：国際教育学）
　国立国会図書館入館後，調査及び立法考査局外交防衛課調査員，同文教科学技術課調査員，サセックス大学大学院にて在外研究等を経て，
　現　在，国立国会図書館調査及び立法考査局議会官庁資料課調査員
主要業績
　「ESDと『国連ESDの10年』」（『ESD教材活用ガイド：持続可能な未来への希望』ユネスコ・アジア文化センター（ACCU），2009年）
　「地域からはじまるESD（持続可能な開発・発展のための教育）の可能性」（『持続可能な社会の構築：総合調査報告書』国立国会図書館調査及び立法考査局，2010年）
　「『国連持続可能な開発のための教育の10年』後半をめぐる動き：ESDに関するユネスコ世界会議の開催とその先に向けて」（『レファレンス』No. 762，国立国会図書館調査及び立法考査局，2014年）

池田 琴恵（いけだ ことえ）[第 7 章]
　1981年　生まれ
　愛知淑徳大学大学院コミュニケーション研究科博士前期課程修了　修士（学術）
　お茶の水女子大学大学院人間文化創成科学研究科博士後期課程単位取得退学
　現　在，東京福祉大学短期大学部講師
主要業績
　「研究者と組織のコミュニティ心理学的協働モデルの構築」（『コミュニティ心理学研究』13(1)，2009年）
　『プログラムを成功に導くGTOの10ステップ──計画・実施・評価のための方法とツール──』（翻訳，風間書房，2010年）
　「Getting To Outcomesを適用した学校評価ツールの開発」（『日本評価研究』15(1)，2015年）

﨑村 詩織（さきむら しおり）[第 8 章]
　1981年　生まれ
　順天堂大学大学院スポーツ健康科学研究科博士前期課程修了　修士（スポーツ健康科学）
　明治大学公共政策大学院ガバナンス研究科修了　公共政策修士（専門職）
　品川区に入区後，品川保健センターを経て，
　現　在，国保医療年金課
主要業績
　「戦略的な健康づくり政策の策定に関する研究」（『明治大学専門職大学院研究論集』4，2011年）

真野　　毅（まの　つよし）［第 9 章］
　1956年　生まれ
　米国ワシントン州立大学ビジネススクール修了　修士（経営学）
　明治大学公共政策大学院ガバナンス研究科修了　公共政策修士（専門職）
　現　在，兵庫県豊岡市副市長，京都産業大学大学院マネジメント研究科博士後期課程在学中
主要業績
　『入門　社会と経済』（共著，中央経済社，2015年）
　「プログラム評価による自治体協働マネジメント──豊岡市における新しいガバナンス体制の試み──」（『日本評価研究』15(1)，2015年）
　「知識創造経営モデルの公共セクターへの応用──ガバメント（統治）からガバナンス（協治）へ──」（『経営教育研究』18(1)，2015年）

参加型評価
——改善と変革のための評価の実践——

2016年11月20日　初版第1刷発行	＊定価はカバーに表示してあります

編著者の了解により検印省略	編著者	源　　由理子 ⓒ
	発行者	川　東　義　武
	印刷者	江　戸　孝　典

発行所　株式会社　晃洋書房

〒615-0026　京都市右京区西院北矢掛町7番地
電話　075(312)0788番(代)
振替口座　01040-6-32280

ISBN978-4-7710-2780-0　　印刷　㈱エーシーティー
　　　　　　　　　　　　　製本　㈱藤沢製本

JCOPY 〈(社)出版者著作権管理機構　委託出版物〉

本書の無断複写は著作権法上での例外を除き禁じられています。複写される場合は、そのつど事前に、(社)出版者著作権管理機構(電話 03-3513-6969, FAX 03-3513-6979, e-mail: info@jcopy.or.jp)の許諾を得てください。

晃洋書房　好評既刊書籍

内藤和美・山谷清志 編著
男女共同参画政策
―― 行政評価と施設評価 ――

地方自治体の男女共同参画政策と拠点施設の評価に関する実証研究を共にしてきた，研究者と実務家のチームによる，行政とNPOの協働による男女共同参画政策推進の展望．

A5判／258頁／定価 2,800円（税別）

山谷 清志 編著
公共部門の評価と管理

公共部門のさまざまな領域で管理ツールとして用いられるようになった評価と管理（マネジメント）の関係を理論的に整理し，評価学の新たな可能性を展望する．

A5判／258頁／定価 2,800円（税別）

庄司真理子・宮脇 昇・玉井雅隆 編著
改訂 第1版　新グローバル公共政策

地球社会の公共政策を国際機構，国家，NGO，CSO（市民社会組織），企業などさまざまなアクターによる政策決定の過程，実践の道程から探る．

A5判／256頁／定価 2,500円（税別）

秦　辰也 編著
アジアの市民社会とNGO

「いくつものアジア」で活躍する「いくつものNGO」の動きから，その存在意義を捉え直す．

A5判／296頁／定価 3,000円（税別）

見上崇洋・森 裕之・吉田友彦・高村学人 編著
地域共創と政策科学
―― 立命館大学の取組 ――

地域の現場に身をおきながら共に課題を見つけ，政策の立案，実施，評価の理論化を試みつつ，現場に即した解決を探る．大学による参与型政策研究の成果．

A5判／330頁／定価 4,200円（税別）